浙江省哲学社会科学规划
后期资助课题成果文库

中国“双一流”建设高校学院治理文化研究

王声平 著

中国社会科学出版社

图书在版编目(CIP)数据

中国"双一流"建设高校学院治理文化研究 / 王声平著. —北京：中国社会科学出版社，2022.8

（浙江省哲学社会科学规划后期资助课题成果文库）

ISBN 978-7-5227-0514-9

Ⅰ. ①中…　Ⅱ. ①王…　Ⅲ. ①学院—高校管理—研究—中国
Ⅳ. ①G647

中国版本图书馆 CIP 数据核字（2022）第 128911 号

出 版 人　赵剑英
责任编辑　周晓慧
责任校对　刘　念
责任印制　戴　宽

出　　版　中国社会科学出版社
社　　址　北京鼓楼西大街甲 158 号
邮　　编　100720
网　　址　http://www.csspw.cn
发 行 部　010-84083685
门 市 部　010-84029450
经　　销　新华书店及其他书店

印　　刷　北京明恒达印务有限公司
装　　订　廊坊市广阳区广增装订厂
版　　次　2022 年 8 月第 1 版
印　　次　2022 年 8 月第 1 次印刷

开　　本　710×1000　1/16
印　　张　19.75
插　　页　2
字　　数　305 千字
定　　价　106.00 元

凡购买中国社会科学出版社图书，如有质量问题请与本社营销中心联系调换
电话：010-84083683

序

王声平是我独立指导的第一位博士生。回想当时，他考博前没有联系过我，录取后也没有要求提前入门，吆喝着要看些什么书，要做些什么事儿。不声不响、自觉自律是他留给我的第一印象。他原本攻读的是学前教育，选择我作为指导教师，始涉足高等教育。我主授的博士生课程一般采用问题导学教法，大量的问题清单有助于激活学生的问题意识及其萌生写作念头。我们合作完成的论文的雏形就是解决课程问题的两篇习作，后来均发表了。可以说，我们的交流与合作既有限又有效。

三年完成博士学业，在当下实属不易，这与他心无旁骛地专心求学的品质不无关系。在择业方面，他也听取了我的建议，选择到台州学院施展抱负，不到两年，果已收获不少成绩。现在博士学位论文顺利付梓，替他欣喜之余，为其写序虽有些难度，但也欣然应允，主要原因有两点：

一是“学院治理文化”这一选题值得肯定，且望借此呼吁学界关注。这一议题对于大学治理能力提升和学院自主发展是重要的，但学界对此关注的热度还不是很高，专题研究还不多见。目力所及，2011 年方有文章提及“治理结构与文化”一说，许是深受以张应强教授为主要开拓者所提出的文化研究范式的影响，几年前对大学治理问题的解读，颇感从文化视野看得其奥义或有可能。2015 年尝试着从批判有关治理的制度结构研究出发，提出治理需要建构文化内核观，这得到了《高教探索》编辑部刘第红老师的指正。在指导一名硕士生完成关于学院内部治理结构的学位论文之后，我认为可以继续就学院治理文化做些探索，王声平的思维视野大概也就因此打上了“文化观”烙印。在拟定了几个博士学位论文选题后，他结合我的意见，坚定地选择了以

“学院治理文化建设”为题展开博士学位论文的撰写，彼时的我甚觉欣慰，也备感惶惑。欣慰的是这样一个我没有时间和精力去做系统研究的课题，有人愿意接着做；惶惑的是依王声平的功底，能否将论文写出“文化味儿”来，且借着我过去的一丁点儿思考，能否协助他完成如此庞大的工程。如今这项研究已告一段落，虽不尽完善，但若引起感同身受者的关注，足矣！

二是这项研究在陈述学院治理现状方面，所做出的首开文化结构维度分析之先河的努力值得肯定。学院有无愿景？学院人之间有无信任？学院治理结构由什么决定？学院治理效能受什么影响？此等问题既不是有形可见的，也不是所见即所是，它们需要立足于学院这个田野做长期的观察、进行深度解剖而后才可能被描述，继而形成经验事实，供理论界和实践界参酌。从荆棘丛生中扒开潜藏的问题，需要找到合适的工具，文化的问题也得从文化的视野出发去解决。如王声平提到的那样，治理文化的特征是具有人本性、整合性、共享性、多样性、发展性、开放性，倘使学院成为具有这些特征的学术型组织，那么学院治理的格局就精细且光辉了，学院运行的效能也会喷薄而出。然而，实地的跟踪式的调查研究谈何容易？迄今，本人见过的最完整且生动的一份学院治理案例研究，其经典之处在于研究者兼具该院院长一职。若非如此，所谓的问卷调查、访谈研究，之于学院治理文化的事实研究来说，实在难登堂奥。我们与其说是研究学院治理文化，不如说是通过文化视角的审视，寻找阻碍学院善治的故障点，试着给学院改革提供一个可供开辟路径的理论工具，提供一个可供组织生发的价值导航。这也正是该研究提出的七大治理文化建设路径具有深远意义之所在。学院治理离不开文化建设，归根结底，其本身就是一项文化建设事业，只有起点，没有终点。这又是该项研究站在提出一个好问题比解决一个问题更有价值的层面上所具有的实际价值。

马克思说，每种事物都包含有自己的反面。对该研究有几许赞誉，就意味着有几分遗憾。除了本著在研究展望中陈述的几点外，本人以为还应从不同利益相关者视角加强学院案例研究，且尚待充分阐释学院发展在创造价值的同时也必然付出代价，是价值与代价的统一，以及文化是学院治理的出发点等观点。简而言之，学院治理文化建设是迂回曲折的，有发展就有代价，容错态度与容错机制必不可少。承担文化灵魂的学院人必须在场，人是讲述者也是剧中人，无论是大而全还是小而精的学院体态，其丰满且有深度的学院文化品格从来都是几代人刚毅砥行、传承创新的结果。文化是金钱无法取代的资本，在学院领导苦于治院没有足够的财力资源时，在学院人怨叹同侪们各自为阵时或学院建制不力人心涣散时，只有注重学院文化内核建设方能不惧财荒、凝心聚力。

翻山越岭，没有尽头。这本专著只是个开头，望王声平继续做一名登山者。

是为序。

刘亚敏

2022 年 8 月 1 日于 1037 号森林甚美庐

目　　录

前言 ………………………………………………………………（1）

第一章　导论 ……………………………………………………（1）
　第一节　问题的提出 ………………………………………………（2）
　第二节　文献综述 …………………………………………………（6）
　第三节　研究思路与方法 …………………………………………（28）
　第四节　研究的重难点与创新点 …………………………………（30）

第二章　学院治理文化的理论分析 ……………………………（34）
　第一节　核心概念界定 ……………………………………………（34）
　第二节　学院治理文化的特征 ……………………………………（43）
　第三节　研究的理论基础 …………………………………………（50）
　第四节　学院治理文化的构成要素 ………………………………（57）

第三章　中国“双一流”建设高校学院治理文化的理想样态 ……（63）
　第一节　学院治理：一种文化的阐释 ……………………………（63）
　第二节　中国“双一流”建设高校学院治理场域的学术性 ……（67）
　第三节　中国“双一流”建设高校学院治理文化理想样态的构建 ……（70）

第四章　中国“双一流”建设高校学院治理文化的现状调查 ……（92）
　第一节　研究设计 …………………………………………………（92）

第二节 问卷实施 …………………………………………（103）
第三节 数据统计与分析 ……………………………………（106）
第四节 结果与讨论 …………………………………………（168）

第五章 中国“双一流”建设高校学院治理文化的问题探源 ………………………………………（179）
第一节 学校内部管理的行政化 ……………………………（179）
第二节 学院治理理念的悬置 ………………………………（186）
第三节 学院治理制度滞后 …………………………………（189）
第四节 学院领导与教师沟通不充分 ………………………（207）
第五节 教师和学生参与学院治理的主观意愿不足 ………（209）
第六节 学院之间的合作欠缺 ………………………………（218）

第六章 中国“双一流”建设高校学院治理文化建设的路径 ………………………………………（221）
第一节 确定学校在学院治理中的元治理角色 ……………（221）
第二节 学院治理理念内化为学院成员的信念 ……………（231）
第三节 保障学院治理文化建设的制度供给 ………………（234）
第四节 发挥院长价值领导作用 ……………………………（246）
第五节 创设师生参与学院治理的文化环境 ………………（248）
第六节 构建学院治理文化共同体 …………………………（253）
第七节 注重学院文化传统的濡化功能 ……………………（256）

第七章 结论与展望 ………………………………………（260）
第一节 研究结论 ……………………………………………（260）
第二节 研究展望 ……………………………………………（264）

参考文献 …………………………………………………（268）

附录一 我国“双一流”建设高校学院治理文化现状调查问卷（教师卷） ……………………………（288）

附录二　我国“双一流”建设高校学院治理文化访谈提纲（院长/副院长）……（293）

附录三　我国“双一流”建设高校学院治理文化访谈提纲（前任院长/副院长）……（295）

附录四　我国“双一流”建设高校学院治理文化访谈提纲（教师访谈）……（297）

附录五　我国“双一流”建设高校学院治理文化访谈提纲（学生访谈）……（299）

附录六　九所“双一流”建设高校相同一流学科所在学院的分布情况（N=19）……（301）

后记……（302）

前 言

本书根据文化层次结构理论，认为学院治理文化是学院利益相关者在参与学院治理过程中逐步形成的有关学院治理的理念、制度和行为的总和，其核心构成可分解为三个要素：学院治理理念、学院治理制度、学院治理行为，三要素相辅相成、和谐共生。构建具有人本性、整合性、共享性、多样性、发展性、开放性的治理文化，是学院这一基层学术组织可持续发展的原生动力。

学院是大学最重要的基层学术组织，学院治理是实现大学治理体系和能力现代化的关键。本书结合学校内部管理体制特点，以学院治理文化的三个核心构成要素为分析框架，中国“双一流”建设高校学院治理文化的理想样态表现为：在学校推动学院自治及学院发展过程中，学校应发挥其在学院治理中的元治理作用；学院以发展世界一流学科为核心理念；学院制定的制度以人为本；院长在学院治理中发挥价值领导力作用；教师在学院治理中的主体地位受到尊重；学生参与学院治理的权利得到有效保障。

本书基于教师认知的视角，对中国东部、中部和西部三个区域，共9所“双一流”建设高校中已拥有“一流学科”的部分学院展开调研。研究结果显示，中国“双一流”建设高校在学院治理文化建构中主要存在以下几方面的问题：第一，在校院管理体制上，由于学校的行政化管理思维严重，学校对学院的管理能力缺乏信任，学校不愿将管理的核心权力下移到学院，学院自主权明显不足。第二，学院治理理念与学院管理实践处于相互分离的状态，教师对学院治理理念的关注不够，学院治理理念尚未真正内化为学院成员的内在信念。第三，在学院治理制度上，因学院对学校的严重依附，学院治理制度发展滞后，主要表现为：在教师科研评价上过分强调量化的考核要求，忽视学科发展特点；校院为教师治理能力提升的制度供给不足；学院决策的主体单一、过程封闭，学院共同决策的文化氛围尚未形成；学院发展战略规划的空间受到一定限制。第四，在学院治理行为上，教师和学生参与学院治理的主观意愿较低；学院领导与教师间的沟通不充分；学科之间竞争激烈，学院间缺乏深度合作。

当下及未来中国“双一流”建设高校学院治理文化建设应重点从以下几方面着手：第一，明确学校在学院治理文化建设中的元治理角色；加强校院间的沟通与对话，增进相互间的信任感，赋予学院充分的办学自主权，激发学院治理文化建设活力；通过建立责任清单制度，明确校院权责。第二，学院领导要加强学院治理理念与实践的有机融合，通过宣传、制度构建、沟通与交流等形式，将学院治理理念内化为学院成员的信念。第三，通过构建以学科为基础的教师科研评价制度、完善教师教育培训制度、健全学院民主监督与管理制度，保障学院治理文化建设的制度供给环境。第四，制定学院发展战略共同愿景，增强教师对学院治理目标的认同感。第五，发挥院长在学院治理中的价值领导作用，增强学院治理文化凝聚力。第六，创设教师和学生参与学院治理的文化环境，激发师生参与学院治理的积极性；加强学院间的交流与合作，构建学院治理文化共同体。第七，学院领导要重视学院文化传统在学院治理文化建设中的作用和价值。通过校院协同，共同致力于学院治理文化的健康、和谐、可持续发展。

第一章

导　论

国务院在2015年10月印发的《统筹推进世界一流大学和一流学科建设总体方案》中，对建设世界一流大学和一流学科（以下简称“双一流”建设）的总体要求、基本原则、建设与改革任务、支持措施、组织实施都进行了明确规定。之后，国家又相继出台了系列政策文件，对“双一流”建设的推进措施和要求进行了规定。“双一流”建设是中国推进高校教育改革和发展的重大战略决策，对提升高等教育发展水平和质量、增强国家核心竞争力具有十分重要的意义。在中国以行政为主导的高校管理体制背景下，随着“双一流”建设的深入推进，高校内部管理权力的重心在逐步下移，作为大学基层学术组织的学院在大学治理中的主体作用日益彰显。

学院治理对推进“双一流”建设、实现大学治理能力和体系的现代化有着举足轻重的作用。然而，与世界一流大学相比，中国一流大学和一流学科建设高校（以下简称“双一流”建设高校）在学院治理的理念、制度、运行机制等方面尚存在较大差距。这种差距的具体表现形式是多方面的，但其中最核心的并非仅仅表现在物质层面，而是内蕴于学院组织与治理的文化机理中。因此，中国的大学治理，必须以文化为改革的着力点和突破口，改变学院治理中的“文化滞后”现象，积极探寻既适宜中国高等教育管理文化特点，又符合世界一流大学学院组织文化共性的学院治理机制。唯有如此，才能真正提高中国“双一流”建设高校的人才培养质量、科学研究水平、社会服务能力，进而从整体上提高中国高等教育的国际地位和核心竞争力。

第一节　问题的提出

学院治理对激发学院办学活力和内生动力，实现大学治理能力现代化具有重要的促进作用，而学院治理能力提升的关键则在于学院治理文化的培育。一流大学需要一流的学院治理文化。重视学院治理文化建设，既是世界一流大学的基本共识，也是中国实现从高等教育大国迈向高等教育强国的战略选择。

一　选题缘由

（一）重视学院治理文化是世界一流大学的基本共识

尽管世界一流大学在管理体制上有一定的文化差异性，但尊重学术自由和学术权力，使学院成为真正意义上的办学实体，是世界一流大学治理的共同价值取向。当前，世界各国的很多一流大学都在相继推进二级学院管理体制改革，并以政策、立法等多种形式保障学院的自主权和自治性，激发学院办学的内生动力。例如，日本在《东京大学宪章》中明确规定：“东京大学的所有学院（系）、研究院、附属研究所等，作为自主运营的基本组织单位，平等、公平地享有参与大学整体运营管理策划的机会。”① 这从法律上赋予学院较大的自我管理、自我发展的权利，使学院的管理更富有弹性。其他世界一流大学，如美国的哈佛大学、耶鲁大学、斯坦福大学，英国的牛津大学、剑桥大学，加拿大的多伦多大学等，在教师聘任、职称晋升、财政预算、薪酬管理等诸多方面，都给予学院以充分的办学自主权，校院之间的权责关系非常清晰。从中世纪沿袭至今的学术自治、教授治校、民主管理等经典治校理念，在世界一流大学里仍历久弥新，并成为大学内部治理体系改革保护的核心。② 由此观之，对学院办学自主权的尊重，教师地位和学术权力在学院治理中的彰显，均已成为世界一流

① 赵跃宇：《世界一流大学内部治理体系研究》，高等教育出版社 2016 年版，第 163 页。

② 仰丙灿：《学院自治：大学内部治理结构优化的路径选择》，《复旦教育论坛》2015 年第 5 期，第 19—24 页。

大学学院治理文化建设的共识。

（二）学院治理文化是中国“双一流”建设高校发展的战略选择

近年来，教育主管部门试图通过扩大学院自主权来完善大学内部治理体系，提高学院治理能力。2017 年 3 月，国家五部门联合颁布《关于深化高等教育领域简政放权放管结合优化服务改革的若干意见》，为推动学院从被治理走向适度自主治理，从名义上的“独立”主体走向实质上的“治学主体”创造了条件，学院在办学中的主体地位进一步凸显。中国政府已逐步认识到学院在大学治理中的重要性，同时学者们也在积极呼吁赋予学院更多、更实、更大的办学自主权。大学管理权力重心下移到学院，以高校内部治理体系和结构创新为突破点，让学院成为真正的办学实体，理应成为中国大学内部治理结构改革的应然趋势和路径选择。大学办学的主体在学院，现代大学治理的核心是学院治理，与此相应的是，大学治理的重心需从大学管理转向学院治理，实现“现代大学制度”向“现代学院制度”的转换。中国建设世界一流大学，既要立足基本国情，又要以包容的心态、开放的视界，借鉴其他世界一流大学以学院为办学实体的治理理念。《关于深化高等教育领域简政放权放管结合优化服务改革的若干意见》中关于扩大自主权的意见点最终都应落实到学院，高校自主权也只有回归到学院才能激发学院办学的活力，提高学院自我建构能力。在此背景下，大学决策者需结合中国大学管理体制的特点，对学院治理的理念、制度进行创新性设计，在基于学院治理实践的基础上，培育与学院组织属性相适宜的治理文化。这既是对中国大学决策者管理智慧的考量，同时也是中国“双一流”建设高校发展的战略选择。

（三）中国“双一流”建设高校治理能力现代化实现的价值诉求

大学治理能力现代化是建设世界一流大学的重要保障，学院治理能力现代化是大学治理能力现代化实现的关键。然而，大学治理能力现代化“不只是器物层面或工具理性层面的现代化，更要重视内在的价值和精神的现代化”[①]。大学治理能力现代化更需重视内蕴于学院

① 刘亚敏：《大学治理文化：阐释与建构》，《高教探索》2015 年第 10 期，第 5—9 页。

治理中的核心价值理念，培育与之相适宜的学院治理文化。否则，大学治理能力现代化就可能仅仅“沦为”一种理念，难以在实践中扎根和落实。学院治理现代化就其实质而言，是对学院治理中人的尊重和理解，尤其是如何充分发挥好教师和学生等不同利益相关者在学院治理中的主体作用，是实现大学治理能力现代化的关键，这在很大程度上与世界一流大学的治理理念是不谋而合的。因此，在中国大学管理重心逐渐向学院下移的过程中，学校一方面需认识到学院治理现代化对实现大学治理能力现代化的促进作用，积极鼓励学院培育与学科发展特色、学院管理特点相适宜的治理文化，尊重学院办学的实体地位。另一方面，学院自身也需具备自我革新的意识、勇气、胆识和主动创新的精神，认识到学院的自我建构能力对助推大学治理现代化的价值，充分利用现代信息技术，如大数据平台、互联网技术等多种手段，建设现代化的学院治理文化生态。

二　研究意义

本书基于文化的视角，对中国“双一流”建设高校学院治理文化进行探讨，既有较强的理论意义，也有重要的实践价值。

（一）理论意义

第一，有利于拓展学院治理研究的理论视域。目前，尽管有研究者对学院治理进行了多方面的探讨，但现有研究主要是从纵向的校院关系来论述学院组织变革与结构调整的。然而，学院治理不仅涉及自上而下的校院权力配置，还需尊重学院组织的特点，并探寻与之相适宜的学院治理文化。换言之，只有构建起与学院组织属性相适宜的学院治理文化，以之为导向，对学院治理的理念、目标、制度、决策方式等进行不断完善，进而引领学院治理方向，才能提高学院治理质量和水平。这有助于拓展中国“双一流”建设高校学院治理研究的理论视域，为学院治理注入新的活力。

第二，有利于丰富和发展学院治理文化理论体系。任何组织一旦产生就必然会涉及治理文化的构建、培育等问题。当前，研究者关注比较多的是公司治理文化，包括公司治理文化的概念、特征、影响因素、发展路径等。学院作为大学的基层学术组织，与其他组织一样有其自身的属性和文化特点，且不同类型、不同性质的高校在学院组织文化上也可能呈现出较大的差异性。研究者在相关研究中虽有提及学院治理文化这一术语，但对什么是学院治理文化，学院治理文化有哪些本质特征、作用与意义、影响因素等，尚未进行深入、系统的探讨。本书以中国“双一流”建设高校已拥有“一流学科”的学院为研究对象，对学院治理文化的内涵、特征、构成要素等进行全面分析。这对正确理解学院治理文化的概念，丰富和发展学院治理文化理论体系具有重要的促进作用。

（二）实践价值

第一，有利于优化中国“双一流”建设高校内部不同权力主体间的关系与结构。学院作为高校组织机构的有机组成部分，其内部治理结构的设置和运行是高校内部治理体系的核心。在政府扩大高校办学自主权的政策背景下，高校的管理和权力重心并没有随之下移至学院，学院办学的虚体化问题仍然比较突出。尽管学者积极呼吁高校向学院放权，使办学主体下移到学院。但从总体上看，中国“双一流”建设高校与其他类型高校在学院治理结构上并没有呈现出显著的差异性。当前的学院制或学部制改革并未从根本上动摇校院之间的权力关系与组织结构，其实质仍是学校对学院的科层管理，学院的核心权力仍主要集中在学校领导以及各行政职能部门手中。而学院治理文化则力图重构一种新型的校院关系，凸显学院在大学办学中的主体地位，强调校院之间协同治理关系的建立，以及校院治理结构的完善。因此，学院治理文化的构建可以倒逼学校调整与学院间的关系，提高学院治理效能，激发学院办学活力，重塑和优化校院不同权力主体间的关系与结构。

第二，有利于完善中国“双一流”建设高校学院治理制度。学院治理制度不仅仅是对高校内部管理制度的简单“复制”，而且是基于学科发展特点和专业设置的需要，结合学校内部管理体制机制制定的适宜于学院发展的系列制度安排。但在实践中，学院治理制度何以难以有效运行和实施？学院管理者费尽心思制定的学院治理制度最后为何异化为一种“摆设”？其实，这在很大程度上就要追问和反思所制定的制度是否与学院组织文化相适宜。可以说，脱离了学院组织文化的制度很可能会异化为“只开花不结果的树”。建设世界一流大学，理应遵循一流大学学院治理的制度逻辑。本书结合“双一流”建设高校学院治理的本体属性，以及中国高校内部管理体制的文化特点，在全面了解中国“双一流”建设高校学院治理文化现状、问题、影响因素的基础上，助推中国“双一流”建设高校学院治理制度的完善。

第三，有利于为中国“双一流”建设高校及其他类型高校的学院治理文化建设提供参考。中国“双一流”建设高校代表了中国大学办学质量的最高水平，成为政府、社会及学者关注的焦点。现有研究虽对大学治理进行了多方面的探讨，但较少有研究者对中国“双一流”建设高校学院治理文化这一论题进行专门和系统的分析。本书采取问卷调查和访谈相结合的方法，从高校内部管理切入，从学院治理理念、学院治理制度和学院治理行为三个方面，全面了解中国“双一流”建设高校学院治理文化的现实境遇，探寻学院治理的深层机理与发展路径。

第二节　文献综述

目前，由于有关学院治理文化的系统研究较少，因此，本书结合中国高校内部管理体制的文化特点，以“学院治理文化”为核心主题，基于学校和学院两个层面，以学院治理文化的构成要素为基础，从校院关系与治理结构、学院治理理念、学院治理制度、学院治理行为几个方面，对学院治理文化的相关研究进行综述。

一　校院权责关系研究

在中国以行政为主导的高校管理体制背景下，校院权责关系是影响中国“双一流”建设高校学院治理文化建设的重要因素。目前，关于校院权责关系的研究主要聚焦在校院治理结构、校院权责划分、学院权力运行的监督与制衡三个方面。

（一）关于校院治理结构的研究

现有研究主要包括校院治理结构的问题、原因、影响因素、优化策略等几个方面。中国校院治理结构属典型的科层模式，院校关系基本属于科层制直线形，进而导致学校管理重心过高，学校决策层及职能部门集权化现象严重等弊端。[①] 但毋庸置疑的是，科层制结构在提高校院事务管理的效率上确能发挥其作用，但它并不完全契合当前所倡导的学院治理理念。因为科层制基本上遵循的是自上而下的管理逻辑，这就可能导致基层组织产生等、靠、要思想，内生动力不足的弊端。[②] 对此，有研究者提出，校院之间应减少管理层次，“改变过度直线职能结构，实现一定程度的校院结构的扁平化”[③]。扁平化是对科层制结构的理性认识和合理批判，其实质是要求学校赋予学院充分的办学自主权，激发学院办学活力。校院之间不仅仅是上下级的行政隶属关系，而是紧密的战略同盟关系[④]，学校行政职能部门扮演的应是服务者而非管理者的角色，需对学院的个性化诉求和需要予以高度关注，主动帮助学院落实办学自主权。[⑤]

有些研究者从经验层面对国外世界一流大学学院内部治理结构进行了较为全面和系统的介绍[⑥]，这对中国学者研究学院治理结构，助推中国“双一流”建设高校学院治理的改革与发展都有着重要的借鉴价值。但仅仅关注世界各国学院内部治理结构是不够的。不同国家一流大学学院内部治理结构，实质上都不同程度地反映了各国的文化背景。与此同时，各国文化也会在不同程度上对大学学院内部治理结构产生直接或间接的影响。而且，只有与一个国家的文化相适宜的学院内部治理结构，才具有相对的稳定性、持久性和生命力。当前，中国大学学院治理结构与世界一流大学相比，确实还存在诸多问题，但不可否认的是，学院治理结构的稳定性在很大程度上反映出与中国文

① 许杰：《深化校院两级管理：经验与思索》，《国家行政学院学报》2016 年第 1 期，第 42—47 页。

② 宣勇：《论大学的校院关系与二级学院治理》，《现代教育管理》2016 年第 7 期，第 1—5 页。

③ 张德祥、李洋帆：《二级学院治理：大学治理的重要课题》，《中国高教研究》2017 年第 3 期，第 6—11 页。

④ 杨颉：《协同治理 协议授权——探索校院二级管理改革新路径》，《中国高教研究》2017 年第 3 期，第 12—16 页。

⑤ 杨颉：《协同治理 协议授权——探索校院二级管理改革新路径》，《中国高教研究》2017 年第 3 期，第 12—16 页。

⑥ 李立国、张翼：《美国研究型大学学院治理模式探析》，《清华大学教育研究》2016 年第 6 期，第 15—27 页。

化有较高适切性的特点。因此，不顾中国文化特点，一味否定、批判学院内部治理结构的观点与做法是有失偏颇的，不顾中国高等教育管理体制的宏观背景，一味地盲目照搬世界一流大学学院内部治理制度设计的做法是不足取的。组织结构本身是客观的，其核心和关键在于构建适宜于本国文化特点和“基因”的学院内部治理制度和结构，并使之有效运行。

（二）关于校院权责划分的研究

现有研究主要对校院的职责定位、校院权责划分的原则进行了探讨。明确校院的职责定位，是学院治理的关键。但有研究者提出，目前中国校院权责关系还存在权力划分不明确、权责关系不统一、责权匹配难度不一[①]，校级权责无限化、院系权责避责化及两级权责监督表象化等诸多问题。[②] 有研究者认为，厘清校院关系，关键要正确认识大学组织的本质特征，明确校院各自的职责和权力，正确处理行政权力和学术权力在学校和院系的配置。[③] 校院之间的责权划分应采取授权方式而非分权方式；[④] 校院权责界定必须遵循落实学校的唯一法人责任制和彰显院系的学科主体两个原则。[⑤]还有研究者基于大学章程的视角，认为校院两级权责的划分必须顺应分工合理、责任清晰、权限明确的逻辑指向，校院的权责划分应包括权力与责任相一致、集权与分权相统一、激励与控制相结合的原则。[⑥]

尽管研究者在校院职责的定位和权责划分的原则上存在一定的差异性，但多数学者基本上认为，校院在权责划分上应有所侧重。比

---

① 蔡蕾、鲁世林：《“院为实体”校院两级管理体制改革的三个方向——基于中美研究型大学的比较研究》，《高教探索》2017 年第 11 期，第 83—88 页。

② 马焕灵、张月含：《大学章程中学校与院系权责体系的探索与创新》，《现代教育管理》2015 年第 10 期，第 14—20 页。

③ 王战军、肖红缨：《一流大学院系治理的应然状态》，《教育发展研究》2016 年第 16 期，第 54—62 页。

④ 杨颉：《协同治理 协议授权——探索校院二级管理改革新路径》，《中国高教研究》2017 年第 3 期，第 12—16 页。

⑤ 王战军、肖红缨：《一流大学院系治理的应然状态》，《教育发展研究》2016 年第 16 期，第 54—62 页。

⑥ 马焕灵、张月含：《大学章程中学校与院系权责体系的探索与创新》，《现代教育管理》2015 年第 10 期，第 14—20 页。

如，有研究者提出，学校的职能主要是宏观决定，权力重心在行政权力①，而院系重点治理的事务包括学科专业建设、教学科研日常运作、经费筹措和使用、队伍建设和规划、学生培养和日常管理等学科专业领域，权力重心在学术权力。②因此，学校是学校管理的决策中心，学院是学科专业领域的管理中心，肩负着承上启下的管理职能，学校主要是对学院实施目标管理、政策调控和宏观管理。③ 校院两级管理体制改革的核心是明确校院权责边界，推动管理重心下移，给予学院真正的自主权。④

从总体上讲，当前中国高校管理中的集权化现象仍较为突出，学院办学主体性明显不足。为此，研究者积极呼吁：学校的管理重心应下移到学院，并在财政、人事、资源配置、学术决策等方面赋予学院实权⑤，使学院在学校行政决策框架下，成为独立履行教学、科研和社会服务职能的管理中心。学校向学院赋权确能激发学院的办学活力和积极性。但赋权也可能对学校的整体变革产生不利影响，甚至降低学校对外界的适应能力。国外有研究者已意识到学校在向学院转移权力的过程中可能出现的问题与弊端，并对此持比较谨慎的态度。认为大学将“主要的决策权从中心决策部门转移给了实际操作的院级部门，而这些院级部门的利益可能无法总是与大学的最佳利益保持一致”，进而“侵蚀着机构的灵活性，为变革制造巨大的障碍”⑥。这种担忧是有其合理性的，因为学校权力在转移之后，虽然有利于院系部门自主权的掌控，但也可能影响到大学面对压力时的灵活应变能

① 张德祥、李洋帆：《二级学院治理：大学治理的重要课题》，《中国高教研究》2017年第3期，第6—11页。

② 王战军、肖红缨：《一流大学院系治理的应然状态》，《教育发展研究》2016年第16期，第54—62页。

③ 林健：《大学校院两级管理模式中的权责划分》，《国家教育行政学院学报》2009年第11期，第37—43页。

④ 许杰：《深化校院两级管理：经验与思索》，《国家行政学院学报》2016年第1期，第42—47页。

⑤ 宣勇：《论大学的校院关系与二级学院治理》，《现代教育管理》2016年第7期，第1—5页。

⑥ ［英］迈克尔·夏托克：《成功大学的管理之道》，范怡红主译，北京大学出版社2006年版，第79页。

力——丧失快速分析的策略性能力。当然，这并非意味着对学校集权化管理的强化，而是强调应采取全面、整合的管理理念来处理校院之间的权责关系问题。这为中国研究者从整体上审视学校如何向学院转移权力，到底应转移哪些权力，校院权责利的边界到底在哪里等问题，提供了新的思路。同时为中国校院权责划分提供了重要的参考框架，有助于明确校院权责范围和管理重点。现有研究主要从理论上对这些问题进行宏观分析，对在高校内部管理实践中校院权责应如何协调、制衡等具体问题，尚缺乏深入、系统的探讨。

（三）关于学院权力运行的监督与制衡的研究

在学院自主权不断增大的同时，如何对学院的权力运行进行有效监督和制衡，成为研究者关注的焦点。现有研究从学院内外两方面，对学院运行中权力监督和制衡的主体、方式与手段进行了分析。有研究者提出，应从学院内外两方面健全学院民主监督制度，加强校院协作，明确不同监督主体的权力和责任，确保对学院权力运行的全方位监督。[①] 但该研究对学院监督的有效性如何保障，教师或学生应以怎样的方式介入对院系领导的监督才比较合理，监督主体的权力边界如何界定等问题，尚未作深入探讨。因此，从很大程度上讲，该研究还只是一种理论上的构想与设计，其主观色彩较为浓厚。有研究者主张，在学院外部，学校可通过建立负面清单制度对学院的权力，尤其是院长的权力进行有效监督。在学院内部，即在学院层面，可通过建立学术委员会、教学委员会、教代会等机构，对学院的权力运行机制进行制衡。[②] 通过内外两方面对学院权力进行监督和制衡，有利于充分发挥不同利益相关者的作用，提高学院管理与决策的民主化程度。但在中国校院科层组织结构背景下，学校对学院实施负面清单制度的有效性何以保障？学院内部哪些利益群体有权参与监督？参与的内容、程度、范围如何？该研究对此并未予以明确回应。

现有研究多从学理层面，而较少采用问卷调查、访谈等方法对学

① 刘冬冬、张新平：《高校二级学院治理：困境及其消解路径》，《现代教育管理》2018 年第 6 期，第 17—22 页。

② 宣勇：《论大学的校院关系与二级学院治理》，《现代教育管理》2016 年第 7 期，第 1—5 页。

院权力运行与监督机制进行实地考察，所得结论的主观性和理想化色彩较浓。对诸如怎样构建学院负面清单制度，学院内部如何对院长或书记的权力进行有效制衡，在哪些方面进行制衡等问题，都是需要进行深入研究的。

二　学院内部治理结构研究

学院内部治理结构尽管主要涉及的是权责利边界的界定和分配问题，但其结构背后实质上反映的是一种文化。学院内部治理结构的不同，充分体现了不同国家的大学校院治理价值取向的差异性和多元性。学院内部治理结构对学院治理文化的生长和发展有着直接的影响。目前，关于这一主题的研究主要包括学院内部治理结构的现状、优化路径，以及学院决策制度三方面。

（一）关于学院内部治理结构的现状

有研究者采用问卷调查的方式，从制度建制、权力决策机构、院长产生机制、“教代会”和“学代会”等方面，对学院内部治理结构的现状进行了调查。结果显示：当前中国高校院系层面内部治理结构基本合理，参与高校院系内部治理热情高涨和消极并存，认知分化较为明显。造成这一现象的主要根源在于教职工参与学院治理的途径还比较单一，行政权力过于集中等因素，这些因素阻碍着学校向善治和共治方向发展。因此，可从完善大学章程、改革学院重大事项决策机制和模式、推进和强化教授治学、保障校内外人士参与决策和治理的权力四方面，优化和改进学院内部治理结构。① 这是迄今为止国内少有的采取问卷调查的方式，对学院内部治理结构的现状进行的量化研究，为后续研究提供了较翔实的数据资料。

（二）关于学院内部治理结构的优化路径

学院内部治理结构的优化路径包括学院共同治理模式的构建和学院治理权力的划分两方面。有研究者提出了“一条主线、两个层面、三个维度、四大关系”的构建路径，强调以一种自上而下的制度安排与

① 张雷生：《高校院系内部治理结构现状调查研究》，《高校教育管理》2017 年第 3 期，第 30—40 页。

自下而上的主动建构相结合的实践路径改革研究型大学院系治理结构。[①] 该研究在很大程度上反映了中国研究型大学院系治理结构的实际情况。但由于该研究采取的是个案分析的方法，缺乏对其他研究型大学院系治理结构的全面、深入分析，且不同大学的院系在管理体制、学科特点、领导风格、文化传统方面存在较大差异性，因此该研究所构建的院系治理模式在范围和适切性上可能会受到一定的限制。有研究者认为，构建以多元共治为核心的院系内部治理结构是使各利害关系人在权利、责任和利益上相互制衡，在协同治理的和谐关系中实现办学目标的关键，其内容应由决策系统、咨询系统、参与系统、执行系统和监督系统等构成。[②] 多元共治的学院内部治理结构在理论上是成立的，但在实际运行中因不同利益相关者在需求和期望上的不同，而导致各系统在治理过程中出现价值冲突。因此，对如何协调、平衡和整合不同利益相关者在学院治理中的价值取向，是需要进一步深入研究的。

另有研究者基于结构、权力和文化的视角，提出中国学院治理可构建符合治理理念的“理事会领导下的院长负责制”。在此基础上，按主体职责划分，学院治理结构可分为“教学性”“学术性”“支持性”三类[③]，与此相对应的权力分别有教学性权力、学术性权力和支持性权力。这种分类是基于不同权力主体的职能定位而进行的划分，有其合理性。建立“理事会领导下的院长负责制”，在理念上确实很有前瞻性，但这在很大程度上与中国以政府为主导的高等教育管理体制是不相适宜的，该研究带有明显的理想化色彩。学院内部治理结构的优化和完善，虽有助于学院治理能力的提升，但学院组织结构与学院权力结构应是同步的。院系治理结构调整需将功能置于优先的位置，“院系治理结构改革应以是否有利于发挥院系的功能为基本准则”[④]。

---

① 肖红缨：《研究型大学院系治理模式——以清华大学为例》，清华大学出版社 2017 年版，第 207 页。

② 叶桂方等：《扩大办学自主权背景下的院系自我约束：困境与突破》，《复旦教育论坛》2018 年第 5 期，第 46—52 页。

③ 吉明明：《学院治理：结构 · 权力 · 文化》，博士学位论文，南京师范大学，2018 年，第 116 页。

④ 陈廷柱：《院系治理改革的路径选择及其系统化策略》，《中国高教研究》2017 年第 1 期，第 8—12 页。

（三）关于学院决策制度的研究

这方面研究主要聚焦在学院决策制度的形式、优点与局限性、改进措施方面。有研究者认为，目前，党政联席会作为中国学院决策制度的主导形式和最高决策机构，在促进集体决策上有一定的积极意义。但在此决策制度框架下，政治权力和行政权力是学院决策的主体，加之其在运行过程中还存在党政关系不融洽、制度化建设与学术决策权力影响力不足、决策体系尚不健全、形式主义严重、决策程序缺乏民主参与、效率低下等弊端而为研究者所诟病。[①]

针对中国学院决策制度的弊端，有研究者提出，学院既要发挥基层党组织的领导作用，又要淡化党政联席会议决策的行政化色彩，凸显学术权力的影响力。在“党政联席会”制度框架下，通过构建“党政学联席会”制度和党政联席会向教授委员会授权两种方式来完善学院治理结构。这两种制度安排的实质都是党、政、学三者既分工合作，又共同负责。[②] 这种构想为完善学院内部决策机制，提高学院民主管理程度提供了新的思路。同时，该研究将教授委员会置于学院决策的顶层，对发挥教授群体在学院治理，尤其是在学术事务决策中的话语权意义重大。但该研究对教授委员会与党政联席会如何协同治理，这种制度建构在中国高校内部管理体制背景下何以可能，教授委员会在学院治理上有哪些实质性的决策权，两者在共同决策中又可能出现哪些矛盾等问题的分析尚不足。有研究者提出，要“运用学院党委、行政、学术、民主管理相互协调的工作机制”[③]，建立由“行政班子、党组织、教授委员会、二级教代会构成的既分工明确又相互合作、相互制衡的治理结构”[④]。还有研究者认为，学院内部治理结构的核心将集中从制度层和治理文化氛围养成角度，切实提高教职员

---

① 谭婷：《治理理论视角下高校二级学院决策机制研究》，《高教探索》2015 年第 7 期，第 10—14 页。

② 严蔚刚：《教授委员会在高校二级学院治理结构中的地位》，《复旦教育论坛》2013 年第 4 期，第 49—52 页。

③ 卢兆彤、瞿振元：《高校二级学院的体制机制建设与完善》，《中国高等教育》2013 年第 22 期，第 6—7 页。

④ 应望江：《四位一体：优化高校院系治理结构的构想》，《国家行政学院学报》2008 年第 7 期，第 51—54 页。

工、学生等利益主体参与学院治理的积极性。① 但该研究并未对学院治理文化如何养成，不同利益相关者是否有意愿参与学院治理等问题作进一步阐释和论证。如何有效发挥不同利益相关者在学院决策中的作用，使以院党政联席会为主导的决策制度逐步走向学院决策主体的多元化，是研究者的共同价值取向。

现有研究多以学院内部治理切入，探讨学院治理结构的调整与优化问题。但在中国以行政管理为主导的思维模式下，“大学的各种权力主要掌握在学校一级，权力供给主要采取审批和少量授权的方式，很难有真正的分权和共同决策”②。学院内部治理结构主要由学校层决定，学院缺乏应有的发展和管理自主权。因此，中国现代大学内部治理结构的最大困境在于行政权力和学术权力的失衡，改革的核心在于赋予学院更多的自主权，实现学院自治。③ 从校院管理体制的形式来看，中国与世界一流大学相比并无太大差异，实行的都是校—院—系三级权力结构，校院两级管理模式。但学院是否有真正的办学自主权是中国与世界一流大学管理体制最大，也是最根本的区别。如加拿大多伦多大学实行的是大学、学院、系三级管理体制，各学院一般设有委员会，并将其作为学院的最高权力机构，负责批准学院各项政策，具有较大的独立性和自主权。学院委员会一般还设有若干子委员会，各个子委员会承担不同的职责。④ 其他世界一流大学，如美国哈佛大学文理学院、加州伯克利大学文理学院、印第安纳州大学文理学院等基本上采取的都是这种治理结构模式。⑤ 因此，无论是国外大学，还是国内大学，学院内部治理结构的构建、管理体制的优化、治理主体的参与权与范围的界定等，均离不开大学的顶层制度设计。也只有

---

① 张雷生：《高校院系内部治理结构现状调查研究》，《高校教育管理》2017 年第 3 期，第 30—40 页。

② 沈勇：《院系治理的中观分析：章程建构、实践张力与路径优化》，《国家行政学院学报》2016 年第 7 期，第 15—20 页。

③ 仰丙灿：《学院自治：大学内部治理结构优化的路径选择》，《复旦教育论坛》2015 年第 5 期，第 19—24 页。

④ 赵跃宇：《世界一流大学内部治理体系研究》，高等教育出版社 2016 年版，第 55 页。

⑤ 李立国、张翼：《美国研究型大学学院治理模式探析》，《清华大学教育研究》2016 年第 6 期，第 15—27 页。

当大学将管理重心下移到学院，让学院享有真正的办学自主权，学院才能在基于学科专业和学生发展的基础上，对决策与治理机构的设置、不同权力主体参与治理的方式等进行重构、完善和优化，以不断提高学院治理效能。对此，研究者有必要将研究视角从学院内部，逐步转换到大学层面以及校院治理结构的设计上，以更全面和客观地审视当前中国大学学院内部治理结构问题的深层机理，探寻善治之道。

三　学院协同治理研究

协同治理既是一种治理理念，又是一种新的学院治理结构，是在中国“党政共同负责制”难以更好地适应高等教育综合改革的背景下应运而生的，其实质是强调“维护基于利益相关者诉求之上的公平和正义”①。学院治理文化与协同治理的理念是不谋而合的，都体现了多元主体协同共治的价值取向。研究者从不同视角出发，对学院协同治理的意义、模式、主体、运行机制等进行了探讨。

有研究者认为，可通过建立新制度、培育新文化的方式，发挥制度文化的引领作用，“引导管理服务人员、师生以及其他利益相关者在制度约束和文化引领的双重作用下，逐渐形成协同创新精神”②。这为学院治理文化研究提供了新的思路，即以制度文化的视角审视中国学院治理的现状。但该研究对何谓新制度与新文化，其典型特征有哪些等问题，并未作进一步的阐释和分析。有研究者提出，为保障院系多元权力主体能平等地参与到学院的管理与决策中，可通过科学决策、民主监督等共同治理的形式进行权力整合，进而构建院系“协商共治”模式。③ 有研究者基于利益相关者视角，在对中国二级学院（系）“党政共同负责”管理体制的优点和局限性进行分析的基础上，提出构建“党政教民”四位一体协同治理结构的构想，即将政治、行

---

① 刘恩允、周川：《学术主导、分类驱动、协同推进——我国大学院系治理机制探究》，《高等教育研究》2017 年第 8 期，第 23—28 页。

② 刘恩允、周川：《学术主导、分类驱动、协同推进——我国大学院系治理机制探究》，《高等教育研究》2017 年第 8 期，第 23—28 页。

③ 李成恩、常亮：《协商共治：我国大学院系有效治理的可行模式》，《中国高教研究》2017 年第 6 期，第 49—51 页。

政、学术和民主管理权力分层纳入院系决策体系。① 各权力主体在协同治理过程中要相互合作、厘清职责、共同负责、友好制衡②，在共同目标下，致力于院系治理能力的提升。有研究者对此也持相似观点，认为要发挥不同利益相关者参与学院发展和管理的积极性与主动性，可以通过构建以“学院委员会决策、专业委员会执行、内外利益主体监督为主要方式”的多中心协同治理模式的形式来实现。这对突破传统学院治理的内控模式、突出党对学院的领导，避免党政不清、保障学院管理的民主化、拓展学院监管途径、保证学院办学的公正性等有着积极的促进作用。③ 将不同利益相关者纳入学院治理中，虽然从理论上讲，有其合理性，但由于价值取向和利益诉求的不同，如何将不同利益相关者整合到共同的发展战略和目标之下，不同利益相关者通过怎样的途径与方式参与学院治理，学校或学院应提供哪些制度保障和条件支持等问题，还需进一步探讨。正如有学者所言：“利益相关者理论则不仅带有把高校视为商业部门的嫌疑，而且因为它把每个人都视为治理的参与者，其结果可能是谁都不是治理的主体。”④

“协同治理”是不同利益主体对权力和利益的合理诉求与表达，是人们对学院善治的美好期许，不仅是中国学院治理的应然选择，同时也是美国研究型大学学院治理的主导模式。⑤ 美国大学二级学院治理的核心文化是协商共治，“将个体价值汇聚成一股股的意见‘溪流’，以引导与协商的方式实现不同类型的‘溪流’，最终达成治理

---

① 祝士明、高洁：《“党政教民”协同治理：大学二级学院治理结构》，《现代教育管理》2018 年第 9 期，第 40—44 页。

② 韦希：《从“党政共同负责”管理体制到“党政教共同治理”权力结构——关于高校二级学院（系）新型治理结构的构想》，《国家教育行政学院学报》2015 年第 3 期，第 17—22 页。

③ 刘新民、于文成、李芳：《基于多中心协同治理的学院模式构建分析》，《现代教育管理》2014 年第 9 期，第 14—18 页。

④ 阎光才：《高校教师参与治理的困惑及其现实内涵》，《中国高教研究》2017 年第 7 期，第 6—11 页。

⑤ 李立国、张翼：《美国研究型大学学院治理模式探析》，《清华大学教育研究》2016 年第 6 期，第 15—27 页。

决定"[①]。但即便如此，学者在协同治理的理念上仍存在批判者和拥护者两大"派别"。批判者认为，协同治理在实践中很少能有效运行，它使决策变慢，并阻碍必要的组织重组和战略变化。而拥护者则强调，日益增长的中央集权化压力，以及更多的自上而下的科层化和公司化组织形式的压力，是大学实现协同治理的主要原因，且"共同治理对有效管理产生明显阻碍的说法缺乏证据，而且任何群体（包括管理者在内）都没有在这一观点上达成广泛的共识"[②]。

在中国教师角色定位模糊、学生群体权利被忽视、院级领导权力监管制度不健全[③]、利益相关者参与学院治理制度尚未形成的现实背景下，多数研究者虽倡导协同治理的理念，但还较少有研究者从中国高等教育管理体制的文化特点，政府与学校、学院的关系，以及学院内部长期形成的传统行政管理思维的惯习等整体视角，对学院协同治理进行系统审视。如上所述，现有研究主要是从权力和利益相关者视角，对学院协同治理结构，以及各权力主体之间的关系与制度安排进行分析，进而提出协同治理的构想与图景。从方法论的角度来看，现有研究基本上遵循的是自上而下的分析逻辑，从权力主体而非研究者的角度，采用量化和质性相结合的方式进行系统探讨的成果十分少见。质言之，学院治理必须置诸学院组织内部，才能更全面、客观地了解学院治理所面临的现实问题、困境和挑战，并对不同权力主体关于协同治理的价值取向、利益诉求、意愿与动机等有全面的认识和理解。在中国以传统行政管理为主导的思维模式下，如何协同发挥好不同权力主体在学院治理中的作用？不同权力主体对协同治理是如何理解和认识的？如何将不同利益相关者参与学院治理的体制机制进行有机整合？学院治理中哪些事务需要真正协同？协同治理模式制度如何设计？不同权力主体间是否有协同的意愿？对诸如此类的问题，都需

① 何晓芳：《在"断裂"的科层体系中"牧猫"——美国大学二级学院治理制度文化分析》，《高教探索》2019年第3期，第85—89页。

② ［美］罗纳德·G. 艾伦伯格主编：《美国的大学治理》，沈文钦等译，北京大学出版社2010年版，第134页。

③ 刘新民、于文成、李芳：《基于多中心协同治理的学院模式构建分析》，《现代教育管理》2014年第9期，第14—18页。

作进一步的探讨。

四 院长的角色与领导力研究

作为学院治理的主体，院长的角色定位和领导力在学院治理文化建设中至关重要。目前，国内外学者对大学院长这一群体越来越关注，从总体上看，现有研究主要集中在院长的角色定位、角色冲突和院长领导力三个方面。

（一）关于院长的角色定位

由于院长所处的权力位置及其所面临的领导情境的差异，无论是国内学院还是国外学院的院长，都是一个多重角色交织的群体。有研究者提出，院长既是优秀的学者，又不能等同于教师；既是学术领导人，又不能等同于专职的行政人员，院长是在夹缝中生存的[①]，学术领导是大学学院院长角色的本真定位。[②] 国外有学者对此持相似观点，认为院长不仅扮演着学术促进者的角色[③]，同时还扮演着磋商者、协调者、控制者、外交家等多重角色。[④] 同时，随着中国高校内部管理体制改革的不断深入，学院办学自主权的逐步扩大，学科包容量的不断增强，学院与校内外的关系也将变得日趋复杂，学院管理的难度和复杂性随之将不断增加。在此背景下，院长扮演的角色和承担的职责更趋多元化，这对院长治院的综合素质和能力提出了新的要求和挑战。有研究者认为，院长的角色正在从传统的学者向新兴的专业管理者转变[⑤]，院长的权力多来源于其职位，而非学术素养，其职位的等

---

① 王英杰：《美国大学中的院长：制度、文化和责任》，《比较教育研究》2015 年第 2 期，第 1—6 页。

② 郭赟嘉、闫建璋：《学术领导：大学二级学院院长角色的本真定位》，《现代教育科学》2014 年第 1 期，第 41—45 页。

③ A. W. Astin, R. A. Scherrei, *Maximizing Leadership Effectiveness*, San Francisco: Jossey-Bass, 1980, p. 65.

④ W. R. Dill, *The Deanship: An Unstable Craft*, D. E. Griffiths, D. J. Mccarty, *The Dilemma of the Deanship*, Danvile: Interstate Printers and Publishers, 1980, pp. 261 - 284; A. Tucker, R. A. Bryan, “The Academic Dean: Dove, Dragon, and Diplomat,” *Journal of Higher Education*, 1988 (5), pp. 306 - 321.

⑤ Arliss L. Roaden, “The College Deanship: A New Management in Higher Education,” *Theory into Practice*, 1970 (4), pp. 272 - 276.

级性特征日益明显。[①] 可见，院长的角色既具有多元性，同时还会随着校院内外部关系的调整而发生改变，具有明显的发展性特征。

另有研究者对美国著名研究型大学院长的任职资格与任命、职责、特征等进行了分析，认为中国应规范院系领导岗位职责；提高院系领导素质；推进院长职业化进程。[②] 斯坦福大学教育学院院长施瓦兹·单强调，院长应具有以教师为本的理念和全心全意为教师服务的意识。担任院长的前提条件是其任职前必须是全职教授。作为院长，他的主要职责是把斯坦福教育学院变成世界上最好的学院，包括确立学院的发展愿景、明确学院的使命、为公众服务、筹集资金、决定谁能获得终身教职、谁能获得聘用，以及处理许多日常工作。[③] 有研究者认为，中国一流大学院长的基本特征是：以 50 岁左右的男性占绝对多数，具有良好的学术背景且在本学科专业领域内卓有建树；多数人在担任院长职务前具有类似的工作经验；中国一流大学倾向于选择具有海外学术经历者担任院长职务。院长的职责主要是从事科研、教学或人才培养，承担管理以及社会公共事务。[④]

（二）关于院长的角色冲突

研究者主要对冲突的情境、影响因素、原因进行了探讨。有研究者认为，院长是在学科子系统和科层子系统两维交汇处所形成的一个独特的中间管理职位。院长既是学校决策的执行者，又是学院的领导者；既要代表学校，又要代表学院；既要代表管理系统，又要反映学术系统，处在一个典型的角色冲突情境里，受环境、组织、角色、个体与人际关系等多因素的影响。[⑤] 有研究者认为，院长扮演着行政负

---

① 刘香菊：《谁在我国一流大学任院长？——我国一流大学院长基本特征研究》，《高等工程教育研究》2014 年第 4 期，第 94—99 页。

② 高磊、高存功：《美国著名研究型大学院系领导岗位设置研究》，《清华大学教育研究》2005 年第 4 期，第 73—77 页。

③ 刘爱生：《世界一流大学人才培养、教师发展与院长职责——斯坦福大学教育学院院长施瓦兹·单访谈录》，《高校教育管理》2016 年第 4 期，第 1—5 页。

④ 刘香菊：《谁在我国一流大学任院长？——我国一流大学院长基本特征研究》，《高等工程教育研究》2014 年第 4 期，第 94—99 页。

⑤ 任初明：《我国大学院长的角色冲突研究》，博士学位论文，华中科技大学，2009 年。

责人和学术负责人两种角色，但由于这两种角色对院长的行为提出了不同的角色期望，院长恰恰处于两种权力的矛盾之中。[①] 有研究者认为，院长所面临的行政与学术“双料”考核和院长职位集聚形成的双重权责是造成角色冲突的主要原因。对此，应探索行政管理职业化，注重行政绩效考核；弱化院长专业权威，缓解“双肩挑”压力；大学向院系放权，完善基层民主参与机制。[②] 另有研究者认为，加强院长行政管理的职业化对提升院长个人管理的专业化水平确有很大的促进作用，但在加强管理专业化，弱化专业权威的同时，也可能导致管理的“集权化”或“官僚化”现象，进而出现行政人员与学术人员间沟通不畅、信任度减低、院长感召力削弱等弊端。国外有学者采用量化的研究方法，对影响院长角色冲突的因素，冲突导致的不良后果等进行了分析。[③] 例如，有研究者认为，过度的角色冲突对工作的满意度和压力均会产生不利影响，院长在不同类型和规模大学中的角色冲突程度差异显著。[④]

（三）关于院长的领导力

现有研究主要集中在院长领导力的层次、模型构建和核心构成要素三方面。有研究者提出，任务领导、关系领导和精神领导是院长领导力的三个层次。并以此为基础，构建了院长领导力“六力模型”，即战略领导力、变革领导力、学习领导力、沟通领导力、道德领导力和文化领导力六维度。[⑤] 院长领导力模型的构建对提高院长领导力和个人素质有重要的参考价值，但因调查样本数量的有限性和代表性不足等因素的制约，导致其所构建的“六力模型”在很大程度上带有

① 姜华：《高校二级学院院长的角色冲突》，《中国高教研究》2011 年第 10 期，第 56—59 页。

② 余利川、段鑫星：《行政与学术：“双肩挑”院长角色冲突的扎根研究》，《复旦教育论坛》2018 年第 1 期，第 72—78 页。

③ J. Kahn，K. Wilson，“Report of the Task Force on Faculty Culture,”（2006 - 05 - 12）[2018 - 12 - 20]. http：//www1umnedu/systemwide/str-ategic_ positioning /tf_ final_ reports_ 060512 /acad_ faculty_ culture_ final. pdf.

④ M. L. Wolverton，W. H. Gmelch，“The Impact of Role Conflict and Ambiguity on Academic Deans,” *Journal of Higher Education*，1999（1）：80 - 106.

⑤ 周富强：《高等教育大众化阶段地方大学院长领导力研究》，博士学位论文，北京大学，2009 年。

较强的主观色彩，它能否反映中国地方大学院长领导力的发展方向？这个问题是有待进一步探讨的。有研究者强调，要重视院长非权力性影响力在学院治理中的作用[①]，感召力是院长领导力的核心成分。[②]但该研究对感召力为何是院长领导力的核心成分，感召力对院长的其他领导力将会产生怎样的影响，不同领导力之间的相互关系是怎样的这些问题，尚论证不足。一流的大学需要一流的学院院长，但一流大学的院长与其他类型大学的院长在领导力、个人素质、人格特征等方面有哪些显著性差异？什么样的人最适合做一流大学学院的院长？院长应具备哪些核心素养和领导力？此类问题尚未引起国内学者的高度关注，在研究内容、视角、方法等方面，亟待加强。

与国内相比，国外研究者更注重采取实证研究的方法，从领导行为的视角研究院长的领导力。例如，以俄亥俄州立大学设计的关于系主任领导行为和方式的描述模型为基础[③]，库泽斯（James M. Kouzes）等采用实证方法证实了成为成功院长或系主任的共同特征。[④]此外，英国、日本、澳大利亚等国家的学者对与院系绩效相关的主要领导行为进行了实证分析。[⑤]另有研究者认为，参与、授权、吩咐等是院长常见的领导方式。[⑥]从整体上看，国外对大学院长的研究较国内起步早，研究范围更为广泛，研究方法更为严谨和科学，研究视角更为多元。这既为中国研究者提供了方法论上的借鉴，又提供了新的研究视角和思路。

---

① 韩清波：《高校二级学院行政领导影响力核心因素研究》，《现代大学教育》2007年第4期，第69—73页。

② 靳占忠：《二级学院院长感召力研究》，《高等农业教育》2014年第4期，第3—8页。

③ D. W. Ryan, "The Internal Organization of Academic Departments," *Journal of Higher Education*, 1972 (6), pp. 364 – 382.

④ J. M. Kouzes, B. Z. Posner, *The Leadership Challenge: How to Get Extraordinary Things Done in Organizations*, San Francisco: Jossey-Bass Publishers, 1987, p. 152.

⑤ A. Bryman, *The Leadership in Universities and Colleges*, London: Leadership Foundation Press, 2007, p. 103.

⑥ D. J. Johnson, "Relationship between Administrators' Personality and How They and the Faculty Perceived the Administrators' Role and Degree of Success", *Administrator Role*, 1976 (8), pp. 178 – 206.

五 教师和学生参与学院治理的研究

教师和学生是学院的重要利益相关者，他们参与学院治理的主观意愿、动力、权利保障等，对学院治理文化建设至关重要。目前，关于教师和学生参与学院治理的研究主要集中在师生参与学院治理的作用、内容、途径、困境、行为、影响因素等方面。

（一）关于教师参与学院治理的研究

研究内容主要包括教师参与学院治理的作用、现状、内容和途径等几个方面。有研究者提出，教师是学院治理的核心利益主体，“他们最清楚教学科研的规律，具有最大、最广泛的学术权力。”① 美国研究型大学为保障教师在学院治理中的主体地位，通过章程设定的形式对教师参与学院治理的权利进行了明确规定。② 有研究者对教师参与院系学术治理的现状进行了调查。研究结果显示，非委员的普通教师在学术治理中的参与度，在学术决策中的参与渠道、机会和影响力均显著低于学术委员会成员。非委员的普通教师在学术决策内容上主要体现在人才培养和学科建设两方面，而在其他事项中的参与率均在 50% 以下。学术委员会委员在教师职称评审、学术成果评定、学院发展规划与绩效标准制定等各主要学术决策中的参与率均接近 100%。③ 需要注意的是，这里的“学术治理”不仅仅局限于科学研究方面，而是相对于学术组织的概念提出来的，其内容包括学术成果评定、绩效标准制定、教师职称评审、系所负责人遴选等与院系发展相关的事务。④ 教师参与学术治理对促进学术决策的民主性、科学性，保障学术质量以及制衡行政人员有着积极的作用。但由于“党政联席决策”领导

---

① 王战军、肖红缨：《一流大学院系治理的应然状态》，《教育发展研究》2016 年第 19 期，第 54—62 页。

② 李立国、张翼：《美国研究型大学学院治理模式探析》，《清华大学教育研究》2016 年第 6 期，第 15—27 页。

③ 张继龙、陈廷柱：《大学的学院学术治理现状及其改进——基于 24 所本科院校的调查》，《清华大学教育研究》2017 年第 4 期，第 94—100 页。

④ 张继龙：《院系学术治理中的权力圈层结构——基于教师参与的视角》，《高等教育研究》2017 年第 4 期，第 17—24 页。

体制、“双肩挑”干部人事制度、学术治理组织的弱流动性等制度设计和管理体制的影响，尽管普通教师参与学术决策的主观意愿较强，然而教师的实际参与率却普遍较低，而党政核心领导在学术决策的实际参与率上更高。由此形成了典型的院系学术治理权力圈层结构，即“党政核心领导居于学术权力的中心，其他行政领导位于学术权力核心的外围，普通教师处于学术权力的边缘”①。另有研究者对剑桥大学教育学院院长杰夫·海沃德教授进行了访谈，认为剑桥大学教育学院治理理念遵循的是洪堡建立的文科教育模式，强调大学底部的学术组织建设及作用，其总体特点是管理扁平化，教授在学术治理和学院治理中发挥着主导作用。②

现有研究以教师参与的视角，以制度设计为切入点，分析了学院学术治理权力圈层结构形成的原因，这为全面了解中国教师参与学院学术治理研究提供了重要的参考与借鉴。但这类研究主要采取问卷调查的方法，从宏观层面对教师参与院系学术治理的领域进行量化统计分析，而缺乏对不同权力主体参与院系治理的主观想法、行为、观念等进行深层次的探讨。事实上，教师参与院系治理不仅与制度设计有关，同时也与教师的个体特征、价值观以及利益诉求等有着密不可分的关系。③ 教师参与院系治理对提高他们的学科责任感与忠诚度，促进院系决策的科学化、民主化，以及促进院系治理能力整体提升的意义重大。但有研究者对教师参与大学治理仍然持比较谨慎的态度，认为教师的主要工作是教学与研究。尽管教师在专业知识和专业能力上有某种程度的优势，但这并非意味着教师参与治理就一定有效，还需考虑到教师个人的主观意愿、精力分配等多种因素。④ 美国学者威廉

① 张继龙：《院系学术治理中的权力圈层结构——基于教师参与的视角》，《高等教育研究》2017 年第 4 期，第 17—24 页。

② 谢凌凌：《世界一流大学的学院治理与高等教育创新——对剑桥大学教育学院院长杰夫·海沃德教授的访谈》，《高等教育研究》2017 年第 5 期，第 1—8 页。

③ 郭娇、徐祯：《高校教师参与治理的意愿及行为分析》，《中国高教研究》2018 年第 6 期，第 62—68 页。

④ 阎光才：《高校教师参与治理的困惑及其现实内涵》，《中国高教研究》2017 年第 7 期，第 6—11 页。

姆斯（Don Williams）、[1] 克尔（Clark Kerr）[2] 等的研究也证实了这一结论的可靠性。但有研究者强调，教师参与学院治理的有效性与教师是否参与到了学院治理中是两个不同层面的问题，有效性低并不意味着就可以忽视参与的重要性。虽然教师参与治理的效果可能不理想，但“它依旧必不可少，是维持大学作为文化意义机构的核心制度节点”[3]。对此，现实中教师参与学院治理所面临的复杂性，并非基于简单的理论推演以及诸如民主管理这样美好的构想就能完全回应的，还需对教师在学院治理中的角色定位、参与程度、治理内容、参与治理的形式与过程等，予以进一步厘清。

（二）关于学生参与学院治理的研究

学生参与大学治理是世界高等教育管理发展的共同趋势[4]，学生作为学院治理的核心利益相关者，理应与教师、院长、党委书记等其他利益主体同责同权[5]，共同参与到学院治理中来。目前，研究者对学生参与学院治理的内容、权利、途径进行了分析。有研究者认为，只要事关学生切身利益的事务，如课程设置、教材选择、宿舍管理等，都应让学生参与其中并广泛听取他们的意见，校园文化、社团活动等应完全由学生主导和决定。[6] 但不同管理事务对学生的要求是不一样的，对学生应以哪种方式参与到学院事务管理与决策中，该研究并未作进一步的分析与阐释。有研究者提出，可通过设立学生代表大会制度的方式让学生参与到院系治理之中，以“唤醒学生的主人翁意识，培养学生的民主素

---

① William Gore, Charles Broches, Cynthia Lostoski, “One Faculty's Perceptions of Its Governance Role,” *The Journal of Higher Education*, 1987（58）.

② Clark Kerr, “The Academic Ethic and University Teachers: A Disintegrating Profession?” Minerva, 1989（27）.

③ 阎光才：《高校教师参与治理的困惑及其现实内涵》，《中国高教研究》2017 年第 7 期，第 6—11 页。

④ 董向宇：《论现代大学内部“共同治理”中的学生参与》，《全球教育展望》2015 年第 1 期，第 76—82 页。

⑤ 王为正、孙芳：《现代大学中的学生类型及其对治理参与的影响》，《中国高教研究》2017 年第 3 期，第 37—44 页。

⑥ 王战军、肖红缨：《一流大学院系治理的应然状态》，《教育发展研究》2016 年第 19 期，第 54—62 页。

养，营造健康和谐的学院氛围，弥补二级学院民主管理功能的缺位”[①]。但为保证学生代表大会制度的有效运行，还需设置诸如坚持学生代表民主选举的原则，拓宽学生参与治理的范围和深度，健全大会提案的执行机制等一系列措施。[②] 学生代表大会制度是学生权利表达和利益诉求的重要途径，能在很大程度上提高学生参与学院治理的范围和积极性。但学生代表大会与学院的其他组织机构如何协调？其合法性和有效性如何？具体如何运行？对此类问题，尚未进行较为系统的分析，所提出的建议在很大程度上也只是一种理论设想。而且在学院管理实践中，因为学生群体没有得到参与的权利，也没有切实可行的参与方式，进而导致学生在学院中的利益难以得到有效保障。[③]

在理论上，研究者都认识到了学生参与学院治理的重要性，但相对于教师而言，关于学生参与学院治理的系统研究还相对薄弱。现有研究主要局限于学理思辨上，并且是从研究者而非学生参与的视角，从宏观层面对学生参与学院治理的“应然”状态所作的描述性分析。而对学生参与学院治理的“实然”状态，以及学生参与学院治理的意愿和行为等缺乏应有的观照。学校对学院层面民主管理的重视程度不够，绝大多数大学都没有将学生参与学院民主管理纳入治理结构中。[④] 因此，采取问卷调查与访谈等实地调研的方式，对学生参与学院治理的意愿与动力、有效性、权利保障、角色定位、范围与程度等现状进行调研，需要进一步加强。

六　研究述评

研究者在学院治理文化的相关研究上取得了丰富的成果，提出了一些具有理论性和实践价值的建议。现有成果为本研究奠定了坚实的

---

① 祝士明、高洁：《“党政教民”协同治理：大学二级学院治理结构》，《现代教育管理》2018 年第 9 期，第 40—44 页。

② 祝士明、高洁：《“党政教民”协同治理：大学二级学院治理结构》，《现代教育管理》2018 年第 9 期，第 40—44 页。

③ 刘新民、于文成、李芳：《基于多中心协同治理的学院模式构建分析》，《现代教育管理》2014 年第 9 期，第 14—18 页。

④ 张德祥、李洋帆：《二级学院治理：大学治理的重要课题》，《中国高教研究》2017 年第 3 期，第 6—11 页。

理论基础，提供了多维的分析视角以及方法论上可资借鉴的经验。但笔者认为，现有研究在以下几个方面仍存在不足：

第一，学院治理文化在现有研究上虽有论及，但缺乏系统、深入的分析。

目前，虽有少数研究者在研究中论及了“学院治理文化”（或院系治理文化）这一概念，并意识到其在学院治理中的价值，但经对现有研究文献的梳理和分析可以发现，研究者对“学院治理文化”的界定还比较模糊，对诸如“学院治理文化”应具体包括哪些内容，核心构成要素有哪些，各构成要素之间的关系与作用机理是怎样的，中国学院治理文化的现状如何，影响学院治理文化的因素有哪些，如何培育与构建适宜于中国高等教育管理特点的学院治理文化等问题，尚缺乏深入、系统的论证和分析。迄今为止，专门聚焦于中国“双一流”建设高校学院治理文化的研究十分鲜见。

第二，对学院治理结构和权力关注较多，但缺乏对结构和权力背后所蕴含的文化的探讨。

现有研究主要基于权力和利益相关者视角，对学院内部治理结构、不同利益相关者参与学院治理的权力、不同治理主体间的权力配置与协调机制等进行了多方面的探讨。这对完善和优化学院治理结构，发挥不同利益相关者参与学院治理的积极性有着重要的促进作用。但是，仅仅对学院治理结构和权力的关注是远远不够的，因为权力和结构在本质上是不同文化的具体表征。世界上各国大学的学院治理在结构设计的形式、权力分配的方式、治理机制的运行上，都内蕴着不同国家和民族的文化特质，并通过学院治理实践活动，以及不同利益相关者的行为方式表现出来。但现有研究缺乏对学院治理结构和权力背后所蕴含的文化进行全面、深入的分析和探讨。

第三，对学院治理中的正式制度关注较多，但对非正式制度关注不足。

目前，研究者主要将研究视角聚焦于学院治理制度的设计与结构优化上。完善的学院治理制度或结构是开展学院治理文化建设的基础性保障，有助于规范学院各项管理事务的有序进行，对提高学院治理效能起到了一定的促进作用。但如果学院治理制度得不到教师、学生等利益相关者的认同，制度即使再完善，其有效性也是值得怀疑的。尤其是对以学科为基础的学院组织更是如此，因为学院是以学科为基础而形成的学术共同体，教师间的交往、沟通多是以非正式的形式进行的。因此，学院治理不仅要关注正式制度的重要性，同时也要关注学院成员对正式制度的认同度，以及认识到非正式制度在学院治理中的意义。只有将学院治理中的正式制度与非正式制度有机结合起来，学院治理的有效性才能得以真正提升。但现有研究对学院非正式制度的关注还不够，亟待加强。

第四，研究方法以理论思辨为主，实证研究比较缺乏。

研究者尽管从不同视角出发，对学院治理中的诸多问题进行了较为深入的探讨。但从方法论的角度来看，现有研究主要遵循的是学理思辨的逻辑，对学院治理的结构、方式、运行机制、优化路径等进行了分析，为中国学院治理研究提供了丰富的理论基础。但与此同时，这种理论思辨的研究范式也势必会带来研究观点重复、创新性不足，以及对学院治理模式的理想化构建而缺乏对学院治理现实境遇的全面观照和客观认识等弊端。从总体上看，现有研究还较少采取实证研究范式，没有对中国学院治理的现状、问题以及影响因素进行全景式描述，对学院治理的实然状态缺乏全面了解和系统探讨。

第五，对教师和学生参与学院治理的权利关注较多，但对师生参与的行为和意愿关注较少。

随着高等教育规模的不断扩大、学院管理难度和复杂性的增加，研究者都在积极呼吁让教师和学生参与到学院治理中去，并充分发挥他们在学院治理中的协同共治作用。从理论上讲，学院作为利益相关者组织，所有利益相关者都有权参与到学院治理中去，并有责任和义务服务于学院的改革与发展。但这在很大程度上仅仅是研究者自己的主观设想，教师和学生是否有意愿参与学院治理？参与的程度、范围如何界定？对这些问题，现有研究还较少论及，有待进一步作深入探讨。

第六，对世界不同国家有关大学治理的经验介绍多，对学院治理的研究明显不足。

当前，中国有研究者从政策法规、管理体制、治理结构等方面，对国外如美国、英国、法国、日本等世界发达国家的研究型大学治理的经验进行了介绍，这对推进中国建设世界一流大学无疑具有重要的促进作用和借鉴价值。然而，作为“底部沉重”的大学组织，学院治理是实现大学治理体系和能力现代化的核心和关键。因此，国外大学，尤其是世界一流大学学院治理的共性有哪些？未来的发展趋势如何？怎样结合中国大学管理体制特点，构建适宜于中国“双一流”建设高校的学院治理文化？这些理应成为研究者共同关注的重要议题。但现有研究主要还是从宏观层面对大学治理的经验进行介绍和“移植”，而从制度文化、组织文化等不同视角对国外大学学院治理的相关研究明显不足，且关注不够。

第三节　研究思路与方法

一　研究思路

中国要进入世界一流大学序列，理应具有世界一流大学的文化品性。所以，如果我们仅仅止步于模仿世界一流大学之“形”，忽视本国与其他国家的文化差异，盲目“移植”其他国家一流大学的学院治理模式，而不去分析和理解学院治理背后所蕴含的文化内核，最后注定是难以走向一流的。本研究在遵循学院组织属性和学科发展特点的基础上，以“学院治理文化”为核心主题，以问题导向思路展开研究，探寻具有中国特色的大学学院治理文化建设的理路与方法。

首先，以“学院治理文化”这一概念为起点，将学院治理文化分解为学院治理理念、学院治理制度和学院治理行为三个核心构成要素，并对学院治理文化的内涵、特征、三个核心构成要素之间的关系进行探讨。

其次，结合中国高校内部管理的文化特点，借鉴部分世界一流大学学院治理文化建设的国际经验，从学校和学院两个层面，以学院治理文化的三个核心构成要素为基础，对中国“双一流”建设高校学院治理文化的理想样态进行学理分析。

再次，采用问卷调查法和访谈法，基于教师认知的视角，以中国东部、中部和西部三个区域共 9 所“双一流”建设高校中已拥有相同“一流学科”的学院为研究对象，从高校内部管理切入，以学院治理文化的三个核心构成要素为设计框架，对中国“双一流”建设高校学院治理文化的现状展开调研。

最后，在学理分析和全面了解样本高校学院治理文化现状的基础上，基于学校和学院两个层面，从校院关系，学院治理的理念、制度，学院领导、教师与学生等方面，对中国“双一流”建设高校学院治理文化存在的问题及原因进行深入剖析。在对中国“双一流”建设高校学院治理文化的现状、问题、原因进行深入分析的基础上，结合学院治理文化的理想样态，以及中国高校内部管理体制特点，从校院两个层面提出中国“双一流”建设高校学院治理文化建设的路径，具体研究思路见图 1－1 所示。

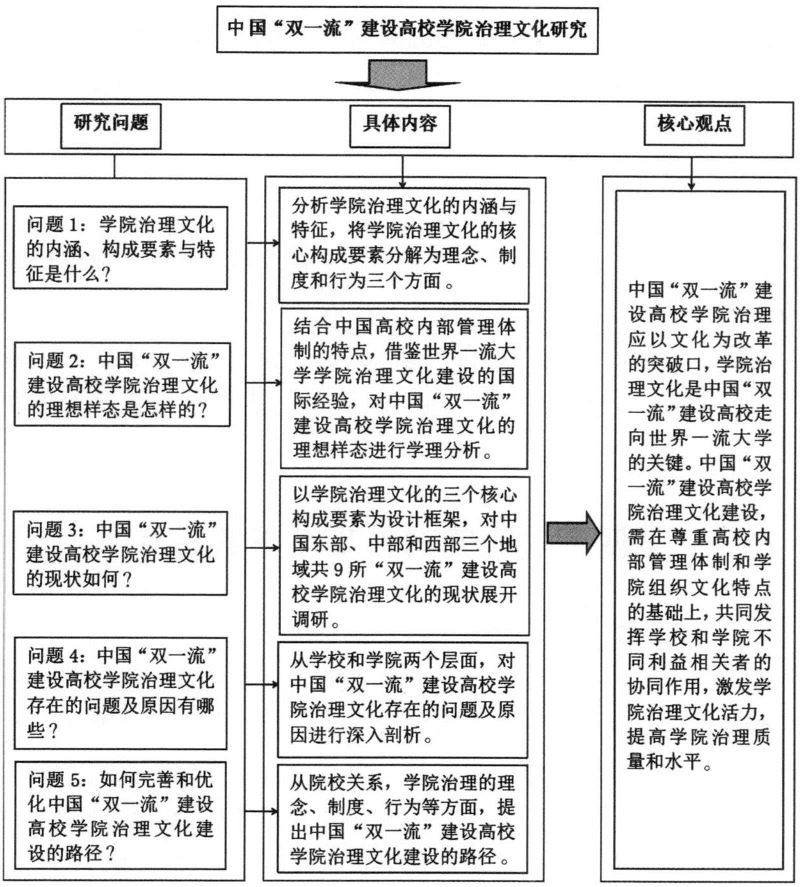

图 1－1　研究技术路线

二 研究方法

根据研究目的和内容，本书主要采取以下几种研究方法。

（一）问卷调查法

采用自编问卷，分别以中国东部、中部和西部三个地区的9所“双一流”建设高校已拥有相同“一流学科”的学院为调查对象，以学院治理文化的三个核心构成要素为设计框架，基于教师认知的视角，对中国“双一流”建设高校学院治理文化的现状展开调研。

（二）统计分析法

采用SPSS 22.0软件，对中国“双一流”建设高校学院治理文化的调查数据进行统计和处理，挖掘数据背后所蕴含的意义和价值，为分析中国“双一流”建设高校学院治理文化所存在的问题及原因提供数据支持。以此为基础，探讨中国“双一流”建设高校学院治理文化建设的路径。

（三）访谈法

本书在调查问卷的基础上，辅以访谈法。访谈内容主要围绕学院治理文化的三个核心构成要素展开，采取结构性和半结构性访谈相结合的方法，以样本高校中的部分院长、书记、教师和学生为访谈对象，以更全面、深入地了解中国“双一流”建设高校学院治理文化的现状和问题。

第四节 研究的重难点与创新点

一 研究的重点

第一，学院治理文化概念的界定。学院治理文化，如文化一样，是一个很难界定清楚的概念。本书以文化层次结构为理论基础，结合学院治理的特点，根据研究主题与内容，以描述性的方式对学院治理文化的概念给出了操作性定义。在此基础上，重点对学院治理文化的构成要素及特点进行全面、深入地分析和阐释。但即便如此，学院治理文化的概念仍显得比较“粗糙”，且不同领域和学科的学者对其的理解也可能呈现出很大的差异性。

第二，中国“双一流”建设高校学院治理文化的调查研究。本书采取问卷调查的方法，以学院治理文化的核心构成要素为设计框架，对中国“双一流”建设高校中已拥有“一流学科”的部分学院进行调研，全面了解中国“双一流”建设高校学院治理文化的现状，所存在的问题及其原因。在此基础上通过对学院领导、教师、学生等不同利益相关者的访谈，深入了解中国“双一流”建设高校学院治理文化的现实境遇。

第三，中国“双一流”建设高校学院治理文化的建设路径。立足于中国“双一流”建设高校学院治理文化的现实境遇，以协同治理理论和组织文化模式理论为基础，从校院治理结构、学院治理理念、学院治理制度、学院治理行为四个方面，基于中国基本国情和高校内部管理体制的特点，提出适宜于中国“双一流”建设高校学院治理文化的建设路径。

二　研究的难点

第一，研究方法的选择与应用。文化本身是一个带有很强的主观性的概念，研究者从不同视角出发对其也有不同的理解和认识。本书基于教师认知的视角，采取问卷调查法对中国“双一流”建设高校学院治理文化的现状进行了调查。这种量化的研究方法虽然能相对比较客观地了解中国“双一流”建设高校学院治理文化发展的现状，但由于文化是内隐与外显的结合体，尤其是内隐于人的思想观念、信念、价值观等是难以通过量化的统计方式客观地呈现出来的。因此，在调查研究的基础上，本书辅以访谈法，以更全面、深入地了解中国“双一流”建设高校学院治理文化的现实境况。

第二，研究数据的获取。本书分别从中国的东部、中部和西部三个区域选取“双一流”建设高校中已经拥有“一流学科”的部分学院为研究对象。但因样本调研的空间跨度大，人力资源有限，加之在调研中需要得到不同大学学院领导及相关负责人的支持，同时，在调研过程中，被调查者可能因不同原因，会回避学院治理中的深层次问题，进而导致所获取的研究数据在信度和效度上有一定的欠缺。

三 研究的创新点

第一，研究内容的创新。目前，虽有研究者提及了学院治理文化的概念，但主要是从文化层次结构的视角对学院治理文化的概念所进行的分析，有的甚至是对公司治理文化概念的简单“移植”，忽视了学院治理文化的独特性。本书基于“要素论”视角，对学院治理文化的概念进行了系统阐释，将学院治理文化的核心构成分解为三个要素：学院治理理念、学院治理制度、学院治理行为，并对其内涵、作用以及各要素之间的相互关系进行了具体阐释。这对丰富学院治理的理论研究，转换研究者的思路和视角，拓展高等教育学科的研究视域等颇有裨益。

第二，研究视角的创新。本书从文化的视角对中国“双一流”建设高校学院治理进行了研究。当前对学院治理研究的理论视角主要来自公共管理学、行政学、领导学等学科领域，这些研究重在强调结构和权力在学院治理中的作用及其影响，在制度设计上为中国建设世界一流大学提供了启示和借鉴。但现有研究忽视了结构与权力背后所蕴含的文化内核，关注的是学院治理之“形”。与之不同的是，本书基于文化的视角，结合中国高校内部管理体制的特点，以及学院组织的本体属性，挖掘学院治理“形”之背后所蕴含的文化。探讨契合中国“双一流”建设高校学院治理的文化机理，构建适宜于世界一流学科生长和发展的学院治理文化生态。研究视角的转换，突破了以结构或权力为主导的思维局限，对更深入地分析影响学院治理质量和效能提升的根源至关重要。

第三，研究方法的创新。采取质性和量化相结合的研究方法，通过分析、比较、归纳，探寻中国“双一流”建设高校相同的“一流学科”学院在治理文化上的个性、共性以及差异性。当前，研究者主要采取理论思辨的方法，从宏观层面对学院治理的结构、模式、权力运行机制等进行了多方面的研究。但由于理论思辨的方法缺乏对不同类型高校学院治理实然状况的全面考察，进而出现研究观点重复，研究者的主观臆断和理想化色彩浓厚，研究所提出策略的针对性和操作性不强等弊端。本书采取问卷调查和访谈相结合的研究方法，对中国

“双一流”建设高校拥有相同“一流学科”学院的治理理念、制度和行为进行调查和系统分析。在方法上突破了以理论思辨为主流的研究范式，既有利于全面了解中国“双一流”建设高校学院治理文化建设的现状，又对促进其他类型高校的学科发展和学院治理质量的提升具有重要的参考和借鉴价值。

第二章

学院治理文化的理论分析

第一节　核心概念界定

概念是人脑反映客观事物的本质特征的思维形式之一，是在抽象概括的基础上形成的。概念的厘清是开展研究的逻辑前提，“一切知识都需要一个概念，哪怕这个概念是很不完备或者很不清楚的”[①]。本书在对“文化”“学院治理”两个概念加以理解的基础上，对学院治理文化的概念进行了界定和分析，进而为整个研究的开展奠定理论基础。

一　文化

文化是一个复杂多义的词，当我们将“治理”与“文化”、“学院治理”与“文化”等词共同使用时，就容易导致概念上的混淆。因此，对“文化”概念的分析，是理解学院治理文化的起点。“文化”一词，在中国古代思想史上出现得较早，是由“人文化成”一词简化而来，基本上是指“对人施以文治教化，把新生的本来不懂事理之人培养成为有教养的人的过程”[②]。英语中的 Culture 一词源于拉丁文中的 Cultus 和 Cultura，具有“耕耘”或“掘种土地”的意思。后来，一些西方学者在此基础上对其意义进行了引申，但“都具有丰

---

① 北京大学哲学系外国哲学史教研室编译：《西方哲学原著选读》（下卷），商务印书馆 1982 年版，第 296 页。

② 张应强：《文化视野中的高等教育》，南京师范大学出版社 1999 年版，第 14 页。

富、完善人的内心世界，提高人的德行和教养程度的意义，指向人的完善与发展”[①]，此种引申意义与中国古代所强调的“文治教化”“人文化成”等意义有很大的相似性。

最早对文化进行明确定义的是被称为英国人类学始祖的爱德华·泰勒。他认为：“文化或者文明，是人作为社会成员的一员而获得的知识、信仰、艺术与技术、法律、道德以及其他，是包含所有能力和习惯的复杂的总体。”[②] 此后，国内外学者从不同学科领域和研究视角对文化的概念进行了界定，并试图给文化下一个统一的、普适性的概念。然而，这种努力不仅没有成功，反而使文化的内涵日益丰富、完善和复杂起来，有研究者将罗列不同文化概念含义的讨论称为“词典式的讨论”。所以，学界关于文化的界定，至今尚未达成基本共识。“人们可以从文化的内容、形式、性质、结构、功能、价值、生命诸方面给出不同的界说，然而，把它们叠加起来，仍然无法穷尽‘文化’的多方面的质的规定性。”[③] 从文化定义的多样性中我们可知，“文化”一词其实具有很大的主观性，对文化的不同界定反映了不同学者的价值取向。因此，关于文化的界说并没有所谓的孰优孰劣之分，只是由研究视角的不同而导致的结果。

文化定义尽管是一个内容丰富的“丛林”，但学者在人与文化的相互关系上已基本形成了较为一致的观点，即文化与人是一种相互影响和相应制约的过程。文化的特性是“内在于人的一切活动之中，影响人、制约人、左右人的行为方式的深层次的、机理性的东西”[④]。关于人与文化的关系，用简洁的词来表述就是“人化”和“化人”。文化就是人的自然化和自然的人化的双向互动过程，对这一互动过程，可从以下几个方面来理解。

首先，人既是文化的主体，也是文化的目的。人类是唯一能创造文化、发展文化，并受其熏陶而不断发展的动物。“文化是人类在其

---

① 张应强：《文化视野中的高等教育》，南京师范大学出版社 1999 年版，第 14 页。

② ［日］镜味治也：《文化关键词》，张泓明译，商务印书馆 2016 年版，第 25—26 页。

③ 郭齐勇：《文化学概论》，武汉大学出版社 2014 年版，第 11 页。

④ 衣俊卿：《文化哲学十五讲》，北京大学出版社 2009 年版，第 15 页。

物质活动与精神活动的各种具体形式中的自我创造、自我生产；是人类为实现自身的本质，满足自身的需要、适应生态环境而创造出来的生活方式的过程和积累下来的物质与精神的成果。”①

其次，社会实践活动是文化的基础。文化是由人的社会实践活动所创造的，“体现在人类实践的创造活动的能力、方式、过程及其成果之中”②。因此，文化在本质上是实践的，实践是文化产生的基础，文化的进步与发展是由人的现实的社会实践活动所推动的，只有通过实践，人才能创造文化。文化在人的社会实践中得到创造，文化在人的社会实践活动基础上形成的活动方式和创造的物质产品与精神产品中得到体现。

再次，人与文化是相互形塑的过程。人虽然是文化创造的主体，但文化对个体的行为也具有规范和制约作用。因为文化既是满足人的各种需要的价值规范体系，同时还提供了特定时代公认的、普遍起制约作用的个体行为规范。作为稳定的生存方式的文化一旦生成，它就对“置身于这一文化之中的个体的生存具有决定性的制约作用，像血脉一样构成人的存在的灵魂”③。因此，“人与文化是互相塑造、互为因果、同步诞生的。虽然文化是由人也是为人而创造出来的，人首先是文化的生产者，但同时文化也生产了人；人决定了文化，而反过来也体验到文化对人的塑造”④。可以说，“人类生活的任何一方面都不能不受到文化的影响并随着文化的变化而变化。人造就了文化，文化也决定了人的存在，决定了人的思维、行为、情感方式”⑤。

最后，文化具有群体性，并对个体行为的形成具有外在的强制性。文化虽然是个体实践活动的产物，但一经形成，就表现出典型的群体性特征。“通常，当我们的行为符合我们生活于其中的文化的规范要求时，我们不会感受到文化的作用和文化的力量。但是，当我们

---

① 郭齐勇：《文化学概论》，武汉大学出版社 2014 年版，第 13 页。

② 郭齐勇：《文化学概论》，第 13 页。

③ 衣俊卿：《文化哲学十五讲》，北京大学出版社 2009 年版，第 19 页。

④ 李兰芬、崔绪治：《管理文化——管理哲学的新视野》，苏州大学出版社 1999 年版，第 22 页。

⑤ 郭齐勇：《文化学概论》，第 5 页。

的行为偏离或违背了给定的、人们公认的行为规范或价值规范时，我们立即就会感受到文化特有的力量。”①

从人与文化的关系角度来看，学院治理的实质是不同利益相关者在价值理念上的碰撞和对话过程，彰显的是不同个体在学院治理中的主体精神。本书以人与文化的关系为逻辑起点，试图勾勒出学院治理文化的大体轮廓。

二　学院治理

在理解学院治理之前，有必要对其上位概念——治理，进行解读和分析。英语中的治理（governance）一词，最初源于拉丁文和古希腊语，有控制、舵手、引导、操纵等多种含义，“主要用于与国家的公共事务相关的管理活动与政治活动中”②。但自20世纪90年代始，随着研究内容的深入和研究领域的拓展，治理被赋予了新的内涵。有学者认为，治理是“一种由共同的目标支持的活动，这些管理活动的主体未必是政府，也无须依靠国家的强制力量来实现”③。治理的主体可以多元化。治理意味着“统治的含义有了变化，意味着一种新的统治过程，意味着有序统治的条件已经不同于以前，或是以新的方法来统治社会”④。治理“要依靠多种进行统治的以及互相发生影响的行为者的互动”⑤，它“标志着政府管理含义的变化，指的是一种新的管理过程，或者一种改变了的有序统治状态，或者一种新的管理社会的方式”⑥。尽管学者对治理内涵的理解各异，但毋庸置疑的是，治理体现了一种新的文化取向，不仅是对政府在公共管理事务中的主导地位的批判性反思，而且是对以统治和权力向度单一、体制机制僵

① 衣俊卿：《文化哲学十五讲》，北京大学出版社2009年版，第36页。

② 俞可平：《治理与善治》，社会科学文献出版社2000年版，第2页。

③ ［美］詹姆斯·Z. 罗西瑙等：《没有政府的治理》，张胜军等译，江西人民出版社2001年版，第55页。

④ 俞可平：《治理与善治》，第3页。

⑤ ［美］库伊曼、范·弗利埃特：《治理与公共管理》，美国萨吉出版公司1993年版，第64页。

⑥ R. A. W. 罗茨：《新的治理》，木易译，《马克思主义与现实》1999年第5期，第42—48页。

化为特点的政府管理思维的“扬弃”。

然而，由于学者研究视角的差异，“治理”的概念在学界至今尚未达成基本共识。但在关于治理的各种定义中，认同度较高的是1995年由全球治理委员会对治理所作的定义：“治理是各种公共的或私人的个人和机构管理其共同事务的诸多方式的总和，它是使相互冲突的或不同的利益得以调和并且采取联合行动的持续的过程，这既包括有权迫使人们服从的正式制度和规则，也包括各种人们同意或以为符合其利益的非正式的制度安排。”① 这一概念现为多数学者所接受和认同，并将其引入不同领域，作为分析和研究问题的起点，如政府治理、公司治理、学校治理等，不一而足。全球治理委员会将治理视为一种持续互动的过程，协调是治理过程的基础，治理主体既包括公共部门，也包括私人部门。② 与管理或统治相比，治理体现了参与主体的多元化、结构关系的扁平化、权力和实施的协商化和法治化等特征。现时代已逐步从“管理”走向“治理”，这种转变从本质上而言是一种文化转向，既是社会生产力发展到一定阶段的产物，也是人类价值观不断更迭以及社会文明进步的象征。

及至20世纪90年代末，中国学者将西方的治理理念引入高等教育领域，为学院治理研究提供了新的视角和理路。但与“治理”的概念一样，由于研究视角的不同，研究者对学院治理内涵的理解也呈现出众说纷纭、莫衷一是的状态。但总体来看，目前学界主要有四种代表性的观点：一是制度说，即将学院治理视为一系列制度设计与安排。二是结构说，即将学院治理视为学院组织的权力配置结构及其运行方式。结构的实质是权力分配问题，因此也可将结构说称为“权力说”。如有学者从治理主体的视角，将学院治理分为内部治理结构和外部治理结构两方面。学院内部治理结构涉及学院教师和职员的职责和权力的配置，是指合理划分学院内部学术、行政、监督之间的权力和责任边界。学院外部治理结构则是指明确学院与大学的关系，发挥学院外部利益相关者的作用，包括校友、顾问委员会、与学科相关的

---

① 俞可平：《治理与善治》，社会科学文献出版社2000年版，第4页。

② *Commission on Global Neighbourhood*, Oxford University Press, 1995, p. 38.

行业组织、媒体等。[①] 三是过程说，即将学院治理视为利益相关者之间的持续互动过程。如有研究者认为，学院治理是“学院内部各利益主体共同管理学院内部事务的诸多方式的总和，是通过界定不同利益主体之间的权责利关系，形成有效制衡，并统一各方力量为实现办学目标而共同行动的持续过程”[②]。学院治理是“二级学院为最大化地实现教学科研服务社会这一办学目标、通过一系列权力配置与运行机制、各利益相关者作为权力主体参与二级学院重大事务决策、实现冲突调和、采取联合行动的动态过程”[③]。四是综合说，这种论点既将学院治理视为一种结构或制度安排，同时又将其视为一种过程。有研究者认为，院系治理是指“院系作为大学管理的重心和主体，为实现人才培养、科学研究和社会服务等办学目标而进行的一系列制度安排，是院系内外利益相关者作为权力主体参与院系发展的过程”[④]。院系治理是“院系内部利益相关者参与院系重要事务决策的结构和过程”[⑤]。

但需注意的是，以上四种分类只是相对的，不同类型以及同一类型的研究者，在概念界定上也常存在相互交叉或并用的情形。如上所述，有研究者既将学院治理视为一种制度安排或结构，同时又将其视为不同利益相关者参与学院治理的互动过程。虽然研究者对学院治理的理解有一定的差异性，但在学院治理主体的多元化、治理过程的互动性、治理目标的共同愿景等方面，已基本达成共识，且有以制度说和结构说为主，逐渐向过程说转换的趋向。这种转换体现了研究者在学院治理价值观上的变化，开始逐步意识到不同利益相关者在学院治

---

① 钱颖一：《学院治理现代化：以清华大学经济管理学院为例》，《清华大学教育研究》2015 年第 2 期，第 1—6 页。

② 薛传会、王立新：《基于教授委员会建设的学院治理结构探索》，《前沿》2012 年第 8 期，第 14—15 页。

③ 卞良：《中国研究型大学二级学院内部治理及其影响因素研究》，博士学位论文，华中科技大学，2017 年，第 32—33 页。

④ 刘恩允：《治理理论视阈下的我国大学院系治理研究》，博士学位论文，苏州大学，2014 年，第 18 页。

⑤ 肖红缨：《研究型大学院系治理模式——以清华大学为例》，清华大学出版社 2017 年版，第 28 页。

理中的主体地位和作用。

对学院治理内涵的理解，反映出学者所持的不同价值取向，均有其合理性。本书持“综合说”的观点，认为学院治理是指为实现学院办学目标，通过合理的权力配置和运行机制，学院内部利益相关者参与学院管理活动和决策事务的结构和过程的总和。由于本书侧重的是学院内部治理，与此相应的是，这里的利益相关者主要包括与学院发展相关的学院行政负责人、教师和学生三大核心群体。当前，中国高校实行的一般是校—院—系三级管理体制，即便如此，部分大学的部分专业仍没有设“院”，还是沿用之前的“系”作为二级办学机构的名称。但在组织结构、功能、运行机制等方面与学院一样，是按不同专业和学科进行教学、科研和行政管理的组织机构。本书在进行样本选择时因没有涉及以“系”为单位的组织机构，因此，在概念界定上，也仅用“学院治理”而非“院系治理”。但在上述文献综述中，由于部分研究者习惯将“院系”联用，但主要指的是与二级学院相当的组织单位。在后面的行文与论述中，如还有提及“系”这一概念的话，在没有特别说明的情况下，均指与学院功能相当的二级办学机构。

三 学院治理文化

学院治理文化有其特定的内涵，并非“学院治理”与“文化”的简单“相加”或合并。如文化的概念一样，要对学院治理文化作一个明确而精准的界定，是有难度的。但学院治理文化是本书中最基本也是最核心的概念，且整个研究的分析框架都是以此为立足点和根基的。因此，对学院治理文化的概念作全面、深入的理解，对整个研究的展开至关重要。

目前，学界关于治理文化的研究主要聚焦在公司这一特定组织上，因此，在理解学院治理文化之前，首先需要把握治理文化的内涵。何谓治理文化？有研究者提出，公司治理文化是指“股东、董事、监事、经理人员、重要员工等公司利益相关者及其代表，在参与公司治理过程中逐步形成的有关公司治理的理念、目标、哲学、道德伦理、行为规范、制度安排及其治理实践”[①]。公司治理文化的特征主要表现在以下四个方面：一是公司治理文化是在公司治理实践中逐步形成的；二是一个公司的治理文化在很大程度上决定了该公司的治理结构；三是公司治理文化的核心组织载体是董事会；四是主要利益相关者之间的相互信任与协调一致，是公司治理文化形成与变迁的基础。公司治理文化的要素可由内而外地划分为观念层、制度层和行为表现层三个层面。

随着公司治理文化概念的引入与发展，国内学者也开始从文化的视角探讨大学治理中的相关论题。武汉大学的刘亚敏教授在《大学治理文化：阐释与建构》一文中，较早提出了大学治理文化这一概念，并对其特征进行了分析和阐释。她认为：“大学治理文化的内核包括价值认同、主体互信和愿景共生；培育大学治理文化，不仅需要将公民教育作为现代教育的核心，从而赋予治理主体显著的公民身份，而且需要善用法治思维，以程序正义保障治理主体的权益，并促进制度体系与精神文化的共契。”[②] 其研究虽未明确界定大学治理文化的概念，但为中国大学治理提供了新的研究视角。此后，有研究者对应用性大学治理文化的内涵和特点进行了探讨，认为应用性大学治理文化是指“校长、教授、管理人员、科研人员、大学生、校友、捐赠者、地方政府等大学利益相关者及其代表，在积极参与大学治理过程中逐渐形成的有关大学治理的理念、方向、制度、伦理道德、价值观、行为习惯等”[③]。应用性大学治理文化体系包括观念、制度和行为表现三个层面。可见，这一概念基本上是对公司治理文化的直接“移植”，难以凸显大学治理文化的独特性。另有研究者从治理手段和治理目标两个维度，对高职院校治理文化进行了分析，将治理文化视为

① 徐金发、刘翌：《论我国公司治理文化及其建设》，《中国软科学》2001 年第 12 期，第 46—50 页。

② 刘亚敏：《大学治理文化：阐释与建构》，《高教探索》2015 年第 10 期，第 5—9 页。

③ 徐秋云、张钱：《应用型大学治理文化建设内涵、途径探析》，《中国成人教育》2018 年第 12 期，第 67—71 页。

一种工具化和技术化的手段或制度安排。[①] 这在一定程度上与高职院校的组织文化属性有很大的契合性，但其研究并未对高职院校治理文化这一概念予以明确界定。

学院与公司尽管是两类性质完全不同的组织，但在治理文化上确实又存在一些相似性。结合上述对公司治理文化和大学治理文化的理解，依据研究主题，本书将学院治理文化界定为：以学院领导（院长）为核心，在与其他利益相关者共同参与治理的过程中，逐步形成的有关学院治理的理念、制度和行为的总称。事实上，与文化的概念一样，要想对学院治理文化下一个统一的、普适性的定义是不可能的，且不同领域的学者对其也有不同的理解。正如有学者所言：“适用一切学科的文化概念是不存在的，文化概念是依据于特定的学科或研究主题的。”[②] 但这种描述性的概念界定，至少可以使人们对什么是学院治理文化获得一种知觉感受，并据此建立起一个大致的认知图式，来解释或者理解作为大学子系统的学院组织所具备的文化内涵与特征。以学院治理文化为研究对象，客观上存在两个基本的研究目的指向：一是揭示学院作为文化意义上的机构，它在整个大学组织文化系统中的作用和价值；二是通过描述和透析学院内部治理中所存在的各种文化现象，来揭示学院治理所具有的特质以及学院组织内部运作及其与大学组织互动的特征，为进一步认识和理解学院治理文化的意义提供新的视角。

值得注意的是，学院治理文化不同于学院治理，学院治理文化是在人的内心所形成的关于学院治理的认知和看法。因此，学院治理文化是内在的，是隐含于人内心的对学院治理的理性认识、理想追求、价值取向、利益和权力调整等的观念体系。而学院治理是外显的、显像的，表现在学院组织结构的设计、学院权力配置与运行，以及不同利益相关者在学院管理与决策事务等各种活动中的具体表现等多个方面。换言之，学院治理文化是关于学院治理的价值取向，没有内心认

---

① 蓝洁、唐锡海：《高职院校治理文化的阐释与建构》，《职教论坛》2018 年第 5 期，第 6—12 页。

② 张应强：《文化视野中的高等教育》，南京师范大学出版社 1999 年版，第 16 页。

同的学院治理文化，就不会有外显的规范行为的各类组织结构设计或制度安排。学院治理文化以潜移默化、润物细无声的方式影响着学院治理的制度和行为，对凝聚学院成员的共识，增强学院组织凝聚力，以及规范和协调人与人之间的关系发挥着至关重要的作用。

第二节　学院治理文化的特征

学院治理文化既具有文化的一般性特征，同时又有其自身的个性化特点，对学院治理文化特征的分析，有助于更全面和深入地理解学院治理文化的内涵。本书认为，学院治理文化的特征主要表现在六个方面。

一　人本性

文化是一个包括人在内并以人为主体的复杂系统，任何文化活动都是主体人的活动。“文化的形成、发生、发展、累积、传递、转型、变化，都离不开人，离不开具体的历史的人。”① 学院治理文化尽管有一定的抽象性，但同时也是一个相对具体化的概念范畴，与文化一样，其形成、发展、传递、变迁等，都与具体的历史发展中的人密不可分。学院治理文化是由有思想、有意识的人，在相互交往、作用、对话、沟通的过程中逐渐形成并创造出来的文化。人是学院治理文化创造的主体，在学院治理文化的形成与发展中发挥着主导性作用。学院作为大学“底部沉重”的学术性和教育性组织，肩负着教学科研、人才培养、社会服务和文化传承的重要使命，以促进个体潜能发展的最大化为目的。学院组织的使命要求在学院治理文化建设中尊重人的主体地位，理解人在学院治理文化中的意义与价值，以促进人的全面和谐发展为核心目标。“人的本质和价值的实现，人的个性的自由全面的发展，是判定或评价文化发展状况的最高价值目标。”②

---

① 郭齐勇：《文化学概论》，武汉大学出版社 2014 年版，第 13 页。

② 李兰芬、崔绪治：《管理文化——管理哲学的新视野》，苏州大学出版社 1999 年版，第 23 页。

学院中的不同利益相关者既是学院治理文化创造的主体，也是学院治理文化的践行者。学院治理制度的制定、学院决策程序与要求的拟订等，在不同程度上都需体现学院利益相关者的价值诉求和需要。所以，学院治理文化究其本质是人的文化，即学生、教师等不同利益相关者在相互作用的过程中共同生成的文化，是以人为核心的人本文化。只有“坚持‘以人为本’，把人作为管理的根本出发点，在制定决策时优先考虑人的因素，重视人的价值，才能充分激发出组织成员的热情和进取心”①，使之从内心深处产生对学院组织强烈的归属感、信任感、使命感和责任感。好的组织文化应具有以“人”为核心的贯穿力，通过对人的价值认同去实现组织的高速发展②，在充分理解人的基础上所创造的文化，才是最具生命力和持久性的。反之，那种不顾人的发展特点和规律而推崇或创造的文化是不足取的，或有失偏颇，或缺乏生命力，不符合学院治理文化的特点。因此，以人为本是学院治理文化的前提，人的发展要“先于组织的发展，或者说组织的发展是为每一成员的成长创造良好的环境和条件”③。人的本性是学院组织及其治理有别于其他组织最根本、最重要的文化特点。

二 整合性

“文化在本质上是趋于整合的，各种文化特质形成一种具有内在统一精神和价值取向的文化模式，这种文化模式把每一个体的行为包融于文化整体之中，赋予它们以意义。”④ 与其他组织相比，学院是典型的利益相关者组织。不同利益相关者因价值取向的差异，相互之间不可避免地会存在相互冲突或矛盾。例如，学生与教师、教师与行政管理人员，以及不同学科的教师之间，都存在潜在的文化冲突。但是，这种冲突在不同主体间的表现程度是不一样的，有的易于觉察，而有的则潜藏于行为背后，很难被觉察到。学院治理是一种新的文化

① 石伟：《组织文化》，复旦大学出版社 2010 年版，第 149 页。
② 谭昆智：《组织文化管理》，华东师范大学出版社 2014 年版，第 42 页。
③ 阎光才：《识读大学——组织文化的视角》，教育科学出版社 2002 年版，第 205 页。
④ 衣俊卿：《文化哲学十五讲》，北京大学出版社 2009 年版，第 12 页。

取向，内蕴着价值整合的理念。学院治理强调的是多元主体在相互沟通、交流、协同中的持续互动过程，其实质是一种组织文化整合过程。即通过把学院内外部的各要素联系起来，形成具有统一精神和物质力量的有序结构。从这个意义上而言，学院治理具有协调和整合不同主体价值观冲突的功能，它能将学院中不同利益相关者因价值观念、态度、认识方式等不同而产生的矛盾和冲突统一为一个整体，并力图在价值认同上达成共识。

学院治理文化的整合性是指学院内外部价值取向不同的利益群体在相互沟通、彼此协调中，为更好地促进学院发展和适应学院内外部环境变化的需要，将学院治理的目标、内容、形式等进行不断修正、调适、发展与完善，进而组成新的文化体系的过程。学院治理文化的整合性蕴含着学院利益相关者共同的价值信念与理想追求。不同的利益相关者在共享价值观、共同的理想追求和目标指引下，个人的利益观念会更加淡化，相互间的价值冲突明显减少，关系更为和谐、融洽。因此，学院治理文化的整合实际上是不同的文化重新组合的过程。但学院治理文化的整合并不意味着各种文化的机械组合，而是学院内外部不同利益相关者在协调与合作中，通过相互吸收、融化而产生出一种新的文化体系的过程。

“整合来自组织成员共享的信念、态度和价值。”① 要真正形成和谐的学院治理文化，就需充分考虑学院中不同利益相关者的价值取向和诉求，将学院视为一种利益共同体组织。治理的本质是协调与合作，学院治理文化体现了协调与合作的本质特点，视不同利益相关者的利益为一个整体。学院治理的理念、制度和行为是三位一体、相互支撑的关系，学院不应仅仅被视为一个管理层级，而是整合不同权力主体与价值的平台。这在客观上要求学院治理文化是与学院发展战略、治理结构、权力运行融为一体的，并贯穿于学院治理的不同环节和整个过程。通过整合既可使学院治理文化不断更新、发展，还可使学院治理文化保持旺盛的生命力。

① 阎光才：《识读大学——组织文化的视角》，教育科学出版社2002年版，第137页。

三 共享性

学院治理文化是学院成员在学院治理中共享的一套价值体系，强调的是学院成员在价值取向、价值目标和学院发展战略愿景等方面的价值共识。学院治理文化共享性的实质是学院利益相关者在共同参与的过程中逐渐形成的对学院治理价值理念的接受和认同，是学院治理文化的同化过程。通过同化作用，学院治理成为一个由具有共同价值观念、精神状态、理想追求的一群人凝聚起来的共同体，进而对学院治理文化产生强烈的认同感和归属感。[①] 学院治理文化是学院治理中所有成员共同享有的一个开放的文化系统，它一经形成，便具有很强的弥散性、共识性和共享性，并逐渐内化为学院成员共同遵守的行为规范。学院成员由此也将其视为一种理所当然的观念体系或基本假设，为他们所认同和接受。所以，学院治理文化是融合了学院不同利益相关者共同价值取向而生成的一种新的文化形态，凝聚了学院成员共同持有的价值观，是一种共享性文化。对学院成员的行为有很强的规范功能，一旦某个成员没有遵循这种共享的文化规范，就可能会遭到其他组织成员的“另眼相待”。

学院成员共同生活于学院这一组织场域中，分享着共同的价值观念。从这个意义上而言，学院治理文化又是一种共同体文化。在这一共同体中，学院成员既是学院治理文化的创造者，同时也是学院治理文化的共享者，每位成员既有维护、传播学院治理文化的责任，也承担着为学院注入新的治理文化血液的使命。与此相应的是，学院应创造各种机会让学院全体成员参与到学院治理中来，在尊重学院组织属性和学科发展特点的基础上，凝练学院治理的核心价值，并为所有成员所共享。也只有创设出一种共享的学院治理文化，并为所有学院成员认可和接受，这种学院治理文化才真正具有可持续性和生命力。

四 多样性

学院治理文化的多样性，不仅与学科的多样性和发展特点有关，

---

① 石伟：《组织文化》，复旦大学出版社 2010 年版，第 141 页。

而且与不同高校的内部管理体制、不同学院的管理模式、不同领导的管理风格、不同学院的历史传统等多种因素有关。任何组织都有其独特的文化形态，文化“为理解和欣赏事件和行动提供了一个解释性框架”[①]。每个学院都是有别于其他组织的具有共同价值、信念和假设的独特文化存在。即使是同一学校的不同学院，在治理理念、制度设计、领导风格等方面，都可能呈现出很大的差异性，学院治理文化的表现形态由此也迥然不同。因此，学院治理文化的多样性，是不同学校的治校理念、不同学科的发展特点、不同学院的办学历史和文化传统等多方面因素综合作用的结果。

学院是由不同利益相关者相互交织而成的共同体，学院治理文化的多样性是学院不同利益相关者在价值观以及利益诉求上的充分反映。其中的利益相关者主要由教师、学生以及行政管理者构成，而不同利益相关者在价值观念和文化诉求上是不一样的。例如，教师主要是对学术利益的诉求；学生则可能更关注职业发展和就业。利益诉求的不同，导致学院治理文化中出现各种价值冲突现象，这也是学院组织区别于其他组织的重要特点。学院治理文化是由代表不同利益相关者价值观念的群体所构成的文化丛林，不同群体代表着不同的文化形态。学院治理文化正是在这种多样性的文化中，通过不同利益相关者间的相互交流和碰撞而产生、孕育和发展起来的。学院治理文化的多样性是学院组织永葆活力的源泉，对尊重不同利益相关者的权益，维护和创新学院组织文化都有着至关重要的意义。尤其是在价值日趋多元化的文化背景下，学院领导要允许和包容学院治理文化多样性的存在，并以多种途径和形式使之更具活力。

五　发展性

学院治理文化是学院在长期的管理实践活动中逐步积淀起来的有关学院治理的理念、制度等方面的总和，具有相当的稳定性。但文化是一个动态发展过程，一种文化在一个历史发展阶段可能是先进的，

① 王英杰、刘宝存：《世界一流大学的形成与发展》，山西教育出版社2008年版，第258页。

然而，随着社会的发展，时代的变迁，最后也可能成为一种落后的文化。“文化是一个对其内外部的动作行为有所反应的动态系统”①。学院治理文化是一个动态的持续发展过程。随着人们思想观念的变化，以及新的管理理念和文化的引入，学院的治理理念、领导风格，制度设计都将受到一定程度的影响。因此，学院为更好地适应内外部环境的变化与发展的需要，需要在尊重学院组织文化特点的基础上，从学校的实际情况出发，培育与学院组织相适宜的治理文化。

由于组织文化变革的惰性，人的思维观念的固守，学院治理文化在发展过程中势必会受到一定程度的限制，甚至与传统的管理文化之间产生某种程度的价值冲突。因为文化对人的价值观的影响是根深蒂固的，即使这种文化已难以适应外界环境的变化和要求，但它依然不会自觉地退出历史舞台。“组织文化一旦形成，就表现出一种抑制自身变化的惰性。这种惰性是伴随着组织的年龄增长和成功而来的。一个组织的过去越是成功，它的这种认识就越会习惯化，就越会根深蒂固。”② 组织文化是有一定惯性的，组织中固有的价值观念、文化传统并不会主动地让位于新的文化。由此，新旧文化之间的冲突就在所难免。“中国特色世界一流大学”的文化自觉不是文化保守主义，更不是自我封闭，而是对大学自身文化的自知之明、自我觉醒、自我反省和自我创建。“只具有文化保守性的大学是不能成为世界一流大学的，在坚守中不断创新是世界一流大学的本质特征。”③ 在中国“双一流”建设高校学院治理文化建设中，既要继承和发扬学院优秀文化传统的精髓，又要突破现有学院组织文化之阈限，促进学院治理文化的进步。这在客观上就要求学院领导把握社会发展对高等教育的需求，高瞻远瞩，及时地进行价值再造和创生。用符合时代的治院理念、制度和管理哲学来规划和引领学院的发展，而不是故步自封，甚至抱残守缺。唯有如此，才能保证学院治理文化的进步，并与时俱进。

---

① ［美］威廉·A. 哈维兰等：《文化人类学：人类的挑战》，陈相超等译，机械工业出版社 2014 年版，第 34 页。

② 石伟：《组织文化》，复旦大学出版社 2010 年版，第 220 页。

③ 欧小军：《“中国特色世界一流”大学的文化选择》，《现代教育管理》2017 年第 12 期，第 22—27 页。

六　开放性

学院治理文化与管理文化相比，具有很强的开放性，即学院在治理中要保持开放的视界，积极借鉴和汲取其他组织和文化的先进理念，在自我提高中实现动态发展。从很大程度上讲，学院治理文化的开放性，是对传统中封闭的、以科层制治理结构为主导的校院管理思维的突破。这种突破不仅与中国倡导的"中国特色世界一流"的治校理念不谋而合，同时也是建设世界一流大学的价值选择。那些被认为是世界一流大学的学校通常能跳出固有思维，为保持自己的顶尖地位而不断地探求更新、更好的策略。从世界一流大学学院治理的理念来看，无论是在学生来源、教师招聘，还是科研项目合作上，均表现出很强的开放性。从世界各地吸引最优秀的生源、招聘最优秀的教师来校任教、挑选学术大师引领学术发展，积极展开校际的学科合作与交流，已成为世界一流大学的价值共识。例如，在学生来源上，有研究结果显示，哈佛大学 19% 的学生是海外留学生，斯坦福大学的留学生比例达到21%，哥伦比亚大学则为23%，剑桥大学有 18% 的学生来自英国或欧盟（EU）以外的国家。另有一项关于外国教师比例的调查研究也显示，美国的大学在这方面位列榜首，哈佛大学的海外教师（包括医学院在内）的比例大约为 30%。牛津大学和剑桥大学相当，分别为 36% 和 33%。可见，全球最好的大学在延揽出色的人才时，都大量招募了海外学生和教师。①

学院治理文化的开放性，要求学院在发展和管理上保持开放、包容的心态，在招生、教师聘任、课程建设、教学模式、治理理念等方面汲取世界一流大学的经验，并与之开展交流与合作，积极面对全球一体化所带来的办学机遇和挑战。② 同时，校院也要主动营造和培育与学院治理文化相适宜的生长环境。为更好地适应知识生产、社会变迁和市场竞争的需要，学院应具有开阔的办学视界和世界情怀。对内

① ［摩洛哥］萨米：《世界一流大学：挑战与途径》，孙薇等译，上海交通大学出版社 2009 年版，第 18 页。

② 管培俊：《一流大学建设的两个关键要素：制度与人》，《中国高教研究》2018 年第 5 期，第 4—9 页。

向学院中的所有利益相关者开放，以调动多元利益相关者参与学院治理的主动性和创造性，营造民主、自由、平等、和谐的学院治理文化；对外借鉴其他世界一流大学学院治理的经验，从内外两方面为学院治理文化的发展创设良好的支持环境。

第三节　研究的理论基础

一　文化层次结构理论

尽管文化是一个多义性的概念，但为对其进行更全面、深入的理解，学者一般采取自上而下或自内而外的层次结构划分方法对文化的构成要素及其各要素之间的关系进行分析和阐释。文化层次结构理论的实质就是研究文化的构成要素及其各要素之间的相互关系。文化的构成要素是文化学研究中的一个基本问题，人类学者与社会学者也将其称为文化的特质。文化层次结构理论力图“把握文化要素之间的相互作用，把文化作为一个整体来解释和把握，努力寻找文化最根本的特征”①，是研究和解释文化的重要工具。文化本身是一个很难界定清楚的概念，但即便如此，对文化的构成要素或成分进行分类也是必要的，因为“分类是认识的工具，也是生活的条件。文化学正像其他的学科一样，对于所研究的对象，要想得到相当的了解，就不得不注重于其对象的分类”②。但文化现象既不像自然现象那样固定与有秩序，所谓文化的单位，也不像自然科学的单位那样准确与有规则。“这种特质或单位，是偏于主观的，而非偏于客观的。因此之故，文化究竟可以分为多少特质或单位，既无一定的数目，就是特质或单位的数目相同，其内容或实体，也未必相同。”③

因此，对于文化的分类，或文化的层次划分，不同学者因研究视角的差异，其划分标准也不一致。有学者持两分法的观点，将文化划分为物质和精神两方面。代表性学者如穆勒—赖耶（Muller-Lyer）将

---

① 杨少娟、叶金宝：《文化结构的若干概念探析——兼谈中西文化比较研究的若干问题》，《学术研究》2015 年第 8 期，第 34 页。

② 陈序经：《文化学概观》，岳麓书社 2010 年版，第 295 页。

③ 陈序经：《文化学概观》，第 295 页。

文化分为文化的下层机构和文化的上层机构两类。文化的下层机构包括经济、生殖和社会组织三方面；文化的上层机构包括语言、科学、宗教与哲理的信仰、道德、法律、美术六个方面。穆氏的文化成分分类，尽管不像一般单纯的二元论者那样分为物质与精神两个方面，然而其分类的出发点还是偏于这方面。而且“他觉得物质文化，比之精神文化，更为重要”①。另有学者如芬尼（Finney）从知识渊源与知识渊源所表现出的结构视角，将文化分为社会生活知识的渊源和社会的制度两类，这有别于上述物质文化和精神文化的分类。伯纳德（L. L. Bernard）站在行为主义派和功能主义派的立场上，将文化分为文化物象与文化行为两大类。有学者持三分法的观点，将文化分为物质文化、社会文化和精神文化三大类。代表性学者有迪克松（R. B. Dixon）、克罗伯（A. L. Kroeber）、瓦利斯（W. D. Wallis）等。还有学者持四分法的观点，代表性学者如舒尔兹（H. Schurtz）将文化分为社会的文化、经济的文化、物质的文化和精神的文化四大类，温斯顿（R. Winston）将文化分为语言、物质的文化，社会的文化和精神的文化；美国著名的人类学家马林诺夫斯基将文化分为物质的设备、精神的文化、语言、社会的组织四个方面。马氏虽把语言作为文化的一大类，但他认为语言是精神文化的一部分，社会组织是物资设备与精神文化的混合丛体，不能与其物质或精神的基础相分离。从总体上看，马氏偏于物质与精神两方面。中国著名学者陈序经从文化特性的重心的视角，将文化的成分分为伦理方面、宗教方面、政治方面和经济方面四大类。② 尽管研究者的划分标准不同，但“文化特质并非一种完全可以单独存在的单位。事实上，所谓文化特质，乃一种复杂的丛体”③，不同文化特质之间有着密切的关系，甚至每种文化特质，都可被分析为多种文化特质。

尽管学者的划分标准不同，但学界一般将文化划分为物质文化、制度文化和精神文化三类。与此相应的文化层次分别是：物态层面

① 陈序经：《文化学概观》，岳麓书社 2010 年版，第 279 页。

② 陈序经：《文化学概观》，第 279—292 页。

③ 陈序经：《文化学概观》，第 297 页。

（基础层或基本层），即满足人类基本生存需要的那部分文化，包括衣食住行等方面的文化内容；制度层，即反映处理人与人、人与社会之间关系的那部分文化，包括社会关系、社会组织、社会结构、社会规范等方面的文化内容；心理层，即满足人类心理需求和精神需要的那部分文化，包括价值观念、审美情趣、思维方式、社会意识等方面的文化内容。不同文化层次的文化表达满足了不同的文化需求，同时也为其他文化的存在提供支持。文化形态或文化层次之间相互依存、相互影响。基础层等具体的文化存在，决定了人们的心理需求完全不同；文化的心理层决定了其他文化的选择和存在；制度层是心理层的具体表现形态，在一定程度上也反映了基础层的文化形态。如上所述，文化层次的划分方法有多种，而非仅仅局限于这三层，甚至同一层次里面还可以进行层次划分。文化层次的多样性，充分体现了文化存在样态的丰富性。

二 协同治理理论

协同治理是发端于西方公共管理的一种新的治理范式，现广泛应用于公共危机管理、公共服务供给、区域合作及生态环境等治理领域，成为一种重要而有益的分析框架和方法工具。但协同治理理论最直接的思想来源是协同学理论。“协同学”源于希腊文，意为“协调合作之学”，德国著名物理学家赫尔曼·哈肯（Hermann Haken）是协同学理论的奠基者。他认为：“尽管大自然展示的结构千差万别，但有可能找到一些统一的基本规律，从而说明结构是怎样形成的。”[①]在各种各样的领域中结构的发展有着相同的规律，这里的结构不仅涉及物质世界，而且涉及精神世界。因此，协同学是“一门在普遍规律支配下的有序自组织集体行为科学”，其任务是“确定不同科学领域中系统自组织的规律”[②]。

协同治理理论吸取了协同学理论和治理理论的核心思想，强调通

① ［德］赫尔曼·哈肯：《大自然成功的奥秘：协同学》，凌复华译，上海译文出版社2018年版，第5页。

② ［德］赫尔曼·哈肯：《大自然成功的奥秘：协同学》，凌复华译，第9页。

过主体间资源和要素的良好匹配，达到政治国家与公民社会合作关系的最佳状态。[①] 但目前学界对协同治理的内涵并未达成共识。有研究者认为，协同治理是“在公共管理活动中，政府、非政府组织、企业、公民个人等社会多元要素在网络技术与信息技术的支持下，相互协调，合作治理公共事务，以追求最大化的管理效能，最终达到最大限度地维护和增进公共利益之目的”[②]。协同治理是指“处于同一治理网络中的多元主体间通过协调合作，形成彼此啮合、相互依存、共同行动、共担风险的局面，产生有序的治理结构，以促进公共利益的实现”[③]。尽管研究者对协同治理的理解有一定的差异性，但总体来看，协同治理的特征主要包括参与主体的多元性、治理过程的协同性、治理结果的超越性、治理权威的多样性、子系统的协作性、系统的动态性、自组织的协调性、社会秩序的稳定性等几个方面。[④] 协同治理理论是对传统中政府公共管理范式的超越，彰显的是一种新的治理文化，即强调治理中不同主体间的协同、合作和沟通，注重治理过程的有序性，治理结构的有效性，强调组织系统的自组织性和自我建构能力。

尽管协同治理理论是一个跨学科概念，而且发展得还不够成熟，但从文化的视角来看，协同治理本身就是一种新的治理文化，即强调多元主体参与治理过程的民主性、治理主体的多元化、治理结构的扁平化以及决策过程的公平正义等，这与学院治理文化的内涵和精神不谋而合。学院治理文化是对之前传统的以政府为主导，或以教授为主导，或以院长个人为主导的单一的学院管理模式的审视和超越，强调学院不同利益相关者之间的协同与合作，发挥不同主体在学院治理中的整体效应和功能，以形成新的、有序治理结构。同时协同治理理论

---

① 李辉、任晓春：《善治视野下的协同治理研究》，《科学与管理》2010 年第 6 期，第 55—58 页。

② 何水：《协同治理及其在中国的实现——基于社会资本理论的分析》，《西南大学学报》（社会科学版）2008 年第 3 期，第 102—106 页。

③ 李辉、任晓春：《善治视野下的协同治理研究》，《科学与管理》2010 年第 6 期，第 55—58 页。

④ 郑巧、肖文涛：《协同治理：服务型政府的治道逻辑》，《中国行政管理》2008 年第 7 期，第 48—53 页。

强调组织系统的自我建构能力，在中国高校管理重心下移、学院办学自主权不断扩大的趋势下，提高学院组织系统的自我建构能力，理应成为学院治理关注的重要论题。可以说，协同治理理论既契合了学院治理文化的精神实质，又为分析和解决当下及未来中国学院治理的相关论题提供了新的思路和方法。

三 组织文化模式理论

埃德加·沙因（Edgar H. Schein）是组织文化模式理论的创立者和奠基人。他认为，一个组织中最基本的东西是它的文化，要理解组织中个人的行为和组织的运行，特别是领导的作为，仅仅研究组织的结构、目标、运行机制是远远不够的，还需要认真研究组织中的文化。[①] 因此，沙因主要从领导与文化的关系角度阐述了组织文化的重要性，并从组织中群体的视角理解文化的内涵。沙因创立的组织文化模式理论的核心思想主要体现在以下几个方面：

首先，文化的实质是模式化或整合。沙因认为，文化与其他概念如规范、价值观、行为模式、惯例等相比，有其自身的一些关键特征，具体表现为结构稳定性、深度、宽度、模式化或整合四个方面。“文化隐含了群体中某种程度的结构稳定性。”“文化很难改变，因为群体成员珍视稳定性，它为群体活动提供了意义和可预测性。”[②] 文化是一个组织中最深层次的、无意识的部分，文化一旦形成之后，它便渗透并影响到群体职能的各个方面。文化意味着惯例、气氛、价值观以及行为互相融合成为一个整体，而这种模式化或整合则是文化的实质。

其次，文化是共同学习的产物。沙因认为，文化最基本的特点是“一种共同学习的产物，这种共同学习形成了组织成员如何行事和如何进行内部联系的共享假设”。这些共享的学习经历使得群体或组织成员共同持有一套理所当然的基本假设。但需注意的是，文

---

① 朱国云：《组织理论：历史与流派》，南京大学出版社 1997 年版，第 343—344 页。

② ［美］埃德加·沙因：《组织文化与领导力》，章凯等译，中国人民大学出版社 2019 年版，第 15 页。

化的基本假设不同于所谓的“基本价值观”，因为文化的基本假设被认为是理所当然、不可挑战和无须争辩的，以致假如有人没有持这种假设，他就会被视为“局外人”或者“疯子”，并且被自动淘汰。但价值观是可以公开讨论的，而且人们可以对其持赞成或者反对意见。①

最后，组织文化的三层次论。沙因将组织文化划分为三个层次，即人工成分、信念和价值观层次、基本潜在假设层次。其中，文化的人工成分属文化的表层，包括群体的有形产品，如语言、行为、艺术创作、仪式和典礼等，便于观察是这一层次的主要特点。信念和价值观层次只是针对组织内的某些人，尤其是领导者而言的，这种信念和价值观在通过反复的实践检验，并取得成功后，就会在群体中转化成基本的潜在假设。也“只有那些经过经验检验并且持续有效地解决群体问题的信念和价值观才能转变成假设”②。群体文化的本质在于它具有共享的、理所当然的基本假设模式，理解了文化的基本假设，有益于理解其他两个层次的文化。基本假设能通过人工成分、共同信奉的信念和价值观层次体现出来。但在分析文化时，“认识到文化的人工成分是易观察但不易被解读，以及信奉的信念和价值观可能仅仅反映了合理化或者愿望，这是非常重要的”③。

沙因基于模式化和整合的价值取向，阐述了组织文化的重要价值，赋予了文化以新的内涵，并为学界所普遍接受和认同，他提出的组织文化模式理论对学院治理文化建设也颇具启发意义。当前，学院治理结构是研究者关注的焦点，但仅仅关注学院治理结构、权力及其系列制度安排是不够的，还需对学院组织文化予以高度关注，在充分理解学院组织文化的基础上，提高学院治理的有效性。其中，学科是学院组织的基础，不同学科专业存在很大的差异性，基于学院组织的文化属性，根据不同学科的文化特点，发展出与之相适应的学院治理文化，在学院组织中形成科学的学院治理理念，对促进学院组织的发

---

① ［美］埃德加·沙因：《组织文化与领导力》，章凯等译，中国人民大学出版社2019年版，第21页。

② ［美］埃德加·沙因：《组织文化与领导力》，章凯等译，第24页。

③ ［美］埃德加·沙因：《组织文化与领导力》，章凯等译，第29页。

展是至关重要的。此外，沙因十分重视对组织文化与领导力的研究，通过对学院领导治院理念、行为，以及对学院组织文化的研究，可以更好地理解学院领导与其他利益相关主体在价值上的冲突问题。例如，学院领导为什么与组织群体在价值上存在冲突？学院成员为什么有时对学院领导的行为不理解？因此，领导一方面要认识到自己的信念、价值观和行为对学院组织文化发展的重要性和价值。“领导者的最低限度是，如果没有意识到他们身处其中的文化，那么这些文化会管理他们。理解文化是所有人都渴望的事，但是理解文化对那些想承担领导作用的领导者来说更加重要。”① 另一方面，领导也需意识到组织文化在领导中的影响以及领导管理组织文化的意义。“只有一件事对组织领导来说是真正重要的，这就是创造和管理文化。组织领导力所能及的就是通过组织文化来工作。如果说将领导概念从管理与行政中区分出来还有价值的话，人们就必须承认文化管理在这一领导概念中的中心地位。”②

事实上，所谓的领导不仅局限在学院组织层面，而且学校层面及不同职能部门的领导都涵括其中，因为他们都是学院治理的重要利益相关者。如果在领导者群体层面，对学院组织的文化属性没有达成基本共识，或难以形成以尊重学院组织属性为基础的文化假设模式，势必会导致领导群体内部的价值冲突和彼此间的沟通障碍。但“从改变基本假设的角度而言，文化变革是困难的、耗时的，并且是令人高度焦虑的——认识到这一点对于准备改变一个组织的文化的领导者来说是极其重要的。”③ 所以，一旦组织内部形成了一种文化假设，就会被当成理所当然，并不为人所觉察，无疑，文化基本假设的变革是最彻底的，但同时也是最艰难和充满挑战的过程。概言之，沙因的组织文化模型理论对理解学院组织文化在治理中的作用，学院组织内部领导群体间，领导与教师群体间，教师与学生群体间的价值冲突与整

---

① ［美］埃德加·沙因：《组织文化与领导力》，章凯等译，中国人民大学出版社2019年版，第20页。

② 朱国云：《组织理论：历史与流派》，南京大学出版社1997年版，第353—345页。

③ ［美］埃德加·沙因：《组织文化与领导力》，章凯等译，中国人民大学出版社2019年版，第30页。

合，领导在学院治理中的重要性，注入了新的生命力和血液。

第四节　学院治理文化的构成要素

“凡是人类，都有文化，凡是文化，都有其要素。文化学者的目的，是从各种不同的文化里，找出共同的要素，而加以分类。”① 文化学者对文化分类的目的，是想从各种不同的文化里找出共同的要素。学者关于文化层次结构的划分，一方面有助于我们理解文化的构成要素，在很大程度上为现有其他领域有关文化的研究提供了“稳定”的框架结构，即一旦涉及文化的相关研究，人们首先想到的就是文化的层次结构或构成要素问题。但另一方面又限制了我们理解文化的视域。因为文化分类本身就带有很强的主观性，学者对此也存在一定的分歧。因此，笔者以为，文化层次结构的划分并非适宜于所有的文化领域或现象，换言之，将文化层次结构直接“移植”到所有文化研究主题上，是对文化本身的简单理解，这种做法显然是不合理的。

如上所述，学院治理文化是一个难以明确界定的概念，但文化层次结构理论中的文化三分法，为探寻学院治理文化的构成要素提供了新的思路和方法论上的借鉴。由于学院治理更多地体现的是治理主体间的对话、交流与合作，是动态的互动过程。故而，亦不可将文化的三分法简单地移植到对学院治理文化构成要素的分析中，还需结合学院组织和学院治理的本体属性，抽取出学院治理中的核心文化因子。本书在理解文化层次结构的基础上，结合研究目的，采取“要素论”而非“层次论”的分析方法，将学院治理文化的核心构成分解为三个要素：学院治理理念、学院治理制度、学院治理行为。这既有助于明确学院治理文化研究的重心，体现学院治理文化特色，又有助于我们更清晰地理解学院治理文化的内涵及发展方向，并作为改革和发展学院组织文化的根本，为整个研究的架构奠定基础。下面分别对学院治理文化的三个核心要素的内涵、内容，以及三要素之间的相互关系

① 陈序经：《文化学概观》，岳麓书社 2010 年版，第 293 页。

进行分析和阐释。

一 学院治理理念

理念是一个意识层面的、含义较为宽泛的、具有上位性和综合性结构的概念，诸如信念、观念、宗旨、目标、规范等都可被囊括在理念的概念范畴之中。因此，理念是一个具有“集合性”“完整性”的“观念性的理念总体”。自古希腊伊始，西方哲学家如苏格拉底、柏拉图、亚里士多德等，就从哲学层面对理念的内涵、特点、内容进行过分析。及至当代，学者对理念的概念也进行了界定，但由于研究视角的差异，关于理念的界说呈现出众说纷纭的状态。例如，有研究者认为，理念既有自然的直观性又包含在理性之中，是“一个具有能反映一类事物每个个体或一类现象每种个别现象共性之能力的普遍概念，具体说它是诸理性认识及其成果的集大成”①。从总体上看，当代研究者主要基于哲学视域，将理念视为人们认知观念体系的总和，具有指向性、延续性和稳定性等特征，对引领人类从事理论研究和实践活动有着重要的促进作用。

学院治理理念是哲学上所说的理念在学院治理这一现象和活动上的延展，是对学院治理实践及其治理观念的理性建构，是学院治理文化发展的思想先导。当前，中国学者将学院治理理念作为一个完整的体系进行研究的还较少。结合对“理念”概念及特征的理解，本书认为，学院治理理念是人们对学院治理的理性认识、理想追求及其所形成的关于学院治理的观念体系。它是学院治理主体在学院治理实践、思维活动及文化交流中所形成的价值取向与追求，是对学院治理“应然状态”的理性认识和观念整合。学院治理理念是学院利益相关者在参与学院治理中共同持有的，且长期存在的关于学院治理的使命、目标、原则等价值观念，是对学院治理文化本质的真正把握，具有前瞻性、引导性、稳定性的特征。学院治理理念内蕴于学院组织中，难以被觉察，且不同组织间存在较大差异性，“确定一个组织有效与否，取决于人的价值观——什么是他

① 眭依凡：《大学校长的教育理念与治校》，人民教育出版社2006年版，第56页。

（她）认为最重要的”[①]。因此，理念作为学院治理文化的核心，其改变难度较大，除非出现重大变革，否则，这些价值观念将会得到延续。

二　学院治理制度

完善的治理制度是学院治理文化建设有效性和有序性的关键。再好的理念，如果没有制度做保障，也只不过是空中楼阁。从内容上看，学院治理制度主要由正式制度和非正式制度两部分构成。所谓正式制度，是指以具体条文形式，针对组织内部成员的行为而作的有关硬性规定，具有鲜明的强制性、规范性、导向性的特点。正式制度对协调学院利益相关者的关系，提高学院治理效能，引导和规范学院治理主体的行为方式有积极的促进作用。所谓非正式制度，是指学院组织内部那些虽然是不成文的，但又可以被成员所理解、认同，甚至被不假思索地接纳的隐性规定。它是与法律等正式制度相对应的一个概念，主要包括价值观、文化传统、习俗、伦理道德、意识形态等。[②]非正式制度是在人类社会历史发展过程中自发产生的，是经过长期的历史经验积累而自然形成的，反映了人与人关系的基本规则，体现了对人性的看法和对人的行为的理解，它往往是一种符合人性和反映人的行为特征的基础性规则。非正式制度在本质上是一种价值观念体系[③]，如学院中的传统习俗、道德伦理、学院制定的不同惯例或仪式。非正式制度虽不以成文的形式作出明确规定，但对学院治理制度的形成仍会产生重要作用，包括学院利益相关者的价值观念、行为方式、理性认识等，都会影响学院治理制度的创立、变迁和发展。

值得注意的是，学院治理制度，从制定、运行到最后执行的整个过程，都离不开人的价值观念、态度、认识等对学院治理制度整个运行系统的作用及其功能的发挥。而且，只有当制度制定主体、执行主体与运行机制形成一个有机的共同体，在价值理念、认知图式、制度

---

① ［美］安法鲁·J. 杜布林：《组织行为基础——应用的前景》，机械工业出版社1985年版，第199页。

② 伍装：《非正式制度论》，上海财经大学出版社2011年版，第3页。

③ 伍装：《非正式制度论》，第10—12页。

认同上达成精神共契时，学院治理制度才能形成良好的文化生态，缺乏其中的任何一个部分，都可能导致学院治理制度的不完整。因此，从系统论的角度来看，我们需将学院治理制度视为一个整体，用系统思考的理路理解学院治理制度的制定、设计、构建。既要重视正式制度在学院治理中的建立和完善，亦不能忽视学院治理中最为核心的主体，即人的主体性价值及其对学院治理制度构建的影响和制约。

三　学院治理行为

学院治理行为，即不同利益相关者在学院治理中的行为方式，是学院治理实践最终的外在表现形式，意即学院治理的具体实践。其主要表现为院长、教师、学生等个体或群体，在参与学院治理过程中所表现出来的各种行为方式，如院长的领导风格；教师参与学院管理事务活动的积极性与主动性；学生参与学院各种管理活动的主观意愿，等等。学院治理行为是最容易被观察到的文化形态，是学院治理文化核心价值观念的外在表征和不同学院治理文化个性的具体表现。

学院治理理念、学院制度的落实与实施，在很大程度上都需通过学院治理行为来表达和执行。同时，学院治理行为对学院治理理念和学院治理制度还有一定的文化“反哺”功能，它可以促使学院治理理念的调整以及学院治理制度的优化与完善。只有当学院治理行为、学院治理理念、学院治理制度三要素之间形成良好的文化适应性时，才能真正发挥出学院治理行为在学院治理文化中的效能。

四　学院治理文化构成要素之间的相互关系

学院治理文化作为大学治理文化的子系统，其构成要素之间相互联系，并构成一个完整的治理文化体系。换言之，学院治理理念、学院治理制度和学院治理行为共同构成学院治理文化体系的核心，忽视任何一个方面或仅仅强调学院治理的某一个方面，都是有失偏颇的，无益于全面把握和理解学院治理文化的本质。学院治理文化三个核心构成要素之间既不是彼此分离、相互对立的，也不是决定与被决定的关系，而是相互影响、相互作用、辩证统一的关系。

首先，学院治理理念对学院治理制度有直接或间接的影响。一般而言，有什么样的学院治理理念，就会制定与之相应的学院治理制度，但两者间也并非完全呈现出一种线性逻辑关系。例如，制度有可能受到除理念之外的其他多种因素的影响和制约。但是，如果制度难以或没有从根本上体现理念内容的话，那么，在实践中，制度是难以真正有效落实和实施的。与此同时，学院治理制度的调整也会对学院治理理念产生一定的反作用，制约理念的变化或调整，并且理念需要通过制度来实现其价值，因此两者间存在较大的兼容性。

其次，学院治理理念和学院治理制度对学院治理行为具有规范和制约作用。其具体表现形式是多方面、多层次的，或直接或间接地作用于学院治理行为。“作为一套共享的思想、价值、观念和行为标准，文化是使得社会中的成员能够互相理解的普遍标尺。它帮助人们预测他人在特定情境中最有可能采取的行为，并告诉他们如何回应。”① 学院利益相关者在参与学院治理时，通常会在与其他利益相关者或学院领导的相互交往和对话中，逐步体会到学院治理文化的核心价值理念，进而察觉到治理过程中行为的可行性和适切性，并以此形成具有学院个性的行为规范，在自己的言行中按照这些规范行事，形成学院特定的治理文化模式。

最后，学院治理行为对学院治理理念和制度具有反作用。学院治理理念、学院治理制度都需要通过学院治理行为来表达和执行。同时，通过对学院治理行为方式的仔细洞悉，也可以发现隐藏于行为背后不易被直接观察到的学院治理理念或治理文化模式。“文化作为满足人的生存需要的价值规范体系，实际上更多地表现为人的行为规范体系，因为人的价值观念除了在人的言谈和论述中表达出来外，更多的是通过人的行为真实地表现出来的。”② 因为只有通过学院治理行为，学院治理文化的核心价值理念才能得到落实，从这个意义上而言，学院治理行为是学院治理文化存在的基础。学院治理行为对学院治理理念和制度又有文化“反哺”功能，促使学院治理理念的调整

① ［美］威廉·A. 哈维兰（William A. Haviland）等：《文化人类学：人类的挑战》，陈相超等译，机械工业出版社 2014 年版，第 28 页。

② 衣俊卿：《文化哲学十五讲》，北京大学出版社 2004 年版，第 39 页。

和学院治理制度的修正与完善。如由于新院长的上任，或院党委书记的改选等，经常会出现一些与原有的学院治理文化不一致的行为。但在取得了积极的成效后，这些行为的日积月累有可能以制度化的形式予以规定或“固化”，并被提炼和升华为学院治理理念。

值得注意的是，在学院管理实践中，三者之间并非完全呈现出严格意义上的线性逻辑关系。因为影响学院治理文化的因素毕竟是多方面、多层次的。有时学院中的个体或群体表现出来的行为，或学院制定和设计出来的制度，并不一定完全是学院治理理念的映射，而可能是学院外部多种因素共同作用的结果。因此，行为或制度有时难以客观地反映学院治理文化的质的规定性。现实中的制度有时成为一种“摆设”即为明证。学院治理文化三个核心构成要素之间的关系，具体见图 2－1 所示。

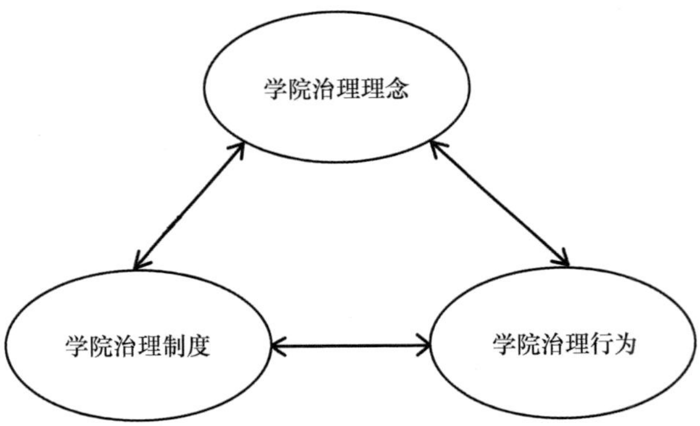

图 2－1　学院治理文化的构成要素之间的相互关系

第三章

中国“双一流”建设高校学院治理文化的理想样态

学院作为大学办学的实体性组织，对提高大学的整体办学质量有着直接的影响，从很大程度上讲，建设世界一流大学就是要建设一流的学院，而建设一流学院的关键是要构建与学院组织属性与学科发展特点相适宜的文化。本书在对当前中国学院治理研究以结构或权力为主导的价值取向进行理性审思和批判的基础上，以高校内部管理切入，基于学院治理文化的三个核心构成要素，从学理上对中国“双一流”建设高校学院治理文化的理想样态进行构建，积极探寻促进世界一流学科发展的文化生态和学院治理背后所蕴含的文化机理，及其对大学发展的价值，为后续研究提供一定的理论参照。

第一节　学院治理：一种文化的阐释

传统中的学院规模不大，管理的难度相对较小，不需要专门的人员对其进行管理。然而，随着学院规模的不断扩大和学院人数的增多，学院管理的难度随之增加。与此相应的是，之前的学院管理体制已难以适应学院发展规模和管理难度的需要。由此，现代意义上的自上而下的科层制学院治理结构应运而生，并出现了专门管理学院的组织机构和人员，负责对学院中的人力、权力、物质等进行统一管理、统筹和分配。然而，学院与其他组织机构相比，在结构设计上尽管有一定的共性，但同时也有其自身的特殊性。从理论上讲，学院作为大学“底部沉重”的学术组织，是不同学科知识分子的“集聚地”，学院中的主导权，尤其是学术管理权不应掌握在行政管理者手中，而应由一大批具有“专业权威”的知识分子把持，他们在学院治理中最具发言权。他们的价值观、理想、信念等交织在一起，共同构成了学院治理文化的实质性内涵。学院治理要确保其有效性，就必须建立在理解学院组织文化特点的基础上，明确学院与其他组织在治理上的差异性。相反，那种忽视学院组织属性和文化特点，那种放弃对学院中人的尊重和理解，而一味地追求学院治理结构的完善显然是不够的。学院的职能不仅是教学、人才培养和社会服务，它存在的意义更在于其自身所应具备的文化个性和精神品格。[①]

目前，中国研究者主要从纵向上对学院治理以及不同权力主体间的权力配置与运行进行分析，将学院治理视为一系列制度或结构安排，认为学院内部治理结构的完善能解决其长期的不良运作状况。教师在学院治理中主体地位的缺失、学院运行权力监督的缺位等，都可归结于学院治理制度的不完善。这在当下中国现代大学制度不完善的背景下确有其合理性。完善的学院治理制度对规范学院的有效、有序运行有着重要的规范和约束功能，在一定程度上能有效规避学院治理中的无序或混乱现象。因为正式制度或组织结构对“大学决策与管理有着极其重要的作用。一所大学的正式结构对于什么问题被察觉以及它们如何得到界定（定位过程）、可以选择什么选项（建议过程）以及如何解决最终选择上所产生的矛盾冲突（实施过程）有着广泛而系统的影响”[②]。当然，制度或结构也是有其自身难以克服的局限性的，然而，倘若没有学院治理结构或制度安排，学院治理的有效运行无疑是艰难的，因此，学院治理制度或结构是学院治理的基础。正如有学者所言：“良性的组织制度未必能够形成良性的组织观念，但是没有良性的制度一定不能形成良性的观念。”[③] 学院治理制度或结构

---

① 梁明伟：《中国大学学术管理研究——基于组织、制度和文化的视角》，中国政法大学出版社 2013 年版，第 191 页。

② ［美］罗纳德·G. 艾伦伯格主编：《美国的大学治理》，沈文钦等译，北京大学出版社 2010 年版，第 105 页。

③ 任玥：《美国公立研究型大学组织文化变迁研究》，高等教育出版社 2016 年版，第 197 页。

对学院组织观念的传递和继承、学院治理的有序开展有着至关重要的影响。

然而，现有文献却较少分析结构对大学（或学院）成功的贡献率究竟有多大？哪些因素可能是促发学院治理结构变革的重要驱动力？换言之，完善的制度或结构是否就意味着学院治理质量与水平一定能提高？制约学院治理效能提高的真正因素是什么？针对这些困惑，本书认为，仅仅从制度或结构的视角其实是难以回应学院治理中所遇到的诸多现实问题和现象的。学院作为一个学术共同体组织，学术人相互之间的情感依赖、人际关系、研究兴趣、探索求真的欲望等，在很大程度上决定了只关注学院治理制度或结构，而忽视学院组织的属性与文化特点是有失偏颇的。并且，从内容上看，制度或结构也不仅仅局限于僵化的文本或系列制度设计形式上，而且包括了客观现实、真实的人及其所持有的心理模式的现实和挫折。① “严格遵循规章制度办事创造了一种统一的但在许多方面却是肤浅的文化，这种文化虽然保证了学校活动的开展，但是，许多参与人员却并未能全心全意地投身其中。”②

综上所述，学院具有不同于其他如公司、政府、商业机构等组织的属性，且治理结构本身也有其难以克服的局限性和弊端。而且，对于大学组织而言，“人员、小组合作、领导权、事业与技能才是成功的真正源泉。没有哪一种原则方法能够将这些要素完全融合起来，因此使人们相信仅仅依靠组织结构的原则就能带来成功的做法是很危险的”③。学院中学术人的理想追求、价值取向、情感依赖等对学院治理的重要性比学院治理结构更重要，这在国外相关研究中已得到了有力证实。例如，美国学者蒂尔尼（Tierney）等人指出，大学不是简单的结构单元总和，它还是一个创造符号的、抽象的文化内涵的场所。

---

① ［荷］丰斯·特龙彭纳斯等：《在文化的波涛中冲浪：理解工商管理中的文化多样性》，关世杰主译，华夏出版社 2003 年版，第 18 页。

② ［美］罗伯特·伯恩鲍姆：《大学运行模式：大学组织与领导的控制系统》，别敦荣主译，中国海洋大学出版社 2003 年版，第 114 页。

③ ［英］迈克尔·夏托克：《成功大学的管理之道》，范怡红主译，北京大学出版社 2006 年版，第 108 页。

在大学治理的不同层次上，人与人之间的沟通与对话，才是大学有效治理的核心构成。[①] 德国学者芭芭拉（Barbara）通过对 8 所高校的研究也发现，学术评议会的有效运行受到治理结构、文化以及领导力等多重因素的影响，但治理结构对大学治理的影响最小。那些强调领导力持续性及为新来的领导者提供信息、培训及建议的高校，其治理更为成功。[②] 这些研究尽管是针对大学组织而言的，但对底部沉重的学院来说同样具有高度的适切性。因此，学院组织中的正式结构与非正式结构犹如学院治理的“两翼”，缺少其中任何一个部分都是不完整的。实现学院有效治理，理应走出囿于治理结构或制度的思维局限。学院治理必须超越制度或结构视域，重视学院治理中的沟通与对话、人际关系、价值共识、领导力等非结构性要素的价值。

学院组织的文化特性，“决定了一个看似适切的、完善的治理结构安排，未必能达成其初衷”[③]。从工具性价值的角度来看，学院治理结构与学院治理绩效之间并非呈现出完全的线性关系，而且，学院治理结构也不一定真正地反映了大学和教师的核心价值观。显然，没有治理结构或系列制度安排，学院治理是难以有效开展和进行的，但仅有学院组织之形而没有人参与的学院治理结构在很大程度上是无效的。只有将学院治理结构纳入学院的组织文化之中，将学院治理结构与人的价值理念、理想和信念相互结合的学院治理制度才是具有生命力的。因此，要重视学院治理结构和文化的双重作用，并将人的因素纳入学院治理中才能构成一个完整的学院治理体系，这是由学院组织的属性和文化特点所决定的。由此，学院治理要从制度或结构的完善，走向对学院组织中主体生命价值、理念和信念的观照、理解与尊重，即不仅仅将学院治理视为一种僵硬的、机械的制度或结构安排，而且应将其视作由鲜活的生命体所创造的文化存在，学院究其本质而

① William G. Tierney, James T. Minor., “A Cultural Perspective on Communication and Governance,” *New Directions for Higher Education*, 2004, (127), pp. 85 –94.

② Barbara A. Lee., “Campus Leaders and Campus Senates,” *New Directions for Higher Education*, 1991 (75), pp. 41 –61.

③ 顾建民、刘爱生：《超越大学治理结构——关于实现大学有效治理的思考》，《高等教育研究》2011 年第 9 期，第 25—29 页。

言是一种文化组织。

第二节　中国“双一流”建设高校学院治理场域的学术性

场域是法国著名社会学家皮埃尔·布迪厄（Pierre Bourdieu）提出的场域理论中的一个中心概念。在布迪厄看来，场域是一个关系性范畴，“一个场域可以被定义为在各种位置之间存在的客观关系的一个网络或一个构型，每个场域都处于关系之中，或者说场域是由各种关系构成的”①。任何组织都是一种场域的存在，大学也不例外。但与其他组织相比，大学是一个特殊的场域，是由内外部各种组织系统、关系系统和权力系统组成的一个庞大的网络联盟。而学院作为大学场域中的一个子系统，其学术特征和运作方式与大学母体既存在相同之处，又具有自身的独特性。根据场域的特征，学院是一个独立的场域。② 学院治理是在学院组织这一场域空间内进行的，这就决定了学院治理理应以尊重学院组织场域的特点为前提。“对于学院场域特殊性的理解，以及对于学术治理复杂性的认识，是学院治理文化建设的根基。”③

学院最早源于中世纪的行会组织，迄今已有几个世纪的历史，是在学者的共同努力下，为追求知识和真理而逐渐发展起来的。随着学院规模和结构的不断变化，今日的学院组织尽管已非昔日的学院组织，在学院治理的理念、制度、模式，以及权力运行机制上都发生了很大变化。学术是大学的灵魂，“大学要保持其应有的清醒与理性，就必须把坚守学术本质作为永恒的价值追求”④。尽管学院的组织结

---

① 刘恩允：《治理理论视域下的我国大学院系治理研究》，博士学位论文，苏州大学，2014 年，第 37 页。

② 刘恩允：《治理理论视域下的我国大学院系治理研究》，博士学位论文，苏州大学，2014 年，第 38 页。

③ 何晓芳：《在“断裂”的科层体系中“牧猫”——美国大学二级学院治理制度文化分析》，《高教探索》2019 年第 3 期，第 85—89 页。

④ 程悦、刘赞英、刘兴国：《论大学的学术属性及其本然生存逻辑》，《高等教育研究》2012 年第 6 期，第 17 页。

构随着时间的推移发生了深刻的变化，但追求科学和学术的工作永远属于大学，学术属性是大学存在的根本属性，是大学组织存在的边界特征。“从某种意义上讲，大学是社会空间中以学术为根本属性的文化场域，是以大学教师为主体的行动者的大学学术运行和发展场所。”① 从文化内核上看，历史的变迁依然没有从根本上撼动学院作为一个学术性组织的本体属性。一般地说，“一种文化的历史愈悠久，时间嗣续愈长，它的模式就愈稳定，其个性就愈突出，价值取向也就愈明确。”② 学院也一样，在经历了漫长的历史变迁与发展之后，学院中的学术自由、学术自治、民主管理、教授治校的理念已经形成。脱离了这些本质性的文化规定性，学院就不能称其为真正的学院。

综上所述，学院是一个典型的知识社区或文化丛林，是由一群不同学科的知识分子所构成的一个特殊场域。在组织属性上，学院具有“学术—行政”二重性，其中，学术性是中国“双一流”建设高校学院治理场域的本质属性，是区别于其他类型高校的重要特点。“大学的根本目的和价值追求是发展学术，通过对知识的传承和创新等为社会做出贡献。学术活动更需要的是自由、民主、创新等意识和氛围，学术价值体现为创新精神和批判精神，大学组织结构更多地表现为学术性特征。”③ 大学的本质性特征是其学术性，即对高深知识的运作。学院场域的学术性决定了学院是一个松散联合的组织，对此，有研究者将学院治理比喻成一场“牧猫”之旅，而“牧猫”的关键是包容个性与因势利导。“学院自生文化在治理中占据主导。学院治理的参与主体以学术人员为主，多元、多样、独立、自主的学者个体价值并不遵从于上下级管理路径，科层体系在学院层面上出现‘断裂’。”④ 学术属性秉承了学术自由的大学传统，在学术活动中它反对过多的约

① 张绍荣：《走进精神场域：信息时代大学文化生态治理研究》，中国社会科学出版社2017年版，第91页。

② 司马云杰：《文化社会学》，山东人民出版社1987年版，第267页。

③ 梁明伟：《中国大学学术管理研究——基于组织、制度和文化的视角》，中国政法大学出版社2013年版，第123页。

④ 何晓芳：《在“断裂”的科层体系中“牧猫”——美国大学二级学院治理制度文化分析》，《高教探索》2019年第3期，第85—89页。

束，不愿意认可清晰、明确的目标和程序化的工作计划，大学的学术属性以平等和自由为基本的价值取向。[①]

学院治理究其本质而言是一种新的治理理念和价值取向，与之前所强调的科层制的等级制组织结构不同。学院治理强调的是一种扁平化的组织结构，重视上下组织结构之间的合作、协商、平等，而不是管制、控制等官僚化的等级结构。但从中国“双一流”建设高校组织结构的整体框架设计来看，体现的则是一种明显的自上而下的等级制组织结构，上下级之间是一种典型的行政依附关系。“学院与其他行政机构相比，在组织架构上有一定的相似之处，但实际上学院的治理或管理方式却又完全不同于一般社会组织。学院在权力配置上却明显是‘底部沉重’，而且存在‘逆权威’的结构，即学院内部的权力或权威往往聚集在组织底部，分散在不同教授手中。即便是在高度行政化的中国大学里，学院的院长所拥有的权力和资源与政府系统的处级干部仍然不可同日而语。”[②] 学院治理强调的是对人的理解和尊重，重视人的信念，通过对学者价值观等方面的文化整合而达到深层次的治理目标。学院治理必须与学术群体相互适应，积极接纳和吸收教师的意见和建议，“重要的学术意见被排除在策略决策之外，学术见解与日复一日的机构管理相距甚远，这种管理者风格对机构造成了极大的损害”[③]。正如当前多数学者所认为的那样，中国学院治理的弊端主要是由中国校院治理结构所造成的，中国大学治理结构在整体设计上对学院治理造成了很大障碍，要提高学院治理效能，就需要改革当前的校院治理结构，这是有其合理性的。“没有学术组织结构的‘正确模式’，任何结构都无法确保大学能够获得成功。”[④] 中国“双一流”建设高校在学院治理中要遵循学院组织的学术性特征，构建适宜于促进学术性发展的学院治理文化。

---

① 梁明伟：《中国大学学术管理研究——基于组织、制度和文化的视角》，中国政法大学出版社2013年版，第4页。

② 王建华：《学院的性质及其治理》，《中国高教研究》2017年第1期，第13—17页。

③ ［英］迈克尔·夏托克：《成功大学的管理之道》，范怡红主译，北京大学出版社2006年版，第98页。

④ ［英］迈克尔·夏托克：《成功大学的管理之道》，范怡红主译，第82页。

第三节 中国“双一流”建设高校学院治理文化理想样态的构建

学院治理文化是一个十分抽象的概念，内容涉及学院治理目标、理念、制度、愿景等方面，但通过对其核心构成要素的分解发现，它又是一个相对比较清晰的概念。从理论上讲，要对中国“双一流”建设高校学院治理文化的理想样态进行设计或构建是相当有难度的，因为学院治理文化犹如文化一样，其本身就是一个多义的、众说纷纭的概念。同时，从影响学院治理文化建设的因素来看，既有源于国家宏观层面的政策、意识形态，也有社会经济、地域文化等诸多方面。但本书认为，学院作为大学的基层学术组织，在政府推进“简政放权”的政策背景下，高校的办学自主权会不断扩大，学院在大学治理中的主体地位和作用将随之日益凸显。因此，影响中国“双一流”建设高校学院治理文化建设的关键是学校内部管理体制。

本书结合中国高等教育管理体制的文化特点，从高校内部管理切入，基于学校和学院两个层面，将学院治理文化建设纳入“双一流”建设高校内部管理的整体考量之中，从校院治理结构、学院治理理念、学院治理制度、学院治理行为（通过治理主体表达出来）四方面，对中国“双一流”建设高校学院治理文化的理想样态进行理论构建，其中所蕴含的一个核心理念就是共同体，即校院共同体、价值共同体、学术共同体。这几方面的内容相互影响、相互作用，共同构成学院治理文化的理想样态。毋庸置疑，这种理论构建与现实之间肯定是有一定差距的，但也正是这种差距促使我们不断地反思和追问：中国“双一流”建设高校到底需要什么样的学院治理文化？世界一流学科的生长需要怎样的与之相适宜的学院治理文化生态？这可能也正是中国“双一流”建设高校当下及未来发展的方向和奋斗目标。

一 校院协同共治

学院治理文化建设是一项系统的复杂工程，尤其是在中国以行政为主导的高校教育管理体制背景下，仅仅依靠学院自身的力量显然是难以取得成功的。所以，学院治理文化建设在很大程度上需要在校院的协同努力下，共同致力于学院治理目标的实现。

（一）学校发挥元治理作用

元治理，也称治理的治理，最早被应用于政府治理领域，20世纪中后期被引入教育学领域后，逐渐成为学者关注的热点。元治理与治理相比，有其自身的特点，治理更多地强调参与主体的多元性、主体间的互动性与平等性、组织结构的扁平化。而元治理则是对治理这种去中心化、去权威和自由化趋势的一种控制，以达到治理过程中自治与控制平衡的目的。元治理要求在治理过程中，把握好控制的度，并且采取间接控制或柔性的影响方式，如奖励、协商、敦促、规劝等。所以，元治理与传统的管理模式不同，它代表的是“提高协作治理的一种方式，是一种通过各种协作模式影响自治过程的自上而下的间接治理模式”①。间接治理模式重视的是价值塑造、目标确定、认同培养、规范形成等软方式，以实现治理的长期性与稳定性。大学是一个典型的学术组织，既是一个文化机构，也是一种文化存在。大学组织的文化属性决定了“非强制性的和柔性的管理手段和方式对完善大学治理结构、承担大学功能、实现大学使命具有重要作用”②。从这个意义上讲，元治理与大学组织的学术性和文化性特征是高度契合的，元治理理念与学院治理理念是相适宜的。

元治理不像治理理论所倡导的那样更多的是对权力的削弱，而是对责任的加强，强调元治理者在自组织与治理主体中扮演着召集人、协调者、主导者的身份。依据元治理的观点，中国“双一流”建设高校在学院治理文化建设中需发挥主导性作用。但这种主导性作用与传统的以行政化管理为主导的高校管理体制不同，其作用更多地体现在服务和责任上。高校在学院治理文化建设中扮演的是规划者、协调者、合作者、服务者，而非高高在上、“统治”一切的施令者或控制者。大学管理工作应当为增进教学和研究能力服务，大学的主要使命

① 孙珠峰、胡近：《“元治理”理论研究：内涵、工具与评价》，《上海交通大学学报》（哲学社会科学版）2016年第3期，第45—50页。

② 王勇：《我国大学组织的文化属性及治理机制》，《江苏高教》2015年第6期，第23—27页。

就是“把整个学校组织好，使教师队伍有尽量多的机会去从事他们的工作，并尽量少地分散他们的精力，即使是公务，主要是过多的管理任务，也必须尽可能地减少”①。

学校在学院治理文化中的元治理角色，在很大程度上与中国高校内部管理体制的文化特点相契合。从组织结构来看，中国“双一流”建设高校与其他高校一样，属于典型的科层制管理模式，校院之间是一种明显的自上而下的等级制关系，学院办学的核心权力主要集中在学校。当前，尽管学者积极呼吁校院治理结构要实行扁平化、校院之间要相互协作，共同致力于学院组织的发展。但在中国以行政为主导的管理文化背景下，这种格局是很难被打破的，并且已经得以“合法化”。

在此结构中，学校主要扮演的是管理者而非治理者的角色，对学院实行的是传统的控制和干预方式，学院在一定程度上已异化为学校管理的工具。然而，随着国家“双一流”建设的逐步推进和深入，学校管理重心下移到学院是大势所趋，学校与学院之间的相互依存关系将愈发紧密，相互协调关系将更趋成熟。学院治理文化是高校组织文化系统建设的核心，是实现大学治理能力和体系现代化的关键，对提高大学的整体办学质量和水平至关重要。但在科层制的组织结构中，学院治理文化建设要取得显著成效，仅仅依靠学院自身的力量显然是难以实现的。学校为此应承担相应的主体责任，为学院治理文化建设提供人、财、物等方面的支持。

元治理虽然强调学校在学院治理文化建设中的责任，但它并非如治理一样，强调对学校权力的“削弱”或“去中心化”，而是强调学校对学院的间接控制，以及学校在学院治理中扮演服务者、协调者和支持者的角色。元治理要求学校要致力于建构理性完善的校院治理结构，对学院发展的制度和规则进行宏观顶层设计，如远景规划、权责划分、关系协调、战略目标确立、学校认同培育。学校的主要任务不是投身到具体的学院治理文化建设实践之中，而是考虑如何发挥校院

① ［美］亨利·罗素夫斯基：《美国校园文化——学生·教授·管理》，谢宗仙等译，山东人民出版社1996年版，第246页。

不同利益相关者的能动性，协调不同治理模式，引导学院治理方向，维持学院治理的有效开展。① 元治理的角色定位既有利于促进校院关系的和谐，也有利于为中国“双一流”建设高校学院治理文化建设提供良好的外部支持环境，促进学院治理文化的健康、和谐发展。

（二）学院享有充分的办学自主权

美国著名管理学家罗宾斯认为，很多大型组织中都存在一种主导文化和众多亚文化。“主导文化体现的是组织中绝大多数成员所认可和共享的核心价值观，正是这种主导文化使组织具有独特的个性。亚文化通常是在大型组织内部发展起来的，反映了同一部门或者同一个地点的成员所面临的共同问题、情况或经历。”② 大学是一个由不同学院构成的“巨型组织”，是一个典型的由多种亚文化组成的文化体系。但正是由于亚文化的多样性，才使大学这一文化组织呈现出五彩斑斓的色调，焕发出勃勃生机和生命力。学院作为大学的基本构成单位，也有学院成员共享的亚文化。即学院既包含主导文化中的核心价值观，也包含学院成员所持有的一些价值观。所以，学院治理文化也是一种亚文化，它既包含学校的核心价值观，又包含学院不同利益相关者在学院治理中所持的价值观。

大学“底部沉重”的组织特征决定了学院治理文化之于大学治理文化的重要性。一流大学需要一流的学院治理，一流的大学治理文化需要一流的学院治理文化。然而，在中国以行政为主导的高等教育管理体制背景下，中国“双一流”建设高校学院治理文化很难自发生成，而是在校院的协同努力和相互作用下共同建构的结果。就学校层面来看，最重要也是最关键的就是要赋予学院充分的办学自主权。学院是大学的基层学术组织，是真正的办学实体。但因学科特点、组织文化、领导风格等方面的差异，学院治理文化理应呈现出多样化的形态，但这种多样化是以学院自主权为基础的。学院只有拥有充分的办学自主权，才能从内部生化和构建起真正属于学院组织的文化治理体

① 张骁虎：《“元治理”理论的生成、拓展与评价》，《西南交通大学学报》（社会科学版）2017 年第 3 期，第 81—87 页。

② ［美］斯蒂芬·罗宾斯、蒂莫西·贾奇：《组织行为学》，孙健敏等译，中国人民大学出版社 2019 年版，第 411 页。

系。与此相反的是，在学校统揽一切的传统管理模式下，学院由于没有或缺乏自主权而可能异化为学校管理的工具或“附庸”，学院发展自组织文化的动力将由此减弱。当然，在此管理体制下，学院治理文化在一定程度上也能体现和反映出学院成员的一些价值观，但囿于学校核心价值观的制约，其生长和发展的空间相当有限，对主导文化的依赖性很强，并逐步与之呈现出明显的趋同化样态。这既难以激发学院治理文化发展的内在动力，凸显学院治理文化的个性，也难以反映大学作为一个文化组织所应有的多样性。学校的核心价值观影响和制约了不同学院亚文化发展的活力和多元性，其结果必然导致学院办学模式千校一面的格局。这既有悖于大学组织的文化特点，又无益于学院治理文化的培育和建构。

因此，学院自主权是学院治理文化建设的基础。要建设一流的学院治理文化，既要考虑到中国“双一流”建设高校校院管理的文化特点，又需积极借鉴和吸收世界一流大学的治院经验，遵循世界一流大学办学的基本规律和治理逻辑。尽管世界各国的一流大学在管理体制、校院关系、校院治理结构与运行机制等方面存在不同程度的文化差异性。但毋庸置疑，凡世界一流大学的学院在发展和管理中都享有充分甚至说是完全的办学自主权。学院是真正意义上的办学实体，“学院发展为本”“学院是办学的重心”“学院就是大学”等价值观念，已经深深根植于学校决策者的意识和思维之中，并形成了“学院办大学”的文化共识和基本假设。学校为学院发展和管理提供优质的服务也成为一种理所当然，一种无可置疑的理念。在此理念下，校院之间更多的是一种平等、协商的合作关系。院长有很大的自主权，是学院的主要负责人、筹资者，有权决定学院的权力运行与管理模式。以美国为例，美国高校在组织结构上虽然与中国比较相似，都具有科层制特点，但在美国的科层制管理体制中，校院之间并没有严格的等级制特征。学校虽然要对学院进行宏观领导与监督，但学院是一个相对独立的实体，而且在人、财、物、信息等方面拥有相当大的自主权和决策权。美国名校如哈佛大学、耶鲁大学、斯坦福大学、麻省理工学院等，其学院实行的一般都是高度的自治模式，院长在财务、教师聘任、课程设置上拥有较大的自主权。另外还有如德国、法国、英国、日本等国家的世界一流大学都无不遵循学院自主办学，给予学院充分的办学自主权的文化传统。[①]

从高校内部组织与管理结构来看，中国“双一流”建设高校与世界其他一流大学都比较接近，即实行的一般都是校院两级管理体制。但两者间的本质区别在于：中国大学的二级学院不是一个真正意义上的办学实体机构，在自主权上相当有限，学院办学的核心权力主要集中在校级各职能部门手中。中国高校管理结构背后所蕴含的文化假设是：学校是办学的主体，学院是学校的执行部门，这与世界一流大学强调“学院办大学”的理念恰恰相反。由于受中国以行政为主导的高等教育管理体制的影响和制约，中国“双一流”建设高校中的二级学院在自主权上很难像其他世界一流大学那样成为一个完全独立的办学实体，并享有高度的自主权。这里并不是对中国校院治理结构的简单否定或扬弃，治理结构本身是客观的，不可轻易采用孰优孰劣的二分法去判别。重要的是如何根据本国特点，选择适宜于学科发展和学院组织属性的治理机制，在汲取其他世界一流大学治校经验的基础上，对中国当前的校院治理结构进行调整、完善和优化。这一过程实质上是一个文化选择、文化适应和文化自觉的过程，是学习和吸收别国治校经验、理念、制度，不断反思和创新本国治理文化的“裂变”过程。

自推出“双一流”建设以来，中国政府相继出台了一系列有关校院关系调整、扩大学院自主权的政策和文件[②]，明确要求学校将管理重心向学院下移，确定学院在办学中的主体地位。尽管这些文件在具体内容上不是很明确，对校院权责的界定也不是很清晰，但

① 王英杰、刘宝存：《世界一流大学的形成与发展》，山西教育出版社 2008 年版，第 238 页。

② 国务院在 2017 年颁布的《国家教育事业发展“十三五”规划》中指出，要“推动高等学校进一步向院系放权”。教育部等五部门在 2017 年颁布的《关于深化高等教育领域简政放权放管结合优化服务改革的若干意见》中指出：“各高校要及时制定实施细则，向院系放权，向研发团队和领军人物放权，确保各项改革措施落到实处。”教育部和人力资源社会保障部 2017 年在印发的《高校教师职称评审监管暂行办法》中指出：“高校副教授、教授评审权不应下放至院（系）一级。”教育部等三部门在 2018 年颁布的《关于高等学校加快“双一流”建设的指导意见》中指出要“保障学科带头人的人财物支配权”。

这在很大程度上为中国“双一流”高校学院治理文化建设提供了一定的政策基础和法理依据，反映和体现了教育主管部门在大学管理价值观上的转换，认识到了学院在大学治理中的主体地位和作用。因此，中国“双一流”建设高校需根据学校办学特色，尊重学科文化的多样性特点，改变校院间传统的权力依赖关系，赋予学院充分的自主权，提高学院的自我建构和自治能力，为学院治理文化的培育创设良好的外部支持环境。在此背景下，学院治理文化才能焕发出新的生命力和具有高度的创新性，学院的办学活力才会真正得以激活。

二 学院以发展世界一流学科为核心理念

“任何一个组织，要实际存在就必须有一个核心的理念和核心的价值。”① 学院尽管与其他组织在性质上有一定的差异，但同样需要有一个明确的核心理念作为其发展的方向和航标。学院发展有明确的核心理念，学院组织的凝聚力和向心力才能得以增强，从而才有可能塑造出优秀的学院治理文化。正如台湾中原大学校长张光正先生所言：“所谓‘理念’乃远景及方向之指引原则，一个无理念之组织，犹如无舵之舟，无弦之弓。”“有理念之组织方能长治久安，有理念之组织方能塑造优质之组织文化，有理念之组织方能凝聚组织之共识，有理念之组织方能分享共同价值观。”② 从治理角度来看，理念主要是指学院治理中所有成员共享的价值观，它能促使学院中的所有成员走向共同的治理目标，对学院治理文化的发展方向具有很强的引领作用。

从组织层面上看，学科既是大学的组成细胞，又是承载大学职能的基础平台；既是大学存在的组织基础，又是人才培养、科学研究等各类活动的基本单位，学科数量的多少、学科发展水平的高低，反映着一个大学发展的质量和水平。③ 学科的发展水平对一所大学的国际

① 张维迎：《大学的逻辑》，北京大学出版社 2012 年版，第 120 页。

② 转引自韩延明《大学理念论纲》，人民教育出版社 2003 年版，第 66 页。

③ 梁明伟：《中国大学学术管理研究——基于组织、制度和文化的视角》，中国政法大学出版社 2013 年版，第 65—73 页。

地位、声誉和影响力都有着直接影响。有研究显示，世界一流学科与世界一流大学之间呈高度的正相关。[①] 是否拥有世界一流学科是判断一所大学是不是世界一流大学的基础和标志，学者对此已基本达成共识。因此，世界一流大学与世界一流学科实质上是同一个概念，即世界一流大学的实质就是要拥有世界一流学科，只有拥有世界一流学科的大学才能称得上真正意义上的世界一流大学。世界一流学科是建设世界一流大学的关键。尽管中国不同的“双一流”建设高校在学科发展特点以及组织文化上有一定的差异性，学院治理文化也可能相应地呈现出多样化形态，但从学科在大学组织中的核心地位、学科对建设世界一流大学的意义来看，作为大学基层组织的学院，理应以发展世界一流学科为核心理念。学院治理文化也需在尊重学科发展特点的基础上进行建设，进而为学科发展创设良好的文化生态，一流学科需要有与之相适宜的学院治理文化。

然而，对世界一流学科的理解需建立在理性认识的基础之上。何谓世界一流学科？目前学界对此并没有统一的评判标准，不同学者从不同视角对其进行了描述。从总体上讲，世界一流学科主要有以下几方面的特征：首先，世界一流学科是实现建设世界一流大学目标的具有操作性意义的学术平台，它不是一个单纯的学术概念，也不是仅仅指一门或几门具体的学科。其次，在学术或技术研究领域对整个人类或世界的知识贡献的多少，是衡量世界一流大学的关键。[②] 再次，世界一流学科强调学科建设要在全球范围内寻找参照系，世界一流学科是为全球所认同的、具有较高的国际学术地位和影响力的、公认的学科。最后，世界一流学科的内容是多元的。世界一流学科既包括一流的学术成果、一流的师资，同时还包括一流的学术声誉、一流的生

---

① 有研究显示：世界一流大学拥有世界顶级的学术大师及顶尖学者，同样这些知名大学拥有世界一流的大学学科，顶尖优势学科（全美前五名）所占的比例高。其中，哈佛大学优势学科占50%，普林斯顿大学优势学科占17%，麻省理工学院优势学科占40%，加利福尼亚大学伯克利分校优势学科占33%，斯坦福大学优势学科占比高达67%（参见王莉华等《世界一流大学学科竞争力》，浙江大学出版社2015年版，第20页）。

② 眭依凡、李芳莹：《“学科”还是“领域”：“双一流”建设背景下“一流学科”概念的理性解读》，《高等教育研究》2018年第4期，第23—33页。

源、一流的社会服务等。[①] 世界一流大学实质上是一个相当广义的概念，它不仅仅是“排行榜”上学科的简单排序。但纵观中国“双一流”建设高校的“一流学科”可以发现，中国的“一流学科”不是办出来的，而是排出来的。所谓的“一流学科”，主要是依据教育主管部门制定的一系列量化指标评选出来的。这种以评估来认定“一流学科”的方法看似合理，实则与真正的世界一流学科尚有很大的距离，世界一流学科不是也不能仅仅看排名。世界一流学科根本不是用排名排出来的，而是在尊重大学精神，基于学校文化和发展特点，在确定重点学科的基础上办出来的；世界一流学科一定处于为国际所公认的，在思想理论、制度文明、价值观念等方面为人类社会做出卓越贡献的知识领域。

在中国以政府为主导的高校管理体制背景下，这种评估确实又有一定的合理性。例如，通过学科评估与排名，有利于增强社会公众对学校的全面了解，有利于为政府对学校的财政投入提供较为翔实的数据参照，有助于为学校的自我发展和评估起到一定的参考作用。但与此同时，这种以评估和竞争手段作为筛选“一流学科”的方法，不可避免地会带来诸多问题与弊端，尤其会对“一流学科”的正确认知，以及对学校的办学和发展方向产生不同程度的误导。在实践中，中国很多“双一流”建设高校都将进入“一流学科”排行榜作为办学的目标追求。毋庸置疑，引进一流的师资和学者、在国际顶尖级期刊上发表高质量的学术论文、拥有充足的办学经费、招收一流的生源，是进入世界一流大学序列的关键，也是影响当前中国世界一流大学建设的重要因素。但是，需要注意的是，当大学发展到一定程度时，仅仅关注经费、科研成果数量、学校规模等这些外在的量化指标是远远不够的。换言之，尽管目前中国部分“双一流”建设高校在某些量化指标上已经达到世界前列，但为什么与世界一流大学相比仍存在很大差距呢？因为检视一所大学是否能走向世界一流大学的关键，不只是一些外在的、可操作性的量化指标，更为重要的是大学的

① 周光礼、武建鑫：《什么是世界一流学科》，《中国高教研究》2016 年第 1 期，第 65—73 页。

内在精神和办学理念。“世界一流大学更体现在其精神面貌的成熟，其大学文化的成熟及其办学理念的成熟上。”①

那么，世界一流大学是否就意味着所有的学科都是一流的呢？其实不然，很多世界一流大学并不是所有的学科都是世界一流的，它们因为有一批或若干世界一流学科而闻名遐迩。“在追求普遍学问、学科设置齐全的基础上，世界一流大学都根据各自的传统有所侧重，形成具有世界先进水平的特色和优势学科。”② 例如，剑桥大学的化学、哈佛大学的政治学、斯坦福大学的电子工程、牛津大学的计算机科学、东京大学的经济学等。伦敦政治经济学院因其在经济学、社会学、政治学和人类学等方面突出的学术成就而闻名于世。即使在没有一所大学能进入世界前 50 位的瑞士，该国的诺桑酒店管理学院（Ecole Hoteliere de Lausanne）——唯一一所获得新英格兰高校协会（New England Association of Schools and Colleges）认证的欧洲高校——也被认为是全世界最好的酒店管理学院，能与内华达大学和康奈尔大学的酒店管理学院相媲美。③ 可见，即使是世界一流大学，也不可能在所有的学科上称雄，而只是部分学科在世界上处于顶尖水平。但正是因为这些世界一流学科，才奠定了世界一流大学的地位。所以，世界一流大学实质上强调的是有特色的学科发展战略。这就要求中国“双一流”建设高校在发展中有所侧重，选择学校的优势学科为发展的突破点，形成学校发展的一种特殊的学科特色文化。“各大学面临的实际压力是，找出它们能办好的专业，集中力量投入这一专业，而不是试图面面俱到。天下所有大学都试图办成小哈佛，每个学科都要有实力强大的学系，这样做并不一定聪明。”④

从一定意义上讲，一流大学实际上就是特色大学，而学科优势是

---

① 李鹏虎：《关于大学排名与我国世界一流大学建设的理性思考》，《中国高教研究》2016 年第 6 期，第 75—79 页。

② 王英杰、刘宝存：《世界一流大学的形成与发展》，山西教育出版社 2008 年版，第 357 页。

③ ［摩洛哥］萨米：《世界一流大学：挑战与途径》，孙薇、王琪译校，上海交通大学出版社 2009 年版，第 46 页。

④ 刘向兵、李立国：《大学战略管理导论》，中国人民大学出版社 2006 年版，第 18 页。

形成学校特色发展的战略选择。中国“双一流”建设高校要走向世界一流，提高大学的国际地位和核心竞争力，也需结合学校的发展特点，在吸收和借鉴世界一流大学办学经验与做法的基础上，找准自己的独特定位，明确学校发展目标，把优势学科放在优先发展的战略位置上。学院也应以此为重点，树立以发展世界一流学科为核心的理念，在学院的所有成员中形成文化共识，增强学院组织文化凝聚力与向心力，并将其作为引领学院当下及未来发展的方向、动力和奋斗的宏伟目标，提升学院整体办学质量和水平。

三　学院制定的制度应以人为本

制度是“一个社会的博弈规则，或者更规范地说，它们是一些人为设计的、型塑人们互动关系的约束。制度通过为人们提供日常生活的规则来减少不确定性。”① 良好的制度设计是保障学院治理文化得以实现、发展、传承和延续的重要手段。那么，什么样的制度才能促进学院治理的理念和核心价值观得以真正实现、发展和延续呢？这就需要对制度的价值取向进行全面审视，进而探寻与学院治理理念及学院组织属性相契合的制度取向。制度就其本身而言是一种文化表征，它在很大程度上反映了人（尤其是制度制定主体）在制度制定中的理念和价值观。任何组织的制度背后，都在不同程度上反映了这个组织的文化，体现了制度制定主体的思想观念。制度的变迁反映了组织的历史发展轨迹，制度背后所蕴含的文化和价值观体现了组织的文化形态，但制度的变迁并非与组织文化的发展完全同步。只有那些体现了对人的价值观照、理解和尊重的制度，才最容易为组织成员所认可，并从内心里产生一种对组织的强烈认同感和信任感，进而有利于组织文化的和谐发展。反之，那种遗忘了人的价值、等级森严、机械呆板、官僚至上的制度安排无疑将会禁锢和摧残组织的文化性。这种制度即使制定得再完美，也难以为组织成员所认同和接受，他们从内心里产生的是对组织的厌倦感和“背离感”。因为这种制度文化忽视

---

① ［美］道格拉斯·C. 诺思：《制度、制度变迁与经济绩效》，杭行译，格致出版社 2014 年版，第 4 页。

了人的精神的存在，将人物化为一个工具、让人无法找到生命与灵魂的“栖息地”，人完全被异化为组织管理的“附庸”。“制度是人的制度，因而必然要由人作为载体和主体。制度是由人创造出来的，并且要由人去自觉地认识自主地实践。离开了人，制度将变得毫无意义。人及其需要是人创造并实践制度的原初动力。制度为人而设立，亦由人去执行。制度是人为的，也是为人的。”①

从内容上看，制度既体现在外显的各类学院规章制度、条例、组织纪律等具有一定强制性、权威性的外显文本中。同时还体现在学院组织机构、管理程序、资源配置等学院运行机制及其所渗透的理念、方式和方法上。例如，体现在学院在长期的发展过程中所形成的习惯、传统、知识积累等具有一定延续性的抽象规则与治院理念等诸多方面。这些与正式的以文本形式呈现的制度相比，虽然显得比较零散，但它们仍然是构成制度的重要内容，反映了学院所内蕴的集体意志和价值取向，体现在学院制度的执行文化上。即教师与学生等不同利益相关者所形成的关于制度执行的看法、习惯和理念，表现在学院全体成员对学院治理价值理念、规章制度等外显或内隐的规则体系的执行观念和执行态度上，贯穿于学院组织的整体系统之中。制度保障了学院发展的方向，规范学院治理的运行，提高学院治理的效能，促进学院共同治理目标、理念和价值追求的形成，为最终形成和谐的学院治理文化提供坚实的基础和保障。学院制度的核心是要与师生思想精神生活的实际，学院治理的理念、目标、愿景等紧密结合起来，并将其转化为学院成员真正意义上的行为规范和行为方式。与其他组织相比，学院是一个以育人为本的学术性组织，其中的人既是学院治理文化的核心，又是学院治理文化的创造者，也是学院发展的根本目的。学院的组织属性决定了学院制度的制定既要遵循学院的学术特点，又要尊重人在学院治理文化建设中的地位和价值，尊重人在制度中的主导性作用。制度是为人而存在的，人才是制度的目的。②

学院在制度制定过程中，首先要充分考虑到学院成员的生存和发

① 宋增伟：《制度公正与人的全面发展》，人民出版社2008年版，第50页。

② 宋增伟：《制度公正与人的全面发展》，第66页。

展需要，以人为本理应成为学院制度制定的价值取向。学院制度的制定要体现以人为出发点和中心，重视人，理解人，彰显人的主体地位、意义和尊严。以人为本的学院制度体现了对学院学术性和文化性的尊重，彰显了学院组织中人的主体价值，代表了学院不同利益相关者的利益诉求和需要，有利于激发学院成员参与学院治理的积极性、主动性和创造性。以人为本的制度彰显的是学院与人共同成长和发展的理念，既体现了对学院中人的尊重、理解和包容，同时对学院发展也能产生比较高的价值，而不是减低了学院的效益。因此，中国“双一流”建设高校在学院制度的设计中，要基于学院的学术性、教育性、文化性、人本性特征，充分考虑学院中人的利益诉求、价值观念等因素。制定适宜于学科发展特点的规章制度，尊重学院中人的地位、价值取向，以及人与制度和文化的互动，使制度真正内化为人的行为。与此相反的是，如果“为了维护僵化的规章制度或政策工具而以牺牲人的潜力挖掘、智慧凝聚、创造力发挥为代价，那这个组织机制就不是以人为本，而是以制度为本了。也就是说，把人从服务对象变成制度、政策的执行工具，又把制度、政策等为人服务的工具通过‘尊严化、权力化、神圣化’变成目的，这就是本末倒置”①。

四 学院治理主体多元

学院是一个典型的利益相关者组织，学院治理本身体现的是一种多元、开放、平等的文化取向，学院作为一个利益相关者组织，不同治理主体都有责任和使命为学院治理文化建设提供智力支持。其中，院长、教师和学生是学院治理文化建设的三大核心力量。

（一）院长发挥价值领导力

价值领导作为国际公认的新的领导力模式，诞生于国际领导力研究组织2009年年会上，其主旨为“领导力建基在价值观之上”。价值领导力，也被称为“价值的领导力”或“领导价值的能力”，是领导组织成员个体价值观的一种能力。目前，关于价值领导力的内涵，学

① 龙斧、刘经南：《以人为本与现代大学管理、组织、文化机制的机理关系》，《高等教育研究》2014年第7期，第16—25页。

者尚未达成基本共识。有研究者认为，价值领导力就是“领导者运用价值领导艺术以解决管理实践中出现的问题、调控管理行为、实现组织目标的能力，即从更高层次或新的角度对组织成员主观需要、偏好与理想的引导、规范、整合和更新能力”①。价值领导是“一种基于人道主义价值观和信仰的领导方式”，是“一种基于组织或团队内个人或组织的利益和权力，旨在培养强有力的价值观的领导实践”。价值领导是“在领导者的带领下，通过价值沟通，构建组织核心价值体系，形成价值共识，进而充分调动员工内在动机，最大可能地实现组织和个体共同发展的实践过程”②。

尽管学者对价值领导力的界说呈现出众说纷纭、莫衷一是的状态，但他们在核心观点上已基本达成共识，即价值领导力的核心是如何用组织的核心价值观去引导个体价值观的能力，进而使个体认同、接受组织的核心价值观，最终实现组织目标的过程。价值领导力对领导者构建组织使命、构建共同愿景、凝聚组织核心价值观具有十分重要的意义。价值观是价值领导力关注的核心，是实现价值领导力的关键。如何将组织的共同价值观运用于管理实践，融入组织发展的理念、制度、行为和环境建设中，对价值领导力实施的成败有着决定性的意义。价值观是一个组织的基本信念，是组织文化的核心，对引领组织的发展具有很强的促进作用。任何一个组织要想得到好的发展，都需对价值观进行领导和管理。这里所谓的共同价值观，并不是单个价值观的简单加总，而是“组织全体（或大多数）成员持有的、判定某种行为或事物的好坏、对错以及是否有价值或价值大小的看法和根本观点，是组织的一种共同的、稳定的心理定式或文化积淀”③。共同价值观在本质上是组织成员的一种共享价值观，价值领导的一个重要任务就是塑造和培育一种共享的价值观。“所有的努力，如果能

① 石中英：《做学校价值的领导者》，《中国教育报》2006 年 7 月 4 日第 6 版。

② 刘艳茹：《价值领导：基于小学校长领导行为的研究》，博士学位论文，华东师范大学，2019 年，第 14—15 页。

③ 石伟：《组织文化》，复旦大学出版社 2010 年版，第 155 页。

够与共享价值观一致，更有助于组织目标和个人的自我实现。”① 组织目标的实现与个体价值的实现在很大程度上是一种共生关系。学院是一个共同体文化，理应拥有共享的价值观和理念追求。价值领导还需要对学院组织文化进行领导，并予以强化，使其充满活力地面对难以预测的未来。需要注意的是，这里所谓的价值领导不同于价值管理。领导的关键重在引导，以增强组织成员对组织核心价值观的接受和认同，而管理则是单一的，具有一定的强制性，不适宜被运用于学院组织文化中。

学院是一个典型的松散联合的学术共同体和权力共同体，这种特殊的组织属性决定了通过采取行政指令或目标管理的方式很难达到学院治理的目标。因为在这个共同体中，是价值观而不是权力等级起着主导作用。同时，这种松散的学院治理结构也并非意味着不需要价值领导，或不需要目标，价值领导的作用是使目标更有意义、更合理和更容易被理解和接受。学院的核心价值观能得到学院所有利益相关者的认同和接受，是学院价值领导的关键。“在每种文化中都存在着一种‘占支配地位的’，或者说更受欢迎的价值取向。”② 学院是一个以育人为本，以共享信念和情感为纽带，将不同学院成员紧紧黏合在一起的学术共同体。学术是学者的主要价值追求，他们不希望受行政管理的制约和影响，并相信“他们所从事的工作——教学和科研——无须庞大的官僚机构和复杂的官僚层次的管理，因此他们视行政机器的干预为滋扰，是对大学有限资源的浪费”③。在很大程度上，学院的组织属性决定了需要采取行政化的管理手段，这对学院治理目标的实现显然是不适宜的。领导是“影响一个群体实现愿景或目标的能力”④。为了学院更好的发展，学院领导应向学院的所有利益相关者

① ［美］西蒙·L. 多伦、萨尔瓦多·加西亚：《价值观管理——21世纪企业生存之道》，李超平译，中国人民大学出版社2009年版，第32页。

② ［荷］丰斯·特龙彭纳斯等：《在文化的波涛中冲浪：理解工商管理中的文化多样性》，关世杰主译，华夏出版社2003年版，第27页。

③ 王英杰：《美国大学中的院长：制度、文化和责任》，《比较教育研究》2015年第2期，第1—6页。

④ ［美］斯蒂芬·罗宾斯、蒂莫西·贾奇：《组织行为学》，孙健敏等译，中国人民大学出版社2019年版，第295页。

阐明学院发展的美好愿景，并将学院所有成员引领到学院的核心价值体系中来。吸引和激励优秀的学者，光有丰厚的薪水是不够的，还要让教师真切地感受到自己是学院发展中的一员，从而确保他们能够全心全意地支持学院的发展和建设。

院长作为学院的行政负责人，既是学科方向的引领者，也是人、财、物等相应资源的整合者及配置者。院长是现代大学中连接管理系统与学术系统的桥梁和纽带，其工作具有管理与学术的双重价值。院长在构建学院治理的核心价值观，理解学院发展的核心目标和根本价值方向上起着关键性作用。院长是学院治理文化建设的第一责任人。一个好的院长，不仅是一个优秀的学院治理文化设计者、宣传者和践行者，还是一个优秀的价值领导者，具有很强的价值领导力。院长的价值领导力，是确定学院治理的价值理念、宣传学院治理价值理想、凝聚师生员工的价值共识、牢牢把握学院治理价值方向的能力。价值领导力是院长的一种重要能力，对提升学院组织凝聚力、向心力和归属感有着至关重要的意义。但是，院长的价值领导，并不是院长一个人的领导，强调院长的价值领导也并不意味着学院发展都要根据院长的偏好，院长价值不等于学院价值。好的院长应是学院精神的阐述者、体现者、追求者和实现者。院长的作用在于他们对学院核心目标和根本价值方向的理解，在于对学院核心目标的明晰程度，以及对学院根本价值观理解的深刻性、全面性和超越性。

领导力的真正本质是关注人的价值观。就学院治理而言，院长需要在与学院不同利益者共同思考的基础上达成共识，学院治理核心价值观也必须建立在利益相关者认可和共识的基础之上。否则，学院治理就很难发挥真正的作用。院长的重要任务是在学院治理中使学院的战略方向、核心价值观与学院利益相关者的价值观协调一致，创建一种共享价值观文化。通过将学院的发展战略愿景共识化，以形成学院治理文化的生存和发展模式，进而增进学院利益相关者对学院共享价值观的理解和认可。共享的价值观使得学院成员拥有共同的目标与愿景，并对学院治理使命的意义有所理解，以增强相互间的信任感和凝聚力。价值领导不仅能为学院治理文化的持续更新提供灵活的框架，而且对鼓励全体师生的创新发挥着关键性的引领作用。学院是一个价值观一致者聚集的组织场域，价值观相同的人在目标上更容易达成一致，相互间的矛盾和冲突会更小，合作和协调的空间会更大，治理的有效性也会更高。当学院中的不同利益相关者能够真正从内心认同学院的核心价值观，并自愿遵守学院治理中的行为规范时，就意味着学院治理文化在很大程度上是有吸引力的。因此，院长需不断强化自己的价值领导意识，不断提升自己的价值领导能力，提出关于学院未来的发展愿景，并激励学院所有成员实现该愿景。学院的治理水平在很大程度上取决于院长的价值领导力。学院之间的差异性往往表现在院长领导力的差异上，院长的价值领导力已成为学院治理文化发展水平的重要指标。

（二）教师的主体地位受到尊重

教师是学院治理的核心主体，在学院治理文化建设中发挥着越来越重要的作用。当前，很多学者都已认识到教师在学校发展与管理活动中的作用，并对其重要性进行了分析和阐释。哈佛大学校长艾略特曾指出，大学是教师的集合体，是知识的仓库；教师是知识和热情之源，是真理的寻求者。一流的学者和教师是促使哈佛大学走向世界一流大学的关键。美国学者罗伯特·伯恩鲍姆在一项研究中也指出，教师在学校管理中发挥着四个方面的关键作用，即“促进学院或大学的管理；为学校政策的制定和教师辩论提供论坛；在教育目标或学校目标上形成一致观点；成为承担专业价值和权威义务的象征”①。随着现代社会的不断发展和进步，学科的专业性日益加强，教师在学院治理中的作用也变得日益突出。

然而，由于教师在管理知识、管理经验等方面，相对于专业的学校行政管理者而言要弱，教师参与还可能导致学校决策效率不高等问题，学界由此对教师参与大学治理仍存在一定的分歧。但从总体上而言，研究者或管理者对教师参与学院治理都是持比较肯定和支持态度的，并日益认识到教师参与学院治理的重要性。教师参与学院治理体现了民主管理和学术本位的理念，契合了学院组织的文化性，对促进

① 王英杰、刘宝存：《世界一流大学的形成与发展》，山西教育出版社2008年版，第273页。

学院管理的科学化和决策的民主化，提高学院治理效能都有着重要的促进作用。美国学者艾伦伯格对教师参与校院管理的必要性和意义进行了全面分析。他认为，当前很少有管理者认为教师参与会对有效治理产生重大障碍。研究数据也显示："教师在那些特别要求专业技术的决策领域具有重大权利，这些决策领域需要他们提供权威性的意见：课程，学位要求，职位任命和晋升，以及共同治理权力的分配。"① 美国学者罗素夫斯基也认为，教师在"大学的某些活动（诸如晋升、主持系务工作、设置课程等）中参与管理是必要的，所付出的代价是值得的，其他任何群体均无法代替"②。教师因拥有专业的知识和技能而在学院发展，尤其是在学科专业领域中发挥着无可替代的作用。在大学里，只有有知识的人才有资格拥有较大的发言权。"关于教育问题的最后结论，最好留待那些手中握有专业资格证书的人去做，即留待那些经过长期实践，并已由他们的同行根据充分的证据证明能在教学和科研中完成高质量工作的大学教授去做。"③ 教师不仅在专业权力和学术自治上享有很大权力，也是学院决策的直接践行者，理应有权参与到学院治理的重大事务中去。这既是学院治理民主化理念的彰显，同时对提高学院决策的质量和科学化水平也具有很大的促进作用。

自中世纪以来，国外很多著名大学都十分重视教师在学院治理中的作用，并通过设置教师评议会、正式立法等多种形式，确保教师参与学院治理的合法性。中世纪的巴黎大学是教师大学，教师享有对学校一切事务的管理权，这一传统在巴黎大学得到了延续，形成了大学教授的权威地位。在第三共和国时期，教师参与院校管理的传统通过法律固定下来。④ 美国高等教育的发展历史虽较法国相对更晚，但经

① ［美］罗纳德·G. 艾伦伯格主编：《美国的大学治理》，沈文钦等译，北京大学出版社2010年版，第156页。

② ［美］亨利·罗素夫斯基：《美国校园文化——学生·教授·管理》，谢宗仙等译，山东人民出版社1996年版，第247页。

③ ［美］亨利·罗素夫斯基：《美国校园文化——学生·教授·管理》，谢宗仙等译，第240—241页。

④ 王英杰、刘宝存：《世界一流大学的形成与发展》，山西教育出版社2008年版，第236页。

过三百余年的发展，教师参与院校管理已成为美国大学，尤其是一流大学的一大特色。教授参与管理一直为斯坦福大学、哈佛大学、耶鲁大学、麻省理工学院等一流大学所尊奉，并以正式法律的形式予以明确规定。尊重教师在学院治理中的主体地位，以立法或制度化形式保障教师参与学院决策的权利，已成为世界一流大学学院治理的文化传统、基本制度、治院理念。这一传统和理念是大学治理得以取得成功的思想结晶和宝贵财富，“是大学之为大学的思想和制度标志”①。既符合大学发展的基本规律和逻辑，也与学院组织的学术性特征相适切。

教师参与学院治理之所以能在世界一流大学成为一种共识，并以制度化的形式对教师参与的权利、内容、方式等予以明确规定，其主要原因就在于认识到了教师在学院治理中的重要性和价值。这在很大程度上反映了对学院作为学术性组织的理解与尊重，符合学院内在治理逻辑对学术发展与管理的要求。中国“双一流”建设高校尽管在管理体制上与其他世界一流大学有很大的文化差异性，但在教师参与学院治理的重要性和主体地位的确定上是相通的。因此，中国“双一流”建设高校要重视教师在学院治理中的价值，意识到教师是与学院命运休戚与共的利益共同体。保障教师在学院决策中的话语权，让教师真切地感受到自己是学院治理文化建设的主体，学院是与自己命运相连的“自己的”学院。

（三）学生参与治理权得到保障

随着高等教育规模的不断扩大以及学生权利意识的增强，学生参与大学治理已成为世界上很多国家高等教育改革和发展的共同趋势。《世界高等教育大会宣言》指出：“国家的和学校的决策者、教学人员、研究人员和学生及高等院校的技术和行政人员……是进行改革的一支强大力量。以共同利益、相互尊重和相互信任为基础的合作伙伴关系，应该成为改革高等教育的主要方式。”② 学生是大学治理结构

① 谭晓玉：《教师参与大学内部治理：角色定位与制度反思》，《复旦教育论坛》2015年第1期，第12—17页。

② 孙芳：《复合共治视域下我国学生参与大学内部治理的权力问题探析》，《中国高教研究》2011年第11期，第61—63页。

中的权利主体之一。中国在新修订的《中华人民共和国教育法》《中华人民共和国高等教育法》《普通高等学校学生管理规定》等系列法律、法规、规章中对学生参与大学治理的权利进行了明确规定，这为不同层次的学生依法依规参与大学治理提供了法理依据。例如，中国教育部在2011年7月颁布的《高等学校章程制定暂行办法》中对高校章程制定的指导思想、内容、制定过程、章程核准与监督等进行了概要性的说明，并在该办法第三十一条中明确规定："章程应当明确规定教职工代表大会、学生代表大会的地位作用、职责权限、组成与负责人产生规则，以及议事程序等，维护师生员工通过教职工代表大会、学生代表大会参与学校相关事项的民主决策、实施监督的权利。"这体现了中国政府对高校"依法治校""按章办学"的强调，以及学生在大学治理中作用和地位的肯定和尊重。此后，不同类型的大学在颁布的章程中也将学生及学生组织基本纳入了大学治理的主体范畴和内容之中，学生参与大学治理的合法性由此得以确立，多元主体协同共治的格局在中国高校中逐渐形成。但与世界一流大学相比，中国大学章程对"学生参与大学治理的规定大多限于学生自治组织，党委会、校务委员会、学术委员会、教代会、工代会、学院党政联席会议等组织和机构中的学生代表相对较少，甚至缺失"①。这种规定显然难以有效保障学生参与学院治理的权利和主体地位，以及满足学生发展的合理需要和诉求。

学生作为构成学院治理结构的重要组成部分和关键维度，是学院治理文化建设的重要利益相关者。学生参与学院治理的实质是学生与学院中的其他利益相关者共同分享学院治理权，充分彰显了民主参与、开放多元、协同共治的价值取向。学生参与学院治理，一方面对提高学院决策的科学性、民主化能起到很大的促进作用；另一方面对发挥学生自身的创造性，增强学生作为学院成员的认同感与归属感，让学生真切地感受到作为学院组织中的一员所应承担的责任和义务，以及促进学生的自我发展、民主协商、沟通合作等核心素养的养成都

① 董柏林：《学生参与大学治理的美国经验及其镜鉴——以美国一流大学章程为考察中心》，《高教探索》2019年第11期，第70—77页。

有着十分重要的意义。

学院作为大学的基层学术组织，承担着教育教学、科学研究、社会服务、文化传承的使命，是一个典型的学术性、教育性和文化性机构。其中，育人是学院最重要、最核心的功能，其他如科学研究、社会服务等都应以此为基础。值得注意的是，这里所谓的育人，是一个含义十分广泛和丰富的概念，我们不能简单地将其理解为学生在特定的时空和场所对某门学科专业知识的学习。因为学院尽管是一个以育人为目的的教育性组织，但发展或训练学生的智育仅仅是学院的基本职能。培养学生其他方面的品格与素养，如学生的正义感、社会责任感、道德感、集体荣誉感、公共服务的参与精神等也是学院育人的重要内容和职责。学生参与学院治理的过程，其实也是学生接受教育、学习知识以及践行学院治理理念的过程。在此过程中，学生的主体意识、合作与沟通能力和人格品质等都能得到培养和发展。学院领导或教师由此可通过引导学生自主、能动、创造性地参与学院治理，“分享治理过程中的权、责、利，培养学生适应终身发展和社会进步需要的责任意识和参与能力，使学生在教育生活中享受自由、尊严与幸福，最终实现个体的全面和谐发展和教育命运共同体的完满构建”①。对学生而言，大学教育既是一个接受新知的过程，同时也是一种文化体验和人格陶冶的发展过程。

目前，国内外学者在关于学生参与学院治理这一问题上还未达成共识，尚存有一定的争议和分歧。但如上所述，从学生核心素养和能力的培养，学院育人的本体功能，以及学院管理质量和可持续发展的角度而言，笔者以为，学生参与学院治理的合理性是毋庸置疑的。学生作为学院的利益相关者，有权参与到学院的管理事务和决策活动中来，并与其他利益相关者在学院治理文化建设中共同承担责任。学生不仅仅是一个被教化的对象或接受知识的“容器”，同时也是一个个有意识、有生命、有思想的主体性存在，他们不是治理的对象或旁观者，而是学院治理的主体。在学院治理中，学院领导及其他利益相关

① 董柏林：《学生参与大学治理的美国经验及其镜鉴——以美国一流大学章程为考察中心》，《高教探索》2019 年第 11 期，第 70—77 页。

者需充分认识到学生参与治理对满足学生多元利益需求，促进学生能力发展，以及推进学院决策科学化的重要价值，并应以制度化的形式对学生参与学院治理的权利、方式、途径、内容、权限等进行明确规定与说明。只有以制度化的形式对学生参与学院治理的权利进行明确规定，学生参与学院治理的合法性才能得到有效保障。这在很多世界一流大学中有着明显体现。例如，美国多数高校为保障学生参与大学治理的合法性和权威性，一般都通过制定大学章程的形式对学生参与大学治理的内容、范围、职责、权限等进行明确规定。学术评议会伯克利分会章程规定，在学术自由委员会、教育政策委员会、教学委员会、学生事务委员会等 16 个教育事务委员会中，学生有资格参与各委员会下设的常设小组委员会，并明确了学生参与各委员会的具体内容和职责。南加州大学章程规定，本科生学生会是本科生自治的正式代表，拥有就有关全体本科生福利的任何事务进行调查、向校长提交报告并提出建议的权利。[①] 以制度化的形式对学生参与学院治理的权利进行规定既在很大程度上提高了学生参与的积极性、主动性，同时也充分体现了以学生发展为本的治理理念和价值取向。

但是，在中国以行政为主导的高校管理体制背景下，仅仅依靠学院制定的制度是远远不够的，学校也需对学生参与校院治理的权利予以足够重视，并将其纳入大学章程的内容范畴。在校院的共同努力下，为保障学生参与学院治理的权利提供有利条件和支持，鼓励学生多方位、全过程、深层次地参与到学院治理过程中去，发挥学生与其他利益相关者在学院治理中的协同共治作用。

① 董柏林：《学生参与大学治理的美国经验及其镜鉴——以美国一流大学章程为考察中心》，《高教探索》2019 年第 11 期，第 70—77 页。

第四章

中国“双一流”建设高校学院治理文化的现状调查

在对学院治理文化的理想样态进行理论分析的基础上，为更全面、深入地了解中国“双一流”建设高校学院治理文化的现状、存在的问题及影响因素，本书采用问卷调查和访谈相结合的研究方法，以学院治理文化的三个核心构成要素为设计框架，对中国“双一流”建设高校学院治理文化的现状展开调查。

教师作为学院的利益相关者，既是学科的“守门人”，也是学院治理文化建设的重要参与者、支持者、合作者、践行者。教师对学院治理的目标、使命、宗旨、制度设计、领导行为等方面的理性认识，对学院治理效能的提高具有直接的决定性作用。本书从教师认知的视角考察学院治理文化的发展现状，不仅有助于全面把握教师自身对学院治理的理解和所持的价值取向，同时也能相对客观地了解学院领导的治院理念、管理风格，以及学院制度设计与权力运行中存在的不同方面的问题，为中国“双一流”建设高校学院治理文化建设提供参照和依据。

第一节　研究设计

本书以学院治理文化的三个核心构成要素为设计框架，以教师、学院领导和学生三大核心利益群体为调研对象，采取问卷调查和访谈相结合的研究方法，对中国“双一流”建设高校已拥有相同“一流学科”的所在学院展开调研。其中，问卷调查是基于教师认知的视角，对拥有“一流学科”学院的治理文化的发展现状进行考察。与此同时，为更全面、深入地了解“双一流”建设高校学院治理文化发展的现实境况，本书在问卷调查的基础上，对学院领导、教师和学生进行访谈。下面主要从调查目的、调查对象的选取、调查工具等方面，对研究的整体设计进行分析和阐释。

一　调查目的

基于教师认知的视角，从学院治理理念、学院治理制度、学院治理行为三个方面，对中国东部、中部和西部三个区域的 9 所“双一流”建设高校已拥有相同“一流学科”的部分学院展开调研。通过调查、分析与比较，探讨不同学科教师对其所在学院治理文化的认识、态度和看法。全面了解中国“双一流”建设高校学院治理文化发展的现状、存在的问题及原因，探寻中国“双一流”建设高校学院治理文化建设的可行性路径，提高学院治理效能。

二　调查样本选取的依据

本书以中国教育部、财政部、国家发展改革委三部门于 2017 年 9 月联合发布的《关于公布世界一流大学和一流学科建设高校及建设学科名单的通知》为参照标准，从中国的东部、中部、西部三个区域抽取 9 所“双一流”建设高校已拥有“一流学科”的部分学院为研究对象。其中，东部地区 5 所，中部和西部地区各 2 所。关于调查样本选取的依据，主要基于以下几方面的考虑：

首先，办学水平的差异性原则。从中国“双一流”建设高校的整体分布情况来看，东部、中部和西部三个区域在数量上存在明显的不均衡现象。东部最多，中部次之，西部最少。当然，数量分布的不均衡与学校的发展历史、所处地域、政策支持等多种因素有关。从样本高校已拥有“一流学科”的数量分布来看，东部、中部、西部三个区域之间存在明显差异。这种差异性一方面反映了不同高校的学科优势及办学特色；另一方面也反映出中国东、中、西部三个区域的高校在综合办学实力上的差距，即东部高校的办学水平明显强于中部和西部，中部的两所高校又明显强于西部的两所高校。

其次，学科分类的原则。英国学者托尼·比彻（Tony Becher）等根据不同学科的知识特性将学科划分为硬科学—软科学、纯科学—应用科学两个范畴。比彻的这种分类比较细致，简单易行，能够将人们的注意力引向学术领域的认知特征和研究群体的社会特征。① 比彻根据这两个范畴，又提出了包含四个领域的知识分类框架，即纯硬科学、纯软科学、应用硬科学和应用软科学。不同的学科群有不同的知识特征，具体见表 4 - 1 所示。

表 4 - 1 **学科群及其知识特征**

学科群	知识特征
纯科学（如物理学）：“纯硬科学”	累积的；原子论的（晶体状的/树形的）；与普遍、数量、简化相联系；客观性，价值中立的；对知识的验证和知识的陈旧有明确的原则；对于现在和将来所需解决的重大问题达成一致意见；研究成果为某种发现或对某种现象进行解释
人文学科（如历史学）和纯社会科学（如人类学）：“纯软科学”	反复的；有组织的（有机的/与河流相似）；注重细节、质量和复杂性；主观性、受个人价值观的影响；对知识的确认标准和知识的陈旧标准存在争议；就所需解决的重大问题缺乏一致意见；研究成果为对某种现象进行理解或鉴赏
技术（如机械工程学，临床医学）：“应用硬科学”	目的明确性；实用性（通过硬科学知识获得）；注重与物质环境相联系；应用启发方式；采用定量研究和定性研究两种方法；判断标准具有目的性与功能性；研究成果为产品或技术
应用社会科学（如教育学、法学、行政管理学）：“应用软科学”	实用性；功利性（通过软科学知识获得）；注重专业（或半专业）实践；在很大程度上使用个案研究和判例法；研究成果为规约或程序的形成

资料来源：参见托尼·比彻、保罗·特罗勒尔《学术部落及其领地：知识探索与学科文化》，唐跃勤等译，北京大学出版社 2015 年版，第 40—41 页。

与比彻等的学科分类法相比，中国学者习惯将学科划分为人文学科、社会学科和自然科学三类。事实上，尽管这两种分类方法在维度划分上有所不同，名称上也有一定的差异性，但这两种分类方法并非

① ［英］托尼·比彻、保罗·特罗勒尔：《学术部落及其领地：知识探索与学科文化·前言》，唐跃勤等译，北京大学出版社 2015 年版，第 2 页。

完全泾渭分明，而是有着相互重叠或交织之处。比彻主要是基于学科知识与学术文化间的相互关系而对学科进行的分类，且对不同学科群的知识特征进行了深入分析。在他们的学科分类中，其实已包含了国内学者对学科的分类：“纯软科学”与人文学科比较接近，“纯硬科学”与自然科学比较接近，“应用软科学”与社会科学比较接近。但是，与国内学者的划分方法比较而言，比彻等对学科的分类更具体、翔实，对学科范围间的界定更清楚、合理。例如，他们对研究对象的界定更为明确，对不同学科知识的特性剖析得更为深刻，对研究成果的信度和研究标准的分析更为清晰。[①] 故而，本书以比彻等的学科分类方法为参照，在中国“双一流”建设高校学科群中选择部分已拥有“一流学科”的学院为研究对象，从教师认知的视角，对学院治理文化的现状展开调研。

最后，不同高校同一学科的可比性原则。基于学科知识的共同特征，本书采取问卷调查和访谈相结合的方法，对样本高校中已拥有相同“一流学科”学院的治理文化现状进行横向比较。探讨不同高校同一学科所在学院在治理理念、制度设计、治理行为等方面的个性、共性以及差异性，这对中国“双一流”建设高校学科发展以及学院治理文化建设具有重要的参考价值。

三　调查对象的选取

本书在参照国务院学位委员会、教育部2011年印发的《学位授予和人才培养学科目录（2011年）》[②] 和教育部2012年发布的《普通高等学校本科专业目录》的基础上，根据比彻等的学科分类方法，分别从纯硬科学、纯软科学、应用硬科学和应用软科学四个学科群中各选择两个具有代表性的“一流学科”所在学院为研究对象，8个学

① ［英］托尼·比彻、保罗·特罗勒尔：《学术部落及其领地：知识探索与学科文化》，唐跃勤等译，北京大学出版社2015年版，第41页。

② 中国教育部在2012年发布的《普通高等学校本科专业目录》中，将学科划分为哲学、经济学、法学、教育学、文学、历史学、理学、工学、农学、医学、管理学、艺术学12个学科门类。与国务院学位委员会、教育部2011年印发的《学位授予和人才培养学科目录（2011年）》的学科门类基本一致。

科共分布在19个学院中。其中，纯硬科学有化学、生物学；纯软科学有马克思主义理论、理论经济学；应用硬科学有计算机科学与技术、信息与通信工程；应用软科学有法学、教育学。需要说明的是，本书中选取的教育学学科所属的组织机构，在名称上虽被称为“学部”，但“学部”中的所有学科均属教育学分支学科，属教育学学科群，并且在组织结构方面实际上是与学院地位相当的二级管理机构。

为尊重和保护不同学科所在学院的权益，本书对三个地域不同高校的名称以字母替代的形式进行编码。其中，大写字母代表的是地域，即字母“E”代表东部、“M”代表中部、“W”代表西部；小写字母代表的是学校名称，即字母“a－e”分别代表的是不同地域高校的具体名称。因此，不同地域高校的名称由“地域＋学校”两个字母构成。例如，“Ea”代表的是东部区域名称为a的高校。9所样本高校、8个学科，以及19个学院的分布情况，具体见表4－2所示。

表4－2 **九所样本高校“一流学科”所在学院的分布情况**（N＝19）

学科群	学科	大学	学院
纯硬科学	化学	Ea	化学化工学院
		Ma	化学与分子科学学院
		Wa	化学学院
	生物学	Eb	生命科学学院
		Ea	生命科学技术学院
		Ma	生命科学学院
纯软科学	马克思主义理论	Ec	马克思主义学院
		Ma	马克思主义学院
	理论经济学	Ec	经济学院
		Ma	经济与管理学院
应用硬科学	计算机科学与技术	Eb	计算机科学与技术学院
		Ea	电子信息与电子工程学院
		Mb	计算机科学与技术学院
	信息与通信工程	Ea	电子信息与电子工程学院
		Wb	信息与通信工程学院

续表

学科群	学科	大学	学院
应用软科学	法学	Ec	法学院
		Ma	法学院
	教育学	Ed	教育学部
		Ee	教育学部

四　调查研究的工具

本书自编了“中国‘双一流’建设高校学院治理文化现状调查问卷（教师卷）”（见附录一）。以此为研究工具，基于教师认识的视角，围绕学院治理文化的三个核心构成要素进行设计，全面了解不同学科群的教师对学院治理文化的看法、态度和观点。

问卷内容主要依据学院治理理念、学院治理制度和学院治理行为三大维度进行设计。

学院治理理念是学院治理文化的核心，具有相当的稳定性、隐蔽性，不易为人所直接觉察。为了解不同学科的教师对学院治理所持的基本观点，本书在此维度下设计了学院治理的理性认识、理想追求和治理观念三个二级指标。其中，理性认识主要考察教师对学院治理的目标、宗旨、主体等方面的看法和理解；理想追求是对学院治理的一种构想、憧憬与展望，主要考察教师对学院发展战略规划、学院管理制度、学院决策程序与过程等方面应然状态的认识；治理观念是学院治理的基本指导思想、原则或理论基础，主要考察教师对学院治理价值取向、学院发展理念等方面的认知。

学院治理制度主要考察教师对学院治理制度所持的基本看法和态度。在此维度下，本书主要从正式制度与非正式制度两个层面进行设计。其中，正式制度主要选择了与教师发展密切相关的三个方面，即教师科研考核与评价制度、教师专业发展与培训制度、学院民主监督与管理制度。非正式制度主要选择了学院决策氛围、学院优秀文化传统两个方面。

学院治理行为是学院治理理念和学院治理制度的外在表现形式，本书主要从价值取向、行为方式、行为环境三方面进行了设计。通过对教师参与学院治理的行为，以及教师对学院领导治理行为的认知两方面的考察，深入理解教师参与学院治理的主观意愿和学院领导的治理理念。进而为激发教师参与学院治理的积极性、主动性、创造性，提高学院领导的治理能力和效率提供参考。因此，本书中的学院治理行为主要包括两个维度的内容：一是教师参与学院治理的观念、主观意愿、内容、方式、制度保障；二是以教师的视角考察和审视学院领导的治理行为、学院内外部的合作与交流情况，以更清晰地理解学院领导的领导风格、治理能力和治院理念。

所有题目均采用国际常用的李克特（Likert）五级量表技术对问卷进行编制，即完全同意、基本同意、一般、基本不同意、完全不同意，要求被访者标出对题目陈述内容的认同程度。李克特量表的五种选项，能使被访者较为方便地标出自己对某一问题的认同情况，较好地测查被访者的态度。与其他同样长度的量表相比，其信度更高。

为深入了解中国“双一流”建设高校学院治理文化的现状，笔者在问卷调查的基础上，于2019年6—9月，分别从学院治理理念、学院治理制度、学院治理行为三个方面，采取结构性访谈的方式对院长、教师和学生三大核心利益群体进行了访谈（具体内容见附录二到附录五）。访谈对象的选择遵循的是目的性抽样的原则，即从中国的东部、中部和西部三个地域，共选取了9位院长（含副院长）、5位书记、12位专任教师和12位学生进行访谈。在访谈对象的选择上综合考虑了性别、年龄、职称、任教年限、是否担任行政职务等因素。最后，为更好地识别不同地域的被访者身份，笔者用英文和阿拉伯数字相结合的方式对被访者进行了编码。东部、中部和西部三个区域分别用字母“E”“M”“W”表示，被访者身份分别用大写字母“S”“D”“T”“X”表示。其中，“S”表示学院书记、“D”表示院长/副院长、“T”表示教师、“X”表示学生，阿拉伯数字代表具体的被访者。因此，每位被访者的编码由“地域+身份+代码”构成，例如，“ED1”表示的是东部区域某所高校中代码为“1”的一位院长或副院长。编码一方面是因研究的需要；另一方面也是对被访者权益的保护。

同时，为保证访谈内容的真实性和全面性，在征得被访者同意的情况下，笔者对访谈过程进行了全程录音。考虑到对个别不同意录音的被访者的尊重，在访谈过程中，先记录下被访者强调的重点和主要观点，在访谈结束后及时对所记录的内容进行补充和完善，每次访谈的平均时间为30—40分钟。最后根据访谈提纲，按主题对收集到的所有资料进行编码和分析。被访书记/院长、教师、学生的基本信息，具体见表4－3、表4－4、表4－5所示。

表4－3　**被访书记/院长的基本信息**（N＝14）

区域	书记/院长编码	职务	年龄	学历	职称	性别	任职年限	专业	备注
东部	ES1	副书记	49	博士研究生	副教授	女	4	教育社会学	
	ED1	副院长	52	博士研究生	教授	男	5	经济学	
中部	MS1	书记	49	博士研究生	副研究员	女	6	行政管理	
	MS2	书记	54	博士研究生	副研究员	女	5	教育管理	
	MS3	书记	51	博士研究生	副研究员	男	8	公共管理学	
	MD1	副院长	57	博士研究生	教授	男	5	历史学	前任副院长
	MD2	院长	56	博士研究生	教授	男	4	思想政治教育	
	MD3	院长	52	博士研究生	教授	男	10	经济法	
	MD4	副院长	40	博士研究生	教授	男	3	经济学	
	MD5	院长	54	博士研究生	教授	男	10	国际私法	前任院长
西部	WS1	书记	53	博士研究生	教授	男	7	数字信号处理	
	WD1	院长	46	博士研究生	教授	男	2	统计信号处理	
	WD2	副院长	49	博士研究生	教授	男	7	阵列信号处理	
	WD3	副院长	48	博士研究生	教授	男	6	无线通信网络	

表4-4 **被访教师的基本信息（N=12）**

区域	教师编码	职务	性别	年龄	学历	职称	任教时间	专业
东部	ET1	学术委员	男	43	博士研究生	教授	14	教育经济与管理
	ET2	无	男	35	博士研究生	副教授	7	国家法
	ET3	无	男	34	博士研究生	副教授	6	马克思主义理论
中部	MT1	无	男	45	博士研究生	副教授	14	马克思主义原理
	MT2	系主任	男	37	博士研究生	教授	8	生物化学与分子生物学
	MT3	无	女	31	博士研究生	讲师	2	思想政治教育
	MT4	学术委员	男	45	博士研究生	教授	15	计算机应用技术
	MT5	无	女	37	博士研究生	副教授	8	生态学
	MT6	无	女	44	博士研究生	教授	15	环境与资源保护法学
西部	WT1	无	男	32	博士研究生	讲师	3	物联网工程
	WT2	无	男	42	博士研究生	教授	12	计算机软件
	WT3	无	男	35	博士研究生	副教授	6	电子工程

表4-5 **被访学生的基本信息（N=12）**

区域	学生编码	年龄	性别	学生层次	所属年级	专业
东部	EX1	20	女	本科生	大三	教育经济与管理
	EX2	25	女	硕士研究生	研二	高等教育学
	EX3	27	男	硕士研究生	研三	电子科学与技术
中部	MX1	19	女	本科生	大二	遗传学
	MX2	31	女	博士研究生	博二	思想政治教育
	MX3	29	男	博士研究生	博一	马克思主义原理
	MX4	21	女	本科生	大四	植物科学
	MX5	22	男	硕士研究生	研一	经济法学

续表

区域	学生编码	年龄	性别	学生层次	所属年级	专业
西部	WX1	26	男	硕士研究生	研三	通信工程
	WX2	25	女	硕士研究生	研二	电子信息工程
	WX3	27	男	硕士研究生	研三	网络工程
	WX4	21	男	本科生	大三	物联网工程

五　问卷的信效度检验

（一）问卷预调查

为检验问卷的信效度，在问卷正式施测之前，笔者于 2019 年 5 月从 Wa 大学随机抽取了两个学院的 35 位教师进行预调查。其中，调查样本中包括 15 位教授、10 位副教授和 10 位讲师。他们都直接或间接地参与过学院中的一些重大管理或决策活动，对学院的相关管理制度和决策程序相对比较熟悉。问卷由基本信息与调查内容两部分构成，基本信息包括被调查者的性别、学历、年龄、任教年限等；调查内容主要包括学院治理理念、学院治理制度和学院治理行为三个方面。问卷由笔者当场发放给被调查者填写并及时收回，教师在填写中对题干或选项有任何疑问均可在题目上标注出来，并由笔者及时记录下教师对问卷设计的意见和建议。根据问卷设计的维度，笔者同时设计了一份正式的结构性访谈提纲，以个别访谈的形式对教师进行了结构性访谈，听取了他们关于问卷设计的看法。结合问卷预调查结果以及教师的意见，对问卷结构和内容进行了适当调整和修改。最终形成的调查问卷的各题项主要是根据预调查的情况整理和提炼而成的。

（二）信度检验

本书采用克隆巴赫系数（Cronbach's α 或 Cronbach's alpha）对问卷的内在一致性信度进行检验。Cronbach's α 系数检验是当前社会科学研究中使用得比较多的信度分析方法。Cronbach's α 系数的值在 0—1，系数越接近 1，表明量表信度越高。在一般情况下，Cronbach's α 系数值大于 0.7，就表明量表具有较好的内在信度。但有学者认为，

Cronbach's α 系数大于0. 6 也是可以接受的。[①] 本书通过 SPSS 22. 0 统计软件对预调查数据进行处理。由表 4 -6 可知，调查问卷的内在一致性信度 Cronbach's α 系数是0. 873，大于0. 7，说明问卷各题项内在一致性比较高，具有较高的信度。

表 4 -6　**可靠性统计量**

Cronbach's Alpha	基于标准化项目的 Cronbach's Alpha	项数
. 873	. 876	53

（三）结构效度检验

效度，即问卷的有效性。本书对问卷效度的检测主要采用结构效度分析的方法，也即因子分析法。通过 KMO 和 Bartlett 检验，KMO 的值越接近 1，说明变量间的相关度越强，样本数据越适合做因子分析，且表明问卷的效度也越好。[②] 本书通过 KMO 和 Bartlett 检验分析问卷的结构效度。由表 4 -7 可知，Sig. =0 <0. 05，说明具有显著性。KMO 的值为0. 849，说明变量之间信息重叠程度比较高，相关度比较大，适合做因子分析。

表 4 -7　**KMO 和 Bartlett 的检验**

KMO 取样适切性量数		. 849
Bartlett 的球形度检验	上次读取的卡方	14303. 023
	df	1485
	Sig.	. 000

Bartlett 球形度检验的原假设相关系数矩阵为单位阵，Sig. 的值为

① 研究一般认为，量表的 Cronbach's α 系数在 0. 9 以上，表明信度非常好；在 0. 8—0. 9 表示很好；在 0. 7—0. 8 表示相当好；0. 65—0. 7 为最小可接受值；0. 6—0. 65 表示测量结果不可信，需对评价指标进行修订。

② KMO 的值越接近 1，说明变量间的相关度越强，样本数据越适合做因子分析，也表明问卷的效度越好。

0，小于显著性水平 0.05，因此拒绝原假设，表示变量之间存在相关关系，适合做因子分析。[①] KMO 和 Bartlett 的检验结果均表明很适合做因子分析，说明问卷具有较高的效度。

第二节 问卷实施

预调查的结果表明，调查问卷具有较好的信度和效度。因此，该问卷符合本书调查需要，可用于大规模的正式调查。

一 问卷的发放与回收

问卷正式施测的时间为 2019 年 6 月至 9 月，持续时间为 3 个月左右。问卷主要通过现场、问卷星和邮件三种途径发放，以随机抽样的方法对中国东部、中部、西部三个区域的 9 所“双一流”建设高校中已拥有“一流学科”学院的教师进行调查。因研究样本范围广，本书主要对西部和中部两个地区的部分教师进行了个别施测。在填写问卷前，先由笔者对问卷调查的目的、意义、注意事项等进行说明，然后在约定的时间段里，由教师填写后及时收回问卷，每份问卷的平均用时为 5—8 分钟。对东部地区的 5 所高校，主要以邮件的形式发给教师，他们在填完后直接发给笔者。据统计，本次共发放问卷 2402 份，收回有效问卷 665 份，有效回收率为 27.7%。问卷数据最后采用 SPSS 22.0 统计软件进行分析。

二 调查样本的构成

由表 4 - 8 可知，本书的调查对象涵盖了不同性别、职称、学历、学科、年龄段的教师。在性别方面，男性共 501 人，占总人数的 75.3%，女性共 164 人，占总人数的 24.7%。在年龄分布上，教师主要集中在 31—40 岁和 41—50 岁两个年龄段，其中 31—40 岁的教师所占比例最高，占总人数的 57.7%。在职称方面，教授/研究员的人数最多，共 271 人，占总人数的 40.8%；其次是副教授/副研究员，共 255

① 吴骏：《SPSS 统计分析从零开始学》，清华大学出版社 2014 年版，第 270 页。

人，占总人数的 38. 3%；讲师共 123 人，占总人数的 18. 5%；其他职称的教师共 16 人，仅占总人数的 2. 5%。在学历方面，超过九成以上的教师都是博士研究生，占总人数的 99. 4%；硕士研究生学历的调查对象仅占总人数的 0. 6%。在工作年限上，具有 6—10 年任教经验的教师最多，占总人数的 47. 7%；其次是任教时间为 3—5 年的教师，占总人数的 31. 1%；任教时间为 11—15 年的教师占总人数的 13. 4%；另有任教时间在 16 年以上的教师占总人数的 5. 7%；任教时间在 2 年以下的教师所占比例最低，仅占总人数的 2. 1%。在学科分布上，计算机科学与技术学科的教师最多，占总人数的 15. 8%；化学和生物学两个学科的教师所占比例相当，分别占总人数的 15. 6%、15. 2%；信息与通信工程学科的教师占总人数的 12. 5%；马克思主义理论和教育学两个学科的教师在比例上仅相差一个百分点，分别占总人数的 10. 4%、11. 4%；理论经济学和法学两个学科的教师在比例上基本持平，分别占总人数的 9. 9%、9. 2%。在区域分布上，东部地区的教师最多，占总人数的 54. 7%，中部地区的教师占总人数的 33. 1%，西部地区的教师占总人数的 12. 2%。在是不是院学术委员（或教授委员会）成员方面，有 65% 的教师为非学术委员会成员，有 35% 的教师为学术委员会成员。在行政职务上，超过七成的教师未担任行政职务，占总人数的 78. 6%；另有 21. 4% 的教师担任了行政职务。

表 4 - 8　**调查样本信息**

变量	分类标准	样本（人）	百分比（%）
性别	男	501	75. 3
	女	164	24. 7
	合计	665	
年龄	30 岁及以下	24	3. 6
	31—40 岁	384	57. 7
	41—50 岁	205	30. 8
	51—60 岁	49	7. 4
	61 岁以上	3	0. 5
	合计	665	

续表

变量	分类标准	样本（人）	百分比（%）
职称	教授/研究员	271	40.8
	副教授/副研究员	255	38.3
	讲师	123	18.5
	高级工程师	2	0.3
	工程师	1	0.2
	助理工程师	2	0.3
	其他	11	1.7
	合计	665	
学历	博士研究生	661	99.4
	硕士研究生	4	0.6
	合计	665	
任教时间	2年以下	14	2.1
	3—5年	207	31.1
	6—10年	317	47.7
	11—15年	89	13.4
	16年以上	38	5.7
	合计	665	
一流学科	化学	104	15.6
	生物学	101	15.2
	马克思主义理论	69	10.4
	理论经济学	66	9.9
	计算机科学与技术	105	15.8
	信息与通信工程	83	12.5
	法学	61	9.2
	教育学	76	11.4
	合计	665	
学校所在区域	东部	364	54.7
	中部	220	33.1
	西部	81	12.2
	合计	665	

续表

变量	分类标准	样本（人）	百分比（%）
学术委员成员	是	233	35.0
	否	432	65.0
	合计	665	
行政职务	是	142	21.4
	否	523	78.6
	合计	665	

第三节　数据统计与分析

本书采用自编问卷，以教师这一核心利益群体为考察对象，从学院治理理念、学院治理制度和学院治理行为三个方面，对中国9所“双一流”建设高校学院治理文化的现状展开调查和分析。

一　学院治理理念分析

理念是对学院治理文化的高度凝练和最直观表达，它犹如一盏航灯，引领着学院治理的方向。但理念并不仅仅是一个抽象的概念，只有当学院中的所有成员对其内涵有正确的理解、认同和接受，并内化为自身的信念时，理念才可能对学院治理起到真正的促进与引领作用。为了解教师对学院治理理念的认识，本书将学院治理理念划分为学院治理的理性认识、理想追求和治理观念三个方面。

（一）学院治理的理性认识

学院治理的理性认识，即主要从认知层面考察教师对学院治理的认识和价值取向。教师对学院治理的认知程度，在很大程度上决定了教师参与学院治理的意愿、程度和行为。下面就从学院治理的目标、宗旨、主体三方面，对教师关于学院治理的理性认识进行调查，研究结果见表4－9所示。

表 4－9　　　　教师对学院治理的基本认识

指标	题项	N	所占比例（%）					均值	标准差
			完全不同意	基本不同意	一般	基本同意	完全同意		
学院治理的目标	在国内外权威期刊上发表高质量的学术论文，应是学院治理的目标追求	665	4.2	29.9	46.3	16.3	3.3	2.85	.860
	开展前沿性、高水平的科学研究是学院治理的目标追求	665	0.2	2.0	4.8	55.5	37.5	4.28	.660
学院治理的宗旨	促进教师专业发展是学院治理的宗旨	665	0.2	0.9	7.8	52.9	38.2	4.28	.657
	培养优秀学生是学院治理的宗旨	665	0.2	0.3	2.3	18.9	78.3	4.75	.519
	发展一流学科是学院治理的宗旨	665	0.3	0.6	2.3	28.7	68.1	4.64	.591
学院治理的主体	学院治理的核心主体是院长	665	2.0	16.4	34.4	41.7	5.6	3.32	.881
	学院治理的核心主体是教师	665	0.2	1.1	14.0	74.7	10.1	3.94	.541
	学院治理的核心主体是学生	665	4.2	14.1	35.0	43.0	3.6	3.28	.899

1. 学院治理的目标

目标是组织努力争取达到的一种未来状况，是凝聚组织和驱动组织前进的力量源泉。① 正确的学院治理目标对学院治理文化的和谐发展具有重要的促进作用。教师作为学院治理的利益相关者，对学院治理目标和价值体系的深入理解和认识，是衡量学院治理文化发展是否健康、学院组织凝聚力是否强大、学院组织治理路向是否明确的重要指标。结合中国高校学科评估的宏观政策背景，以及“双一流”建设高校学院组织的学术性特征，基于知识生产的视角，本书对学院治理的目标进行了设计，其具体内容包括论文发表和科学研究两方面。

从表4-9可知，在“在国内外权威期刊上发表高质量的学术论文，应是学院治理的目标追求”的选项上，持中立态度的教师所占比例最高，占总人数的46.3%；持不同意态度的教师占比超过三成，占总人数的34.1%；只有不到两成的教师明确表示同意，占总人数的19.6%。可见，仅有不到两成的教师同意将发表高质量的学术论文作为学院治理的目标追求。

在“开展前沿性、高水平的科学研究是学院治理的目标追求”的选项上，选择不同意的教师仅占总人数的2.2%；超过九成以上的教师对此表示赞同，占总人数的93%；另外还有4.8%的教师对此持中立态度。可见，教师基本都认识到开展前沿性、高水平、高质量的科学研究应成为学院治理的目标追求，这也是中国“双一流”建设高校区别于其他类型高校的重要特点。在权威期刊，尤其是世界顶尖级学术期刊上发表高水平的学术论文，是学者在科学研究上取得重大突破或成就的重要标志。

从调查结果来看，尽管教师基本上都认为，开展高水平的科学研究应成为学院治理的目标追求。但同时教师也意识到，科学研究不能仅仅局限或等同于学术论文的发表，更不能将论文发表视为学院治理的目标追求，还需关注学生培养质量、学科发展、教师专业成长等诸多方面。例如，在访谈中，一位马克思主义学院的教师就强调说：

① 李兰芬、崔绪治：《管理文化——管理哲学的新视野》，苏州大学出版社1999年版，第86页。

虽然“双一流”高校比较注重科学研究，但这并非意味着对教学质量的忽视，还需关注学生培养质量。要成为一流大学的话，在教学方面也要加强。如果培养的学生比较次的话，那怎么可能叫一流呢？如果没有一流本科，那还怎么叫一流大学呢？所以，一流学科建设，除学术研究外，教学方面也要加强。一流的大学要培养一流的学生。（MT1，2019/06/18）

为具体了解不同职称的教师对发表学术论文的看法，笔者将变量“职称”与“在国内外权威期刊上发表高质量的学术论文，应是学院治理的目标追求”题项进行了交叉分析，研究结果见表4－10所示。

表4－10　　不同职称的教师对学院治理目标的认识

题项			职称							合计
			教授/研究员	副教授/副研究员	讲师	高级工程师	工程师	助理工程师	其他	
在国内外权威期刊上发表高质量的学术论文，应是学院治理的目标追求	完全不同意	人数（人）	12	11	5	0	0	0	0	28
		占比（%）	4.4	4.3	4.1	0	0	0	0	4.2
	基本不同意	人数（人）	95	62	41	1	0	0	0	199
		占比（%）	35.1	24.3	33.3	50	0	0	0	29.9
	一般	人数（人）	114	141	46	0	0	2	5	308
		占比（%）	42.1	55.3	37.4	0	0	100	45.5	46.3
	基本同意	人数（人）	41	32	27	1	1	0	6	108
		占比（%）	15.1	12.5	22	50	100	0	54.5	16.2
	完全同意	人数（人）	9	9	4	0	0	0	0	22
		占比（%）	3.3	3.5	3.3	0	0	0	0	3.3
合计		人数（人）	271	255	123	2	1	2	11	665

由表4－10可知，不同职称的教师在选择发表学术论文是学院治理的目标上呈现出一定的差异性。其中，选择同意发表学术论文是学院治理目标的教师，占教授/研究员总人数的18.4%；占副教授/副

研究员总人数的16%；占讲师总人数的25.3%。职称为讲师的教师在此方面的认同度，略高于教授/研究员、副教授/副研究两个群体；教授/研究员、副教授/副研究员两个群体在此方面的比例则基本持平，且均未超过两成。所以，从总体上而言，不同职称的教师在此方面的认同度都比较低。

2. 学院治理的宗旨

学院治理的宗旨是学院治理最终所要达到的目的与归宿。由于不同学科所在学院在治理价值取向上的差异性、治理目标上的多维性，以及学科发展上的特殊性，不同学院在治理宗旨上也可能不同。对此，本书从教师专业发展、学生发展和学科发展三方面，对学院治理的宗旨进行了设计。

由表4-9可知，在“培养优秀学生是学院治理的宗旨”的选项上，持“完全同意”的教师所占比例最高，占总人数的78.3%；选择“基本同意”的教师占总人数的18.9%；另有2.3%的教师对此持中立态度；仅有0.5%的教师持反对态度。在“发展一流学科是学院治理的宗旨”的选项上，选择“完全同意”的教师占总人数的68.1%；选择“基本同意”的教师占总人数的28.7%；有2.3%的教师持中立态度；仅有0.9%的教师持反对意见。在“促进教师专业发展是学院治理的宗旨”的选项上，选择“基本同意”的教师所占比例最高，占总人数的52.9%；选择“完全同意”的教师占总人数的38.2%；有7.8%的教师持中立态度；只有1.1%的教师持反对态度。从调查结果可以看出，教师在培养优秀学生、发展一流学科、促进教师专业发展是学院治理的宗旨上教师选择同意所占的比例都较高，均超过了九成。

但从均值上看，教师在学生发展、学科发展、教师专业发展上，则呈现出明显的依次递减的趋势。可见，教师在学院治理要以学生发展为本，培养优秀学生是学院的责任和使命上，基本已达成共识。同时，相对教师专业发展而言，教师的学科发展取向也更趋明显。

为深入了解教师在学科发展与学院发展上的价值取向，本书专门设计了两个题项，对不同学科教师在这两方面的认知进行了横向比较。由表4-11可知，在“对学科发展的关注，应重于对学院发展的关注”的选项上，选择“完全同意”的教师在五成以上，占总人数的55.9%；

选择“基本同意”的教师占总人数的36.7%；持中立态度的教师占总人数的5.7%；仅有1.7%的教师持反对意见。而在“对学院发展的关注，应重于对学科发展的关注”的选项上，选择“完全同意”和“基本同意”的教师分别占总人数的3.8%和23.6%；有超过五成的教师持中立态度，占总人数的55%；另有17.6%的教师表示反对。相对学科发展而言，教师对学院发展的关注度明显要低，即教师对学科发展的关注明显高于对学院发展的关注。

表4－11　　教师对学科与学院发展的关注

题项	N	所占比例（%）					均值	标准差
		完全不同意	基本不同意	一般	基本同意	完全同意		
对学科发展的关注，应重于对学院发展的关注	665	0.5	1.2	5.7	36.7	55.9	4.46	.700
对学院发展的关注，应重于对学科发展的关注	665	1.2	16.4	55.0	23.6	3.8	3.12	.764

3. 学院治理的主体

学院是一个典型的学术共同体组织，学院治理体现的是学院不同利益相关者间的相互理解、尊重和包容，是对传统的自上而下的单一校院管理模式的突破。学院治理强调的是教师、学生等不同利益相关者在学院治理中的主体地位，彰显的是学院共同治理的文化取向。这在世界一流大学学院治理中已基本达成共识，且日渐成为世界各国高等教育内部管理体制改革的趋向。本书从院长、教师和学生三大核心利益群体切入，基于教师认知的视角，对学院治理的核心主体应包括哪些要素这一基本问题进行了调查。

由表4－9可知，在“学院治理的核心主体是院长”的选项上，选择“完全同意”的教师所占比例较低，仅占总人数的5.6%；选择“基本同意”的教师占总人数的41.7%；持中立态度的教师占总人数的 34.4%；另有 18.4% 的教师持反对态度。说明部分教师并不认为院长是学院治理的核心主体。这一结论在“学院治理主要是学院领导对学院重大决策事务与活动的管理”的选项上也有充分体现，研究结果见图 4－1 所示。

由图 4－1 可知，选择“完全同意”的教师仅占总人数的 4.36%；选择“基本同意”的教师占总人数的 33.68%；持中立态度的教师占总人数的 51.73%；另有一成左右的教师对此持反对态度，占总人数的 10.22%。可见，院长尽管是学院治理的核心主体之一，但并不意味着院长就是学院管理和决策的唯一主体。甚至有 0.9% 的教师明确反对院长作为单一主体对学院的重大决策和活动进行管理。

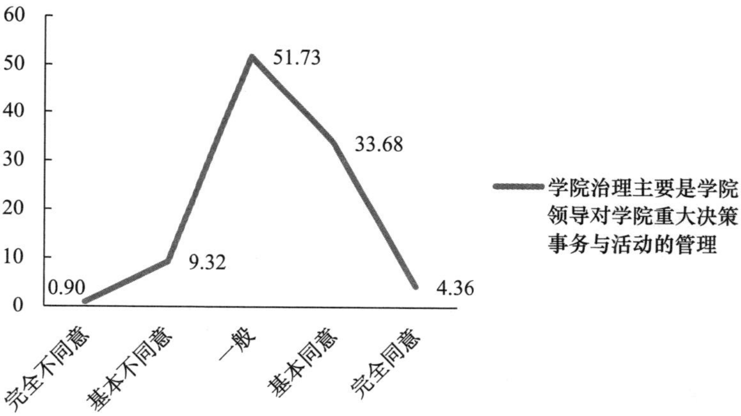

图 4－1 学院领导对学院重大决策事务与活动的管理

在“学院治理的核心主体是教师”的选项上，选择同意的教师所占比例高达八成以上，占总人数的 84.8%；有 14% 的教师持中立态度；仅有少部分教师持反对意见，占总人数的 1.3%。说明在中国“双一流”建设高校中，教师已意识到自己在学院治理中的作用，这在一定意义上也体现了教师参与学院治理主体意识的“觉醒”。

在“学院治理的核心主体是学生”的选项上，选择“完全同意”的教师所占比例最低，仅占总人数的 3.6%；选择“基本同意”的教师占总人数的 43%；持中立态度的教师占总人数的 35%；另有 18.3% 的教师持反对意见。相对学院治理的核心主体是院长而言，教师对学生是学院治理的主体地位的认同度明显偏低。

由于学院的治理理念、学院领导对学生参与学院管理事务和活动的认知方式等方面的差异，不同学院在学生参与学院治理的内容、途径、形式、程度等方面也呈现出一定的差异性，这从对部分学院领导的访谈中也得到了证实。表 4 - 12 是笔者对部分学院院长和书记访谈内容的整理。

表 4 - 12 **院长和书记对学生参与学院治理的态度**

学院领导	支持	反对
MS1	在涉及学生重大利益的决策时，必须有学生参加，有学代会参加	—
ES2	我们主张教师积极参与决策，听取学生意见……在评优秀教师的时候，让学生参与过，但效果不理想	现在学生的主观性、非理性判断比较多。对熟悉的老师是一种评价，对不熟悉的老师是另一种评价。学生的意见是供参考的
MD2	学院发展的一些决策，是要倾听学生意见的，他们的意见能为学院决策提供一些参考	学生的认知有限，在学院发展的其他方面我们不是很支持学生参与，如教师招聘、人才培养方案的拟订、调整和修改等
WS1	与学生利益相关的日常管理事务可以让学生参与进来。关涉到学院决策方面的参与性相对就比较低	—
MD1	我们学院所有的研究生都要在实验室里，而且基本从硕士到博士，都在整个大楼里面。所以他们对整个学院的管理，包括对厕所的打扫、平台建设，学生的参与度都是很高的	—
ES1	每学期我们学院有关于教学的座谈会，所有班级的学生代表和学习委员对我们的课程设置、教学方面都会提出一些意见	—
	不同层次的学生参与的活动有一定差异性，本科生参与教学比较多，而研究生参与科研比较多，研究生主要是进行科研活动	—

续表

学院领导	支持	反对
MS2	重要事情要有教师、学生参与，核心的理念就是让大家共同做事情	—

由表4-12可知，院长或书记在学生是否参与学院治理这一问题上虽存在一定的分歧，但从总体上讲，学院和书记对学生参与学院治理基本上是持比较支持态度的。

（二）学院治理的理想追求

学院治理的理想追求，是为促进学院治理文化发展而在主观意识层面所构想出的一种应然图景，具有一定的主观性和理想化色彩。本书从治院理念、学院发展战略规划、学院的治理制度、学院决策的程序与过程四个方面，对学院治理的理想追求进行了调查（见表4-13）。

表4-13 **教师对学院治理的理想追求**

题项	所占比例（%）					均值	标准差
	完全不同意	基本不同意	一般	基本同意	完全同意		
学院形成了全院教职工认可和统一的治院理念	0.2	3.0	46.8	36.8	13.2	3.25	.791
学院应制定清晰的发展战略规划	0.2	0	2.9	34.9	62.0	4.62	.514
教师对学院制定的短期与长期（5年以上）战略规划目标有清晰的了解	1.4	12.6	45.1	35.8	5.1	3.31	.806
学院治理应以完善的治理制度做保障	0.5	0	1.1	18.6	79.8	4.77	.500
学院制定了正式的制度，以保障全体教师参与学院治理的权益	0.6	2.9	50.2	43.0	3.3	3.46	.639
学院决策程序和过程应公开、透明	0.2	0.1	0.9	12.9	85.9	4.84	.422

1. 学院的治院理念

不同组织尽管其发展特点不同，但任何组织的背后都内蕴着一种核心思想或文化，并以此作为管理组织、促进组织发展的灵魂。一个为所有组织成员所认同和接受的理念，对整个学院的发展具有较好的引领作用。

由表4－13可知，在“学院形成了全院教职工认可和统一的治院理念”的选项上，选择“完全同意”和“基本同意”的教师分别占总人数的13.2%和36.8%；有46.8%的教师持中立态度；另有3.2%的教师持反对意见。可见，仅有50%的教师认为自己所在学院形成了全院认同与统一的治院理念。为具体了解不同学科所在学院是否形成了全院认同的治院理念，本书将变量“学科”与此题项进行了交叉分析，研究结果见表4－14所示。

表4－14　　**不同学科的教师对治院理念的认识**

题项			一流学科								合计
			化学	生物学	马克思主义理论	理论经济学	计算机科学与技术	信息与通信工程	法学	教育学	
学院形成了全院教职工认可和统一的治院理念	完全不同意	人数（人）	0	0	1	0	0	0	0	0	1
		占比（%）	0	0	1.4	0	0	0	0	0	0.2
	基本不同意	人数（人）	5	0	1	1	4	3	0	6	20
		占比（%）	4.8	0	1.4	1.5	3.8	3.6	0	7.9	3.0
	一般	人数（人）	55	28	43	43	39	23	37	43	311
		占比（%）	52.9	27.7	62.3	65.2	37.1	27.7	60.7	56.6	46.8
	基本同意	人数（人）	32	53	21	18	41	35	22	23	245
		占比（%）	30.8	52.5	30.4	27.3	39.0	42.2	36.1	30.3	36.8
	完全同意	人数（人）	12	20	3	4	21	22	2	4	88
		占比（%）	11.5	19.8	4.3	6.1	20.0	26.5	3.3	5.3	13.2
合计		人数（人）	104	101	69	66	105	83	61	76	665

由表4－14可知，不同学科的教师在治院理念的认知上呈现出一定的差异性。其中，生物学学科的教师持同意态度的比例最高，占该

学科总人数的72.3%；其次为信息与通信工程学科的教师，占该学科总人数的68.7%；排名第三的为计算机科学与技术学科的教师，占该学科总人数的59%；排名第四的为化学学科的教师，占该学科总人数的42.3%。软科学中比例最高的为法学学科的教师，占该学科总人数的39.4%；马克思主义理论、理论经济学、教育学三个学科的教师在比例上基本持平，分别占学科总人数的34.7%、33.4%、35.6%。从学科分类的视角来看，应用硬科学如信息与通信工程在此方面选择同意的比例，相对应用软科学如教育学要高出30多个百分点。从总体上讲，应用硬科学和纯硬科学在此方面的认同度明显高于应用软科学和纯软科学，这可能与不同学科所在学院的管理方式与不同学科的发展特点有一定的关系。

2. 学院发展战略规划

学院作为大学“底部沉重”的学术组织，清晰的学院发展战略规划是学院治理文化的重要组成部分，对引领学院发展方向，提高学院治理效能，增强教师对学院治理文化的认同度至关重要。实现行政思维到战略思维的转换是当下及未来学院发展的应然取向。与行政管理思维相比，战略思维更多的是研究“全局性、长远性和根本性认知规律的思维方式，是人们分析和解决宏观性、前瞻性、政策性等重大战略问题的立场、观点和方法”①。有学者认为，一个有效的战略规划一般应具有以下几方面的特点：其一，目标明确；其二，执行性良好；其三，组织人事安排予以保证；其四，灵活性好。② 就学院治理而言，只有当学院成员，尤其是教师对学院所制定的战略规划比较了解，并深刻理解和参与了学院发展战略规划时，学院治理文化发展的共同愿景才能更好地得以实现。

由表4-13可知，在“学院应制定清晰的发展战略规划”的选项上，选择“完全同意”的教师超过六成，占总人数的62%；选择“基本同意”的教师占总人数的34.9%；仅有2.9%的教师持中立态度；另有0.2%的教师表示反对。可见，在认识层面，教师基本上都

① 徐莉：《组织中的领导者与领导过程》，中国社会科学出版社2014年版，第314页。
② 徐莉：《组织中的领导者与领导过程》，第318页。

认为学院应制定清晰的发展战略规划。然而，在学院发展与管理实践中，教师个体是否对其所在学院的发展战略规划比较了解呢？研究结果显示，在“教师对学院制定的短期与长期（5年以上）战略规划目标有清晰的了解”的选项上，选择“完全同意”的教师仅占总人数的5.1%；选择“基本同意”的教师占总人数的35.8%；有超过四成以上的教师持中立态度，占总人数的45.1%；另有14%的教师明确表示反对。可见，虽然教师在认知上倾向于学院应制定清晰的发展战略规划，但从教师个体的角度来看，仅有四成左右的教师对学院制定的战略规划目标比较了解，大部分教师对自己所在学院的未来发展战略规划与目标并不十分清楚。这可能与教师职称的高低、是否担任学院行政职务等多重因素有关。因此，本书对学院发展战略规划进行了相关性分析，研究结果见表4－15所示。

表4－15　**学院发展战略规划的相关性分析**

		职称	是不是院学术委员会（或教授委员会）成员	是否担任学院（或学校）行政职务	教师对学院制定的短期与长期（5年以上）战略规划目标有清晰的了解
职称	Pearson相关性	1	.555**	.310**	－.080*
	显著性（双侧）		.000	.000	.040
	N	665	665	665	665
是不是院学术委员会（或教授委员会）成员	Pearson相关性	.555**	1	.617**	－.112**
	显著性（双侧）	.000		.000	.004
	N	665	665	665	665
是否担任学院（或学校）行政职务	Pearson相关性	.310**	.617**	1	－.134**
	显著性（双侧）	.000	.000		.001
	N	665	665	665	665

说明：*表示在0.05水平（双侧）上显著相关；**表示在0.01水平（双侧）上显著相关。

由表4-15可知，“职称”“是不是院学术委员会（或教授委员会）成员”“是否担任学院（或学校）行政职务”三个变量，与教师对学院制定的战略规划目标的了解均呈现出显著的相关性水平（$P<0.01$或$P<0.05$），说明职称、是不是院学术委员会（或教授委员会）成员，或担任学院（或学校）行政职务三个变量，与教师对学院制定的发展战略规划目标的了解之间呈高度的相关性。

3. 学院的治理制度

制度是确保学院有序、规范运行的基本保障，任何组织的文化都需要制度的维护才能得以不断传承、发展和创新。学院治理文化如其他文化一样，需要制度对其进行规范和维护，只有这样它才能得以不断延续和发展，并逐步内化为学院成员的信念。

由表4-13可知，在“学院治理应以完善的治理制度做保障”的选项上，选择“完全同意”和“基本同意”的教师分别占总人数的79.8%和18.6%；仅有1.1%的教师持中立态度；只有0.5%的教师持反对意见。可见，教师在此方面已基本达成共识。

但与此相对的是，在“学院制定了正式的制度，以保障全体教师参与学院治理的权益”的选项上，选择“完全同意”的教师仅占总人数的3.3%；选择“基本同意”的教师占总人数的43%；有一半左右的教师持中立态度，占总人数的50.2%；另外还有3.5%的教师持反对意见。对此，尽管部分学院已制定了正式的制度，以保障全体教师参与学院治理的权益，但也仅有不到一半的教师认为学院制定了完善的治理制度，占46.3%。另外，通过相关性分析还发现，不同学校和学院在此方面并没有呈现出显著的差异性水平（$P>0.01$），说明不同学院在治理制度上有很大的共性，教师参与学院治理权益保障的制度化建设，亟待进一步加强。

4. 学院决策的程序与过程

决策即“组织为了实现某一特定目标，从两个或两个以上的备选方案中选取一个满意的答案，并付诸实践的过程”①。学院决策程序

① 于显洋：《组织社会学》，中国人民大学出版社2003年版，第250页。

和过程的公开、透明，对保障学院决策的科学性、民主性有着十分重要的意义。由表4－13可知，在“学院决策程序和过程应公开、透明”的选项上，选择同意的教师占九成以上，占总人数的98.8%；另有0.9%的教师持中立态度；仅有0.3%的教师明确表示反对。可见，教师在学院决策的程序与过程应公开、透明上已达成共识。

（三）学院治理观念

“观念”属于“理念”的一部分。一般来说，观念是指“人们对某一事物的某种看法，存在于每个人的头脑之中，通常是自发的、感性的、不系统的。而理念则是一种比较自觉的、系统的和理性的认识，是一种源于现实而又超越现实的展望和追求”①。本书中的学院治理观念强调的是学院领导（以院长为核心）治理学院的主导价值取向。价值取向具有引领学院治理方向的作用。一般而言，有什么样的价值取向，学院就会有什么样的治理导向。教师作为学院的利益相关者，对学院领导治理学院的价值取向有着切身的体验和感悟。因此，本书基于教师认知的视角，从治理主体、教育对象、教师发展、市场效益和学科发展五个方面，对学院治理的价值取向进行了调查。这在一定意义上可以相对比较客观地了解学院领导治理学院的价值取向，调查结果见表4－16所示。

表4－16　**教师对学院领导治院价值取向的看法**

题项	N	所占比例（%）					均值	标准差
		完全不同意	基本不同意	一般	基本同意	完全同意		
学院领导尊重教师在学科发展中的主体作用	665	0.2	3.8	29.9	43.9	22.3	3.84	.814
学院治理体现了以院长为主导的价值取向	665	0.8	19.4	54.9	22.0	3.0	3.07	.748

① 韩延明：《大学理念论纲》，人民教育出版社2003年版，第78页。

续表

题项	N	所占比例（%）					均值	标准差
		完全不同意	基本不同意	一般	基本同意	完全同意		
学院治理体现了以学生为本的价值取向	665	0.5	1.7	24.2	57.4	16.2	3.87	.704
学院治理体现了以教师为主导的价值取向	665	0.3	1.1	13.7	69.2	15.8	3.99	.604
学院治理体现了以学科为主导的价值取向	665	0.3	1.7	7.2	66.0	24.8	4.13	.629
学院治理体现了以效益为主导的价值取向	665	14.4	46.9	25.9	11.0	1.8	2.39	.925

1. 教师在学科发展中的作用

教师是学科的守门人，是学科发展的核心。由表4-16可知，在“学院领导尊重教师在学科发展中的主体作用”的选项上，选择“完全同意”的教师占总人数的22.3%；选择“基本同意”的教师占总人数的43.9%；另有29.9%的教师持中立态度；而仅有4%的教师持反对意见。因此，从总体上而言，学院领导对教师在学科发展中的主体作用都是十分尊重的。

为具体了解不同职称的教师在认知上的差异性，本书对变量“职称”与此题项进行了交叉分析。由表4-17可知，不同职称的教师对学院领导尊重教师在学科发展中作用的认同度都比较高，且具有教授/研究员、副教授/副研究员和讲师职称的教师在选择同意的比例上基本持平，分别占该职称总人数的65.7%、65.1%、66.6%。而在不同职称的教师中持反对意见最多的为副教授/副研究员，占该职称总人数的4.3%，具有教授/研究员、讲师职称的教师持反对意见的比例基本持平，分别占该职称总人数的3.7%、3.3%。可见，从整体上讲，学院领导对不同职称的教师在学科发展中的作用是比较尊重的。

表 4 – 17　　教师在学科发展中的主体作用

题项			职称						
			教授/研究员	副教授/副研究员	讲师	高级工程师	工程师	助理工程师	其他
学院领导尊重教师在学科发展中的主体作用	完全不同意	人数（人）	1	0	0	0	0	0	0
		占比（%）	0.4	0	0	0	0	0	0
	基本不同意	人数（人）	9	11	4	1	0	0	0
		占比（%）	3.3	4.3	3.3	50.0	0	0	0
	一般	人数（人）	83	78	37	0	1	0	0
		占比（%）	30.6	30.6	30.1	0	100	0	0
	基本同意	人数（人）	117	111	56	1	0	0	7
		占比（%）	43.2	43.5	45.5	50.0	0	0	63.6
	完全同意	人数（人）	61	55	26	0	0	2	4
		占比（%）	22.5	21.6	21.1	0	0	100	36.4
合计		人数（人）	271	255	123	2	1	2	11

2. 学院治理的价值取向

由表 4 – 16 可知，在“学院治理体现了以院长为主导的价值取向”的选项中，选择“完全同意”的教师仅占总人数的 3%；选择“基本同意”的教师占总人数的 22%；有超过五成的教师持中立态度，占总人数的 54.9%；另有 20.2% 的教师持反对意见。可见，在中国“双一流”建设高校学院治理中，尚未出现以院长为主导的价值取向，这与上述关于学院治理主体的研究结论基本吻合。

在“学院治理体现了以学生为本的价值取向”的选项中，选择同意的教师所占比例超过七成，占总人数的 73.6%；有两成左右的教师持中立态度，占总人数的 24.2%；而仅有 2.2% 的教师持反对意见。在“学院治理体现了以教师为主导的价值取向”的选项上，选择同意的教师所占比例超过八成，占总人数的 85%；有 13.7% 的教师持中立态度；另外仅有 1.4% 的教师持反对态度。在“学院治理体现了以学科为主导的价值取向”的选项上，选择同意的教师所占比例超过九成，占总人数的 90.8%；有 7.2% 的教师持中立态度；仅有 2% 的教师持反对态度。可见，以学生为本、以教师和学科为主导是学院治理的共同价值取向。

在“学院治理体现了以效益为主导的价值取向”的选项上，选择同意的教师仅占总人数的12.8%；有25.9%的教师持中立态度；另有六成左右的教师持反对意见，占总人数的61.3%。由于学科发展的差异，不同学院在治理理念上也可能呈现出各自的特色。因此，本书对变量“学科”与此题项进行了交叉分析，结果见表4－18所示。

由表4－18可知，信息与通信工程学科的教师选择同意的比例最高，占该学科总人数的37.3%；其次为化学学科的教师，占该学科总人数的15.4%；生物学和教育学两个学科的教师选择同意的比例基本持平，分别占该学科总人数的11.9%、15.8%；而其他学科的教师选择同意的比例相对比较低，均不到一成。说明学科间虽有一定的差异性，但学院在治理过程中并未出现以效益为主导的价值取向。

表4－18　　**不同学科所在学院以效益为价值取向的情况**

题项			一流学科								合计
			化学	生物学	马克思主义理论	理论经济学	计算机科学与技术	信息与通信工程	法学	教育学	
学院治理体现了以效益为主导的价值导向	完全不同意	人数（人）	0	2	22	17	5	1	17	32	96
		占比（%）	0	2.0	31.9	25.8	4.8	1.2	27.9	42.1	14.4
	基本不同意	人数（人）	55	50	30	42	59	9	40	27	312
		占比（%）	52.9	49.5	43.5	63.6	56.2	10.8	65.6	35.5	46.9
	一般	人数（人）	33	37	13	5	34	42	3	5	172
		占比（%）	31.7	36.6	18.8	7.6	32.4	50.6	4.9	6.6	25.9
	基本同意	人数（人）	16	11	4	2	6	22	1	11	73
		占比（%）	15.4	10.9	5.8	3.0	5.7	26.5	1.6	14.5	11.0
	完全同意	人数（人）	0	1	0	0	1	9	0	1	12
		占比（%）	0	1.0	0	0	1.0	10.8	0	1.3	1.8
合计		人数（人）	104	101	69	66	105	83	61	76	665

由表4－16均值可以看出，教师在学院治理的价值取向上的认同度从高到低分别为学科发展、教师发展、学生发展、院长和效益。

最后，本书对学院治理价值取向的相关性进行了分析。由表4－19可知，“职称”“是不是院学术委员会（或教授委员会）成员”“是

表 4-19　　学院治理价值取向的相关性分析

		职称	一流学科	是不是院学术委员会（或教授委员会）成员	是否担任学院（或学校）行政职务	在学院任教的时间	以院长为主导的价值取向	以学生为本的价值取向	以教师为主导的价值取向	以效益为主导的价值取向	以学科发展为本的价值取向
职称	Pearson 相关性	1	.091*	.555**	.310**	-.430**	.095*	.124**	.015	.100*	.001
	显著性（双侧）		.019	.000	.000	.000	.015	.001	.696	.010	.979
	N	665	665	665	665	665	665	665	665	665	665
一流学科	Pearson 相关性	.091*	1	.013	-.033	.131**	-.052	.046	.014	-.111**	.064
	显著性（双侧）	.019		.744	.400	.001	.184	.234	.727	.004	.101
	N	665	665	665	665	665	665	665	665	665	665
是不是院学术委员会（或教授委员会）成员	Pearson 相关性	.555**	.013	1	.617**	-.337**	.179**	.123**	.041	.114**	.081*
	显著性（双侧）	.000	.744		.000	.000	.000	.001	.288	.003	.037
	N	665	665	665	665	665	665	665	665	665	665

续表

		职称	一流学科	是不是院学术委员会（或教授委员会）成员	是否担任学院（或学校）行政职务	在学院任教的时间	以院长为主导的价值取向	以学生为本的价值取向	以教师为主导的价值取向	以效益为主导的价值取向	以学科发展为本的价值取向
是否担任学院（或学校）行政职务	Pearson相关性	.310**	-.033	.617**	1	-.216**	.093*	-.036	-.044	.088*	-.058
	显著性（双侧）	.000	.400	.000		.000	.016	.352	.254	.024	.133
	N	665	665	665	665	665	665	665	665	665	665
在学院任教的时间	Pearson相关性	-.430**	.131**	-.337**	-.216**	1	.119**	-.153**	-.166**	.164**	-.027
	显著性（双侧）	.000	.001	.000	.000		.002	.000	.000	.000	.493
	N	665	665	665	665	665	665	665	665	665	665

说明：* 表示在 0.05 水平（双侧）上显著相关；** 表示在 0.01 水平（双侧）上显著相关。

否担任学院（或学校）行政职务”三个变量与学院治理以院长和效益为主导的价值取向之间，均呈现出显著的相关性水平（$P<0.01$或$P<0.05$）；“职称”“是不是院学术委员会（或教授委员会）成员”两个变量与学院治理以学生为本的价值取向之间呈现出显著的相关性水平（$P<0.01$）；变量“是否担任院学术委员会（或教授委员会）成员”与学院治理以学科发展为本的价值取向之间呈现出显著的相关性水平（$P<0.05$）；变量“学科”与学院治理以效益为主导的价值取向之间呈现出显著的相关性水平（$P<0.01$）。说明影响学院治理价值取向的因素是多方面的，既与教师职称有关，同时也与教师是否担任行政职务，以及是不是学术委员会成员有着直接的关系。

二　学院治理制度分析

学院治理制度既是学院治理文化的重要组成部分，也是学院治理文化建设的基本保障条件。只有建立科学的学院治理制度，才能“超越某位优越领导者个人的任期，才可能大大降低领导人更迭带来的价值危机，组织的核心价值体系才可能获得长期的生命力”[①]。本书主要选取了与教师、学院发展密切相关的三种制度进行调查，即教师科研考核与评价制度、教师专业发展与培训制度、学院民主监督与管理制度。与此同时，本书还选择了学院决策氛围和学院文化传统两种非正式制度进行了调查。

（一）教师科研考核与评价制度

教师科研考核与评价制度是根据学术共同体认可的标准，对教师的科研成果、科研项目、科研贡献等进行价值判断和评价的方法、原则、程序等规则的总称，其核心内容主要包括科研考核与评价的主体、客体、标准、方法、程序五个方面。规范、完善的教师科研考核与评价制度既是衡量和判断科研影响力和质量的重要工具，同时也是推进科研创新、弘扬大学学术精神、增强学术自律意识的有效途径。为了解中国“双一流”建设高校教师科研考核与评价制度的基本情

① 徐莉：《组织中的领导者与领导过程》，中国社会科学出版社2014年版，第406页。

况，本书主要从教师科研考核与评价制度的公正性与合理性、科研奖励与评价制度的完善性、学术成果的同行评议三方面进行调查，研究结果见表4－20所示。

表4－20 **教师科研考核与评价制度的基本情况**

题项	N	所占比例（%）					均值	标准差
		完全不同意	基本不同意	一般	基本同意	完全同意		
学院教师科研考核与评价制度合理、公正	665	0.9	18.6	52.9	24.5	3.0	3.10	.761
学院制定了完善的科研奖励与评价制度	665	0.5	18.2	61.4	15.9	4.1	3.05	.721
学院注重同行专家对教师学术成果的评价	665	0.3	21.5	57.3	16.5	4.4	3.03	.753

由表4－20可知，在“学院教师科研考核与评价制度合理、公正”的选项上，选择同意的教师所占比例为总人数的27.5%；超过五成的教师持中立态度，占总人数的52.9%；有近两成的教师持反对态度，占总人数的19.5%。说明中国“双一流”建设高校教师科研考核与评价制度在公平性与合理性上并不令人乐观，教师在认同度上总体偏低。这一研究结论与国内部分学者的研究结论基本一致。①

为更详细、具体地了解不同学科的教师对科研考核与评价制度公正性、合理性的看法，本书对变量“学科”与此题项进行了交叉分析。由表4－21可知，选择同意比例最高的为信息与通信工程学科的

① 有研究者以中国南部、北部和中部6个省份12所大学中5个学科的部分教师为调查对象，其中，关于“985”高校教师学术评价制度合理性的研究结果显示：有26.42%的教师认为其所在学校的大学教师学术评价制度“非常合理”，有36.54%的教师选择“基本合理”，有21.86%的教师认为“不太合理”，分别有10.87%和5.39%的教师选择了“不合理”和“非常不合理”（参见蒋洪池、李文燕《大学教师学术评价制度创新：基于学科文化的视角》，科学出版社2017年版，第65页）。

教师，占该学科总人数的56.6%；其次为马克思主义理论学科的教师，占该学科总人数的43.5%；排名第三的为理论经济学学科的教师，占该学科总人数的33.3%；认同度最低的为法学学科的教师，仅占该学科总人数的3.3%。由此可见，尽管不同学科的教师在科研考核与评价制度的合理性和公正性的认知上呈现出一定的差异性，但总体认同度较低。

表4-21　**不同学科的教师对科研考核与评价制度的认知**

题项			一流学科								合计
			化学	生物学	马克思主义理论	理论经济学	计算机科学与技术	信息与通信工程	法学	教育学	
学院教师科研考核与评价制度合理、公正	完全不同意	人数（人）	1	0	0	0	0	4	0	1	6
		占比（%）	1.0	0	0	0	0	4.8	0	1.3	0.9
	基本不同意	人数（人）	13	8	9	18	5	0	31	40	124
		占比（%）	12.5	7.9	13.0	27.3	4.8	0	50.8	52.6	18.6
	一般	人数（人）	71	64	30	26	78	32	28	23	352
		占比（%）	68.3	63.4	43.5	39.4	74.3	38.6	45.9	30.3	52.9
	基本同意	人数（人）	15	27	26	22	21	40	2	10	163
		占比（%）	14.4	26.7	37.7	33.3	20.0	48.2	3.3	13.2	24.5
	完全同意	人数（人）	4	2	4	0	1	7	0	2	20
		占比（%）	3.8	2.0	5.8	0	1.0	8.4	0	2.6	3.0
合计		人数（人）	104	101	69	66	105	83	61	76	665

由表4-20可知，在“学院制定了完善的科研奖励与评价制度”的选项上，选择同意的教师占总人数的20%；超过六成的教师持中立态度，占总人数的61.4%；另有18.7%的教师持反对意见。说明教师对学院科研奖励与评价制度的认同度并不高。此外，本书对变量“职称”与此题项进行了交叉分析。由表4-22可知，不同职称的教师在科研奖励与评价制度上也呈现出一定的差异性。其中，职称为教授/研究员、副教授/副研究员、讲师的教师在选择同

意的比例上呈逐渐下降的趋势，分别占该职称总人数的21.7%、17.3%、12.2%；持中立态度的教师所占比例最高，均超过六成。因此，从整体上讲，教师在学院制定的科研奖励与评价制度的完善性上的认同度较低。

表4－22 **不同职称的教师对科研奖励与评价制度的认同度**

题项			职称							合计
			教授/研究员	副教授/副研究员	讲师	高级工程师	工程师	助理工程师	其他	
学院制定了完善的科研奖励与评价制度	完全不同意	人数（人）	1	2	0	0	0	0	0	3
		占比（%）	0.4	0.8	0	0	0	0	0	0.5
	基本不同意	人数（人）	46	45	30	0	0	0	0	121
		占比（%）	17.0	17.6	24.4	0	0	0	0	18.2
	一般	人数（人）	165	164	78	1	0	0	0	408
		占比（%）	60.9	64.3	63.4	50.0	0	0	0	61.4
	基本同意	人数（人）	47	39	14	1	0	0	5	106
		占比（%）	17.3	15.3	11.4	50.0	0	0	45.5	15.9
	完全同意	人数（人）	12	5	1	0	1	2	6	27
		占比（%）	4.4	2.0	0.8	0	100	100	54.5	4.1
合计		人数（人）	271	255	123	2	1	2	11	665

由表4－20可知，在“学院注重同行专家对教师学术成果的评价”的选项上，选择同意的教师仅为两成左右，占总人数的20.9%；有57.3%的教师持中立态度；另有21.8%的教师持反对态度。可见，在中国“双一流”建设高校中，同行评价在教师科研成果评价中并未形成一种文化或建立起一套完善的制度体系。学院对同行评议制度尚未引起足够重视，且有教师对此还持反对意见。

（二）学院对教师专业发展与培训的支持

大学教师是大学组织中最重要的人力资源，提高教师地位、关心教师成长，成为高校管理中的基本共识。[①] 从学历上看，中国“双一流”建设高校中的教师基本上都是博士，具有扎实的专业知识，受过系统的学术训练，部分教师已成为学术骨干或学科带头人。然而，随着现代信息技术的不断发展，以及现代知识更新速度的不断加快，教师的知识结构也需紧跟时代发展的步伐。学院作为教师生活、学习和工作的重要场域，有责任为教师成长创设良好环境。在制度、资金等方面为教师的专业发展提供更大的投入和支持，提高教师专业素养和综合能力，促进学院整体发展。本书对学院为教师的专业成长与培训提供的外部支持条件进行了调查，调查结果见图4－2所示。

由图4－2可知，在“学院经常通过提供外出学习和培训等方式，为所有教师的专业成长和发展提供条件”的选项上，选择“完全同意”的教师仅占总人数的3.5%；选择“基本同意”的教师占总人数的33.2%；持中立态度的教师占总人数的56.2%；另有7.1%的教师表示反对。由此可知，学院为教师提供的专业成长和培训的支持条件还有待进一步加强。

为具体了解学院对不同任教年限的教师外出学习与培训提供的支持情况，本书将变量“任教年限”与此题项进行了交叉分析。由表4－23可知，选择同意比例最高的为工作2年以下的教师，占总人数的64.3%；工作年限在11—15年和16年以上的教师在选择同意的比例上基本持平，分别占总人数的43.8%、42.1%；工作年限为3—5年和6—10年的教师在选择同意的比例上相当，分别占总人数的33.3%、35.1%。可见，工作年限与学院为教师的专业成长和培训提供的支持之间有一定的关系，即学院为工作时间较短和较长的教师提供的专业支持和培训相对其他工作年限的教师更多。

① 周海涛等：《大学教师发展：理论与实践》，教育科学出版社2015年版，第1页。

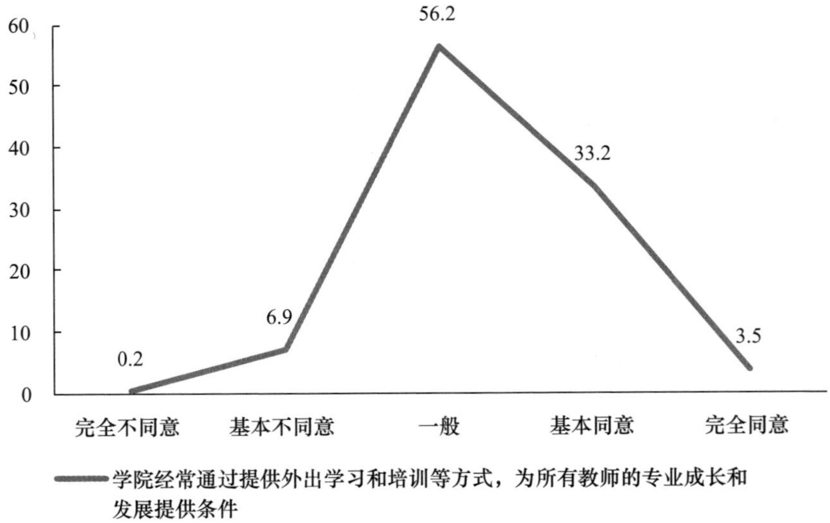

图 4－2　学院为教师的专业成长和发展提供的条件支持

表 4－23　学院为不同工作年限的教师外出学习与培训提供的支持

题项			在学院任教的时间					合计
			2 年以下	3—5 年	6—10 年	11—15 年	16 年以上	
学院经常通过提供外出学习和培训等方式，为所有教师的专业成长和发展提供条件	完全不同意	人数（人）	0	0	0	0	1	1
		占比（%）	0	0	0	0	2.6	0.2
	基本不同意	人数（人）	0	14	16	8	8	46
		占比（%）	0	6.8	5.0	9.0	21.1	6.9
	一般	人数（人）	5	124	190	42	13	374
		占比（%）	35.7	59.9	59.9	47.2	34.2	56.2
	基本同意	人数（人）	5	66	107	29	14	221
		占比（%）	35.7	31.9	33.8	32.6	36.8	33.2
	完全同意	人数（人）	4	3	4	10	2	23
		占比（%）	28.6	1.4	1.3	11.2	5.3	3.5
合计		人数（人）	14	207	317	89	38	665

（三）学院民主监督与管理制度

学院民主监督与管理是对为了确保学院内部权力合法有效地运行，而通过对学院治理中若干事务的内部约束，针对学院内部权力资源、主体权责、运作效能等，相对独立地开展的检查、审核、评议、督促活动在机构设置、领导隶属关系、管理权限划分及其运行机制等要素的体系、方法、形式、规则等方面的总称。[①] 随着高校办学自主权的不断扩大，以及高校管理权力重心的逐步下移，学院民主监督与管理制度在高校内部管理体制改革中的作用将日益凸显。学院民主监督与管理制度是有效防止学院权力腐败的重要保障，是确保学院权力有效、有序和规范运行的有力支撑。本书基于教师的视角，对学院的民主监督和管理制度进行了调查，调查结果见图 4－3 所示。

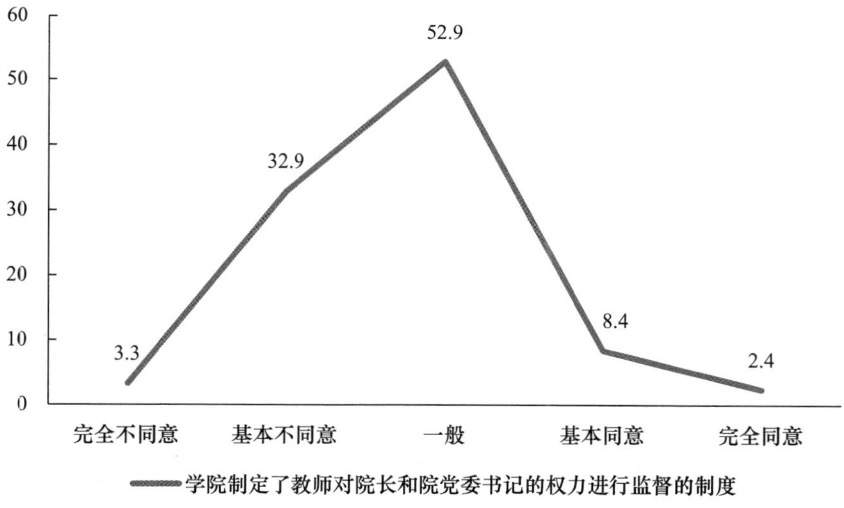

图 4－3　学院的民主监督与管理制度

由图 4－3 可知，在“学院制定了教师对院长和院党委书记的权力进行监督的制度”的选项上，选择“完全同意”的教师仅占总人

① 毕先顺：《决策·执行·监督——高等学校内部权力制约与协调机制研究》，教育科学出版社 2013 年版，第 114 页。

数的 2.4%，持“基本同意”态度的教师占总人数的 8.4%，有 52.9%的教师持中立态度，另有 36.2%的教师持反对意见。说明学院自下而上的权力监督机制，在学院管理与权力运行中尚未真正建立起来，有待进一完善。

此外，本书通过相关性分析发现，“职称”“是否担任学院（或学校）行政职务”两个变量与此题项均呈现出显著的相关性水平（$P<0.01$）。其中，担任行政职务的教师在认同度上明显高于没有担任学院行政职务的教师，这在对“是否担任学院（或学校）行政职务”与此题项进行交叉分析后也得到了证实。由表 4－24 可知，担任学院（或学校）行政职务的教师选择同意的比例占总人数的 14.8%，持反对态度的占总人数的 25.3%；在没有担任行政职务的教师中选择同意的比例仅占总人数的 9.7%，而持反对态度的教师占总人数的 39.2%。可见，是否担任行政职务对教师在此方面的认知有较大的影响。

表 4－24 **教师对学院制定的监督制度的认识**

题项			是否担任学院（或学校）行政职务		合计
			是	否	
学院制定了教师对院长和院党委书记的权力进行监督的制度	完全不同意	人数（人）	1	21	22
		占比（%）	0.7	4.0	3.3
	基本不同意	人数（人）	35	184	219
		占比（%）	24.6	35.2	32.9
	一般	人数（人）	85	267	352
		占比（%）	59.9	51.1	52.9
	基本同意	人数（人）	12	44	56
		占比（%）	8.5	8.4	8.4
	完全同意	人数（人）	9	7	16
		占比（%）	6.3	1.3	2.4
合计		人数（人）	142	523	665

（四）学院决策氛围

决策在本质上是人的一种社会文化活动，决策活动的开展、决策方案的形成、决策意见的达成，以及决策的具体执行等在很大程度上凝聚了决策主体的知识、思维、行为及其艺术。[①] 同样，学院决策也是学院治理文化的重要组成部分。学院决策是否真正体现了学院治理的价值取向，是否尊重了教师在学院决策中的权利和地位，对保障学院决策的科学性、民主性和有效性意义重大。本书主要从学院为教师参与学院决策创设的条件、学院对教师参与学院决策的要求两方面进行了调查，调查结果见表4－25所示。

表4－25　**教师对学院决策氛围的认识**

题项	N	所占比例（%）					均值	标准差
		完全不同意	基本不同意	一般	基本同意	完全同意		
学院创造了积极参与决策的氛围，鼓励全体教师参与学院治理	665	0.6	3.8	52.0	40.6	3.0	3.42	.644
学院对参与决策制定的教师，在职称、学历等资质上有明确要求	665	0.5	1.7	45.4	46.3	6.2	3.56	.656

由表4－25可知，在“学院创造了积极参与决策的氛围，鼓励全体教师参与学院治理”的选项上，选择同意的教师超过四成，占总人数的43.6%；超过五成的教师持中立态度，占总人数的52%；另有4.4%的教师持反对态度。可见，仅有一半多一点的教师认为学院创设了积极的、鼓励教师参与学院治理的氛围，说明共同决策的文化氛围在大部分学院中尚未真正形成。为更加全面地了解不同学科所在学院鼓励教师参与学院治理的氛围，本书对变量“学科”与此题项进行了交叉分析，结果见表4－26所示。

① 鲍宗豪：《决策文化论》，上海三联书店1997年版，第14页。

表 4－26　　不同学院鼓励教师参与学院决策的氛围

题项			一流学科								合计
			化学	生物学	马克思主义理论	理论经济学	计算机科学与技术	信息与通信工程	法学	教育学	
学院创造了积极参与决策的氛围，鼓励全体教师参与学院治理	完全不同意	人数（人）	2	0	0	0	0	1	0	1	4
		占比（%）	1.9	0	0	0	0	1.2	0	1.3	0.6
	基本不同意	人数（人）	3	2	3	1	5	5	1	5	25
		占比（%）	2.9	2.0	4.3	1.5	4.8	6.0	1.6	6.6	3.8
	一般	人数（人）	55	54	47	37	50	36	32	35	346
		占比（%）	52.9	53.5	68.1	56.1	47.6	43.4	52.5	46.1	52.0
	基本同意	人数（人）	44	42	17	27	48	32	28	32	270
		占比（%）	42.3	41.6	24.6	40.9	45.7	38.6	45.9	42.1	40.6
	完全同意	人数（人）	0	3	2	1	2	9	0	3	20
		占比（%）	0.0	3.0	2.9	1.5	1.9	10.8	0.0	3.9	3.0
合计		人数（人）	104	101	69	66	105	83	61	76	665

由表 4－26 可知，选择同意比例最高的为信息与通信工程学科的教师，占该学科总人数的 49.4%；计算机科学与技术、法学、教育学三个学科的教师在选择同意的比例上基本持平，分别占学科总人数的 47.6%、45.9%、46%；理论经济学、化学、生物学三个学科的教师在选择同意的比例上基本相当，分别占学科总人数的 42.4%、42.3%、44.6%；选择同意比例最低的为马克思主义理论学科的教师，占该学科总人数的 27.5%。从调查结果可以看出，在选择同意的比例上，除马克思主义理论学科的教师仅占两成多外，其他学科的教师均在四成以上，且所占比例基本持平，具有很大的趋同性。说明不同学科所在学院鼓励教师参与学院决策的氛围还不浓，有待加强。

由表 4－25 可知，在“学院对参与决策制定的教师，在职称、学历等资质上有明确要求”的选项上，选择同意的教师所占比例超过五成，占总人数的 52.5%；持中立态度的教师占总人数的 45.4%；另有 2.2% 的教师持反对意见。由于学院对参与学院决策的教师在资历上有一定的要求和限制，因此并非学院所有的教师都能真正参与到学院决策中去。教师参与学院决策的资历，除与教师是否担任行政职务或是不是学术委员会成员有关外，可能还与教师职称的高低有一定的关系。

因此，为了解不同职称的教师对参与学院治理资历的看法，本书对变量“职称”与此题项进行了交叉分析。由表4－27可知，选择同意的教师占教授/研究员总人数的55.7%、占副教授/副研究员总人数的50.5%、占讲师总人数的46.3%。说明不同职称的教师在认同度上的差异性并不是很大，学院对教师参与学院决策在职称和学历上都有一定的要求和限制。一般而言，参与学院决策制定的主体都是副教授及以上职称的教师，而讲师、助教等职称的教师参与学院决策的机会相对较少。从总体上讲，尽管不同学院的管理模式和发展特点有一定的差异性，但教师在参与学院决策的机会上却有很大的共性，即职称越高，参与学院决策的机会越多。

表4－27 **不同职称的教师对参与学院决策资历的看法**

题项			职称							合计
			教授/研究员	副教授/副研究员	讲师	高级工程师	工程师	助理工程师	其他	
学院对参与决策制定的教师，在职称、学历等资质上有明确要求	完全不同意	人数（人）	2	1	0	0	0	0	0	3
		占比（%）	0.7	0.4	0	0	0	0	0	0.5
	基本不同意	人数（人）	6	3	2	0	0	0	0	11
		占比（%）	2.2	1.2	1.6	0	0	0	0	1.7
	一般	人数（人）	112	122	64	0	0	2	2	302
		占比（%）	41.3	47.8	52.0	0	0	100	18.2	45.4
	基本同意	人数（人）	136	109	54	2	0	0	7	308
		占比（%）	50.2	42.7	43.9	100	0	0	63.6	46.3
	完全同意	人数（人）	15	20	3	0	1	0	2	41
		占比（%）	5.5	7.8	2.4	0	100	0	18.2	6.2
合计		人数（人）	271	255	123	2	1	2	11	665

同时，本书对学院决策的氛围进行了相关性分析。由表4－28可

知，变量“学校”与这两方面均呈现出显著的相关性水平（P<0.05）；变量“是否担任学院（或学校）行政职务”与“学院创造了积极参与决策的氛围，鼓励全体教师参与学院治理”之间呈现出显著的相关性水平（P<0.01）。说明教师是否担任行政职务，对学院是否创设了积极参与决策氛围的认知有重要影响。

表4－28 **学院决策氛围的相关性分析**

		一流学科	学校	是不是院学术委员会（或教授委员会）成员	是否担任学院（或学校）行政职务	职称	学院对参与决策制定的教师，在职称、学历等资质上有明确要求	学院创造了积极参与决策的氛围，鼓励全体教师参与学院治理
一流学科	Pearson相关性	1	.029	.013	-.033	.091*	-.001	.044
	显著性（双侧）		.451	.744	.400	.019	.976	.252
	N	665	665	665	665	665	665	665
学校	Pearson相关性	.029	1	.142**	.019	.162**	.080*	.151**
	显著性（双侧）	.451		.000	.617	.000	.038	.000
	N	665	665	665	665	665	665	665
是不是院学术委员会（或教授委员会）成员	Pearson相关性	.013	.142**	1	.617**	.555**	.027	-.019
	显著性（双侧）	.744	.000		.000	.000	.481	.619
	N	665	665	665	665	665	665	665

续表

		一流学科	学校	是不是院学术委员会（或教授委员会）成员	是否担任学院（或学校）行政职务	职称	学院对参与决策制定的教师，在职称、学历等资质上有明确要求	学院创造了积极参与决策的氛围，鼓励全体教师参与学院治理
是否担任学院（或学校）行政职务	Pearson 相关性	-.033	.019	.617**	1	.310**	.054	-.176**
	显著性（双侧）	.400	.617	.000		.000	.164	.000
	N	665	665	665	665	665	665	665
职称	Pearson 相关性	.091*	.162**	.555**	.310**	1	.024	.064
	显著性（双侧）	.019	.000	.000	.000		.539	.097
	N	665	665	665	665	665	665	665

说明：* 表示在 0.05 水平（双侧）上显著相关；** 表示在 0.01 水平（双侧）上显著相关。

（五）学院对优秀文化传统的重视程度

文化是一个不断积淀和发展的过程。学院的优秀文化传统对学院治理文化的发展也将产生重要的、潜移默化的影响。本书主要基于教师认知的视角，对学院领导是否重视学院文化传统进行了调查，结果见图 4－4 所示。

由图 4－4 可知，在“学院领导注重保护和弘扬优秀的学院文化传统”的选项上，选择同意的教师所占比例仅占总人数的 11.5%；持中立态度的教师超过七成，占总人数的 73.1%；另有 15.4% 的教师持反对态度。可见，学院领导对文化传统并没有产生足够的重视。为更具体地了解不同学科所在学院对文化传统的重视情况，本书对变量“学科”与此题项进行了交叉分析，结果见表 4－29 所示。

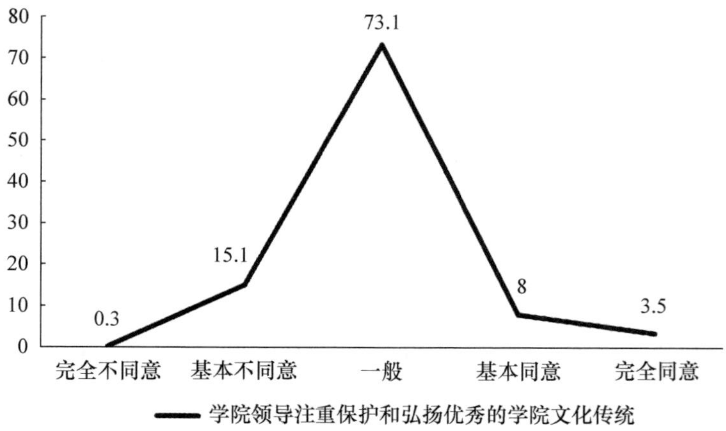

图 4－4　学院领导保护和弘扬学院文化传统的基本情况

表 4－29　**不同学科的学院领导保护和弘扬文化传统的比例**

题项			化学	生物学	马克思主义理论	理论经济学	计算机科学与技术	信息与通信工程	法学	教育学	合计
学院领导注重保护和弘扬优秀的学院文化传统	完全不同意	人数（人）	1	0	0	0	0	0	0	1	2
		占比（%）	1.0	0	0	0	0	0	0	1.3	0.3
	基本不同意	人数（人）	12	15	4	14	22	25	1	8	101
		占比（%）	11.5	14.9	5.8	21.2	21.0	30.1	1.6	10.5	15.2
	一般	人数（人）	85	80	58	49	77	24	58	55	486
		占比（%）	81.7	79.2	84.1	74.2	73.3	28.9	95.1	72.4	73.1
	基本同意	人数（人）	6	4	5	3	4	22	2	7	53
		占比（%）	5.8	4.0	7.2	4.5	3.8	26.5	3.3	9.2	8.0
	完全同意	人数（人）	0	2	2	0	2	12	0	5	23
		占比（%）	0	2.0	2.9	0	1.9	14.5	0	6.6	3.5
合计		人数（人）	104	101	69	66	105	83	61	76	665

由表 4－29 可知，选择同意比例最高的为信息与通信工程学科的教师，占该学科总人数的 41%；其次是教育学学科的教师，占该学科总人数的 15.8%；排名第三的为马克思主义理论学科的教师，占该学科总人数的 10.1%；化学、生物学、计算机科学与技术三个学科的教师

在比例上基本持平，分别占不同学科总人数的5.8%、6%、5.7%；比例最低的为法学学科的教师，占该学科总人数的3.3%。可见，不同学科所在学院的领导对文化传统的重视程度虽有一定的差异性，但从总体上而言，学院领导对学院文化传统的重视程度还不够，有待加强。

三　学院治理行为分析

学院治理行为是学院治理理念和学院治理制度的具体表现形式。本书主要对教师参与学院治理的行为、院长领导与管理学院的行为、学院间的合作与交流三个方面进行了调查。

（一）教师参与学院治理的行为

教师参与学院治理的行为主要包括教师参与学院治理的价值取向、角色定位、内容、主动性四个方面。

1. 教师参与学院治理的价值取向

教师参与学院治理的行为在一定程度上反映了教师参与学院治理的价值取向。因此，教师参与学院治理的行为与其所持的价值观是紧密相关的。本书主要对教师参与学院治理的作用与目的进行了调查，调查结果见表4－30表示。

表4－30　**教师参与学院治理的作用与目的**

题项	N	所占比例（%）					均值	标准差
		完全不同意	基本不同意	一般	基本同意	完全同意		
教师参与对提高学院决策的民主性和科学性有实质性影响	665	0.9	3.8	22.0	66.6	6.8	3.75	.674
我参与学院治理是为了满足个体的利益需要和诉求	665	20.8	53.5	19.8	5.1	0.8	2.12	.816

由表4－30可知，在“教师参与对提高学院决策的民主性和科学性有实质性影响”的选项上，选择“完全同意”的教师占总人数的6.8%；选择“基本同意”的教师占总人数的66.6%；持中立态度的教师占总人数的22%；仅有4.7%的教师持反对意见。可见，有超过七成的教师对参

与学院决策的重要性表示认同，仅有少部分教师持否定态度。

在“我参与学院治理是为了满足个体的利益需要和诉求”的选项上，选择同意的教师仅占总人数的5.9%；持中立态度的教师占总人数的19.8%；有超过七成以上的教师持反对意见，占总人数的74.3%。从调查结果来看，大部分教师参与学院治理主要还是从学院的整体利益出发的，而不仅仅是从教师个体的利益出发。这一研究结论与国内其他研究者的结论有一定的出入。国内有研究显示：“教师参与高校治理的动机主要是维护自身的利益，与提高决策的民主化、科学化水平及促进学校发展关联很小。”“高校教师更强调与学科共生共荣的关系，不够重视与高校之间相辅相成的关系。”① 但从本书的调查结果来看，教师以满足个体利益需要和诉求为目的而参与学院治理的比例相对较低。

同时，本书对教师参与学院治理的作用和目的进行了相关性分析。由表4－31可知，变量“是不是院学术委员会（或教授委员会）成员”与此题项呈显著的相关性水平（$P<0.05$），而其他变量与此题项之间则没有呈现出显著的相关性水平。说明是否担任行政职务或不同职称的教师参与学院治理的目的并非完全出于个人利益的考虑，教师已在认知层面意识到参与学院治理的重要性。

表4－31 **教师参与学院治理的相关性分析**

题项		是不是院学术委员会（或教授委员会）成员	是否担任学院（或学校）行政职务	职称	教师参与对提高学院决策的民主性和科学性有实质性影响	我参与学院治理是为了满足个体的利益需要和诉求
是不是院学术委员会（或教授委员会）成员	Pearson相关性	1	.617**	.555**	-.062	.100**
	显著性（双侧）		.000	.000	.111	.010
	N	665	665	665	665	665

① 朱家德：《教师参与高校治理现状的个案研究》，《高等教育研究》2017年第8期，第34—41页。

续表

题项		是不是院学术委员会（或教授委员会）成员	是否担任学院（或学校）行政职务	职称	教师参与对提高学院决策的民主性和科学性有实质性影响	我参与学院治理是为了满足个体的利益需要和诉求
是否担任学院（或学校）行政职务	Pearson 相关性	.617 **	1	.310 **	-.071	.015
	显著性（双侧）	.000		.000	.066	.690
	N	665	665	665	665	665
职称	Pearson 相关性	.555 **	.310 **	1	.041	.030
	显著性（双侧）	.000	.000		.286	.433
	N	665	665	665	665	665

说明：* 表示在 0.05 水平（双侧）上显著相关；** 表示在 0.01 水平（双侧）上显著相关。

2. 教师在学院治理中的角色定位

教师在学院治理中对自我角色的认知和定位，直接影响着教师参与学院治理的积极性和主动性。本书对教师在学院治理中的角色定位进行了调查，结果见图 4 -5 所示。

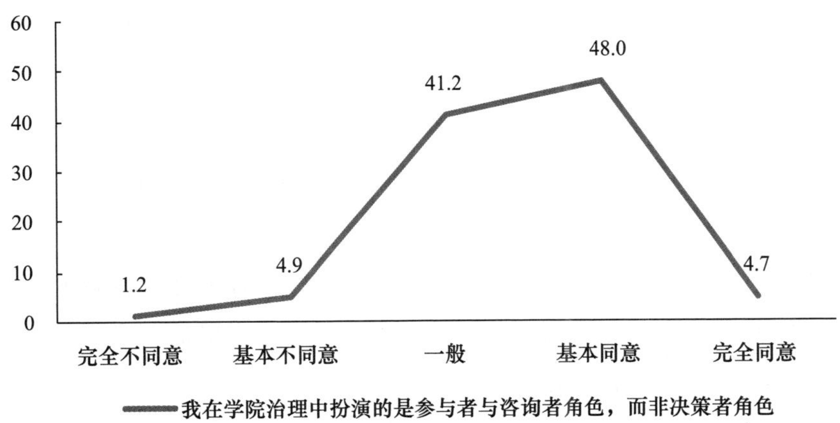

图 4 -5　教师在学院治理中的角色定位

由图4－5可知，在“我在学院治理中扮演的是参与者与咨询者角色，而非决策者角色”的选项上，选择“完全同意”的教师仅占总人数的4.7%，选择“基本同意”的教师占总人数的48%，持中立态度的教师占总人数的41.2%，另有6.1%的教师持反对意见。这可能与不同职称的教师在学院治理中所扮演的角色有关。因此，本书对变量“职称”与此题项进行了交叉分析，研究结果见表4－32所示。

表4－32　**不同职称的教师对在学院治理中所扮演角色的认知**

题项			职称							合计
			教授/研究员	副教授/副研究员	讲师	高级工程师	工程师	助理工程师	其他	
我在学院治理中扮演的是参与者与咨询者角色，而非决策者角色	完全不同意	人数（人）	3	4	1	0	0	0	0	8
		占比（%）	1.1	1.6	0.8	0	0	0	0	1.2
	基本不同意	人数（人）	6	8	16	0	1	0	2	33
		占比（%）	2.2	3.1	13.0	0	100	0	18.2	5.0
	一般	人数（人）	112	107	51	0	0	0	4	274
		占比（%）	41.3	42.0	41.5	0	0	0	36.4	41.2
	基本同意	人数（人）	134	128	53	1	0	0	3	319
		占比（%）	49.4	50.2	43.1	50.0	0	0	27.3	48.0
	完全同意	人数（人）	16	8	2	1	0	2	2	31
		占比（%）	5.9	3.1	1.6	50.0	0	100	18.2	4.7
合计		人数（人）	271	255	123	2	1	2	11	665

由表4－32可知，选择同意的教师占教授/研究员总人数的55.3%，占副教授/副研究员总人数的53.3%，占讲师总人数的44.7%。可见，教授/研究员、副教授/副研究员这两个群体在此方面的比例基本持平，而讲师在此方面所占比例则相对更低一些。

3. 教师参与学院治理的主动性

教师参与学院治理的主动性，反映了教师对学院治理的基本看法和所持的价值取向，在很大程度上体现了教师参与学院治理的主观倾向性。需要强调的是，教师参与学院治理与教师参与学院管理是两个不同的概念。“治理更多地涉及决策过程而不是具体事务的管理过程，前者体现为决策过程中不同主体介入或互动方式及其机制，而后者则是严格遵从既有的规章与程序来执行政策。”①

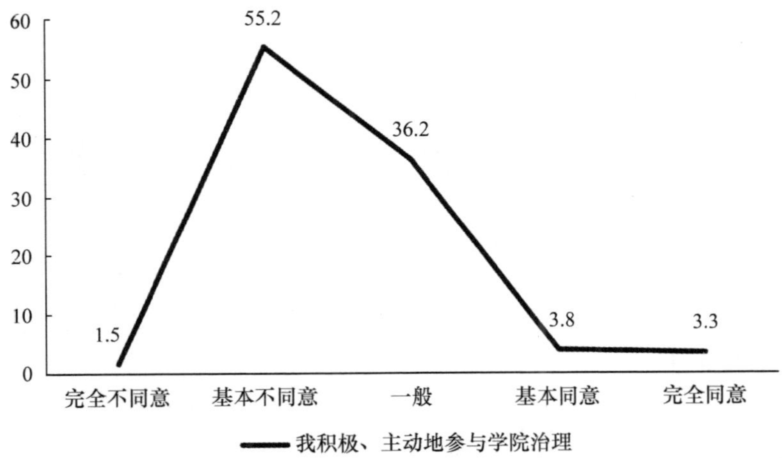

图 4－6　教师参与学院治理活动的主动性

由图 4－6 可知，在“我积极、主动地参与学院治理”的选项上，选择“完全同意”的教师占总人数的 3.3%，选择“基本同意”的教师占总人数的 3.8%，持中立态度的教师占总人数的 36.2%，另有 56.7% 的教师持反对意见。可见，从总体上讲，教师参与学院治理活动的意愿不足，参与的主动性不强。

为更详细地分析教师参与学院治理的主观倾向性，本书对教师参与学院治理的主动性进行了相关性分析。由表 4－33 可知，教师年龄、任教时间，是否担任行政职务这三个变量与此选项均呈现出显著的相关性水平（$P<0.01$ 或 $P<0.05$）。但其他变量，如职称、学历、性别、是不是院学术委员会成员则与此题项没有呈现出显著的相关性水平。

① 阎光才：《高校教师参与治理的困惑及其现实内涵》，《中国高教研究》2017 年第 7 期，第 6—11 页。

表4－33 教师参与学院治理的相关性分析

		性别	年龄	职称	是否担任学院（或学校）行政职务	是不是院学术委员会（或教授委员会）成员	一流学科	在学院任教时间	我积极、主动地参与学院治理
性别	Pearson 相关性	1	－.040	.183**	.068	.091*	.068	.017	.044
	显著性（双侧）		.304	.000	.079	.019	.082	.658	.255
	N	665	665	665	665	665	665	665	665
年龄	Pearson 相关性	－.040	1	－.484**	－.332**	－.441**	.099*	.715**	.143**
	显著性（双侧）	.304		.000	.000	.000	.010	.000	.000
	N	665	665	665	665	665	665	665	665
职称	Pearson 相关性	.183**	－.484**	1	.310**	.555**	.091*	－.430**	.031
	显著性（双侧）	.000	.000		.000	.000	.019	.000	.429
	N	665	665	665	665	665	665	665	665

续表

		性别	年龄	职称	是否担任学院（或学校）行政职务	是不是院学术委员会（或教授委员会）成员	一流学科	在学院任教时间	我积极、主动地参与学院治理
是否担任学院（或学校）行政职务	Pearson 相关性	.068	-.332**	.310**	1	.617**	-.033	-.216**	-.113**
	显著性（双侧）	.079	.000	.000		.000	.400	.000	.004
	N	665	665	665	665	665	665	665	665
是不是院学术委员会（或教授委员会）成员	Pearson 相关性	.091*	-.441**	.555**	.617**	1	.013	-.337**	-.065
	显著性（双侧）	.019	.000	.000	.000		.744	.000	.092
	N	665	665	665	665	665	665	665	665
一流学科	Pearson 相关性	.068	.099*	.091*	-.033	.013	1	.131**	-.006
	显著性（双侧）	.082	.010	.019	.400	.744		.001	.869
	N	665	665	665	665	665	665	665	665

续表

		性别	年龄	职称	是否担任学院（或学校）行政职务	是不是院学术委员会（或教授委员会）成员	一流学科	在学院任教时间	我积极、主动地参与学院治理
在学院任教的时间	Pearson 相关性	.017	.715 **	-.430 **	-.216 **	-.337 **	.131 **	1	.216 **
	显著性（双侧）	.658	.000	.000	.000	.000	.001		.000
	N	665	665	665	665	665	665	665	665

说明：* 表示在 0.05 水平（双侧）上显著相关；** 表示在 0.01 水平（双侧）上显著相关。

为更全面地了解不同年龄阶段的教师在参与学院治理上的主动性，本书将变量“任教年限”与此题项进行了交叉分析。由表4－34可知，任教年限在2年以下的教师选择同意的比例最高，占总人数的35.7%；其次是任教年限在16年以上的教师，选择同意的比例占总人数的31.6%；排名第三的是任教年限在11—15年的教师，选择同意的比例占总人数的18%；任教时间在3—5年和6—10年的教师选择同意的比例均较低，分别占总人数的1.5%、3.5%。可见，选择同意的比例比较低的教师主要集中在任教3—5年和6—10年这两个时间段；其次是11—15年；而任教时间在2年以下与16年以上的教师选择同意的比例相对较高。因此，不同年龄段的教师在参与学院治理的主观意愿上呈现出典型的倒“U”形结构。

表4－34　**不同任教年限的教师参与学院治理的主动性**

<table>
<tr><td colspan="3" rowspan="2">题项</td><td colspan="5">在学院任教的时间</td><td rowspan="2">合计</td></tr>
<tr><td>2年以下</td><td>3—5年</td><td>6—10年</td><td>11—15年</td><td>16年以上</td></tr>
<tr><td rowspan="10">我积极、主动地参与学院治理</td><td rowspan="2">完全不同意</td><td>人数（人）</td><td>0</td><td>2</td><td>3</td><td>3</td><td>2</td><td>10</td></tr>
<tr><td>占比（%）</td><td>0.0</td><td>1.0</td><td>0.9</td><td>3.4</td><td>5.3</td><td>1.5</td></tr>
<tr><td rowspan="2">基本不同意</td><td>人数（人）</td><td>4</td><td>133</td><td>187</td><td>36</td><td>7</td><td>367</td></tr>
<tr><td>占比（%）</td><td>28.6</td><td>64.3</td><td>59.0</td><td>40.4</td><td>18.4</td><td>55.2</td></tr>
<tr><td rowspan="2">一般</td><td>人数（人）</td><td>5</td><td>69</td><td>116</td><td>34</td><td>17</td><td>241</td></tr>
<tr><td>占比（%）</td><td>35.7</td><td>33.3</td><td>36.6</td><td>38.2</td><td>44.7</td><td>36.2</td></tr>
<tr><td rowspan="2">基本同意</td><td>人数（人）</td><td>2</td><td>2</td><td>10</td><td>7</td><td>4</td><td>25</td></tr>
<tr><td>占比（%）</td><td>14.3</td><td>1.0</td><td>3.2</td><td>7.9</td><td>10.5</td><td>3.8</td></tr>
<tr><td rowspan="2">完全同意</td><td>人数（人）</td><td>3</td><td>1</td><td>1</td><td>9</td><td>8</td><td>22</td></tr>
<tr><td>占比（%）</td><td>21.4</td><td>0.5</td><td>0.3</td><td>10.1</td><td>21.1</td><td>3.3</td></tr>
<tr><td colspan="2">合计</td><td>人数（人）</td><td>14</td><td>207</td><td>317</td><td>89</td><td>38</td><td>665</td></tr>
</table>

4. 教师参与学院治理的内容

本书根据对教师的访谈以及教师在学院治理中参与的实际情况，主要从学院重大决策、社会服务、教育教学、人才培养、教师招聘、科研项目申报六个方面对教师参与学院治理的内容进行了调研，结果见表4-35所示。

表4-35 **教师参与学院治理内容的基本情况**

题项	N	所占比例（%）					均值	标准差
		完全不同意	基本不同意	一般	基本同意	完全同意		
我参与的主要是学院中的重大决策活动	665	7.1	55.8	32.3	4.4	0.5	2.35	.696
我参与的主要是与学院发展有关的社会服务活动	665	1.7	10.2	60.5	26.6	1.1	3.15	.674
我参与的主要是与教育教学有关的活动	665	0.5	1.5	6.8	77.0	14.3	4.03	.557
我参与的主要是与学院人才培养方案制定、修改等有关的活动	665	1.1	3.6	9.8	74.4	11.1	3.91	.664
我参与的主要是与学院教师招聘相关的活动	665	3.2	5.0	19.8	63.8	8.3	3.69	.818
我参与的主要是与学院科研项目申报有关的活动	665	2.1	2.6	12.9	72.5	9.9	3.86	.707

由表4-35可知，在“我参与的主要是学院中的重大决策活动”的选项上，超过六成以上的教师持反对意见，占总人数的62.9%；而选择同意的教师仅占总人数的4.9%；另有32.3%的教师持中立态度。可见，大部分教师并未真正参与到学院重大决策活动中去。

在“我参与的主要是与学院发展有关的社会服务活动”的选项上，选择“完全同意”的教师仅占总人数的1.1%，选择“基本同意”的教师占总人数的26.6%，持中立态度的教师占总人数的

60.5%，有11.9%的教师持反对意见。可见，仅有部分教师参与过与学院发展有关的社会服务活动，这可能与不同学科的发展特点有一定的关系。因此，本书对变量“学科”与此题项进行了交叉分析，结果见表4-36所示。

表4-36　**不同学科的教师参与社会服务活动的基本情况**

题项			一流学科								合计
			化学	生物学	马克思主义理论	理论经济学	计算机科学与技术	信息与通信工程	法学	教育学	
我参与的主要是与学院发展有关的社会服务活动	完全不同意	人数（人）	0	1	2	1	1	6	0	0	11
		占比（%）	0	1.0	2.9	1.5	1.0	7.2	0	0	1.7
	基本不同意	人数（人）	4	7	14	1	7	20	1	14	68
		占比（%）	3.8	6.9	20.3	1.5	6.7	24.1	1.6	18.4	10.2
	一般	人数（人）	76	56	40	51	63	38	45	33	402
		占比（%）	73.1	55.4	58.0	77.3	60.0	45.8	73.8	43.4	60.5
	基本同意	人数（人）	24	37	13	12	32	16	15	28	177
		占比（%）	23.1	36.6	18.8	18.2	30.5	19.3	24.6	36.8	26.6
	完全同意	人数（人）	0	0	0	1	2	3	0	1	7
		占比（%）	0.0	0.0	0.0	1.5	1.9	3.6	0.0	1.3	1.1
合计		人数（人）	104	101	69	66	105	83	61	76	665

由表4-36可知，在所有学科中，选择同意的教师比例最高的为教育学，占该学科总人数的38.1%；其次为生物学和计算机科学与技术两个学科的教师，分别占学科总人数的36.6%、32.4%；化学、信息与通信工程、法学三个学科的教师在比例上基本持平，分别占学科总人数的23.1%、22.9%、24.6%。从总体上看，教师参与社会服务活动的比例偏低。

在“我参与的主要是与教育教学有关的活动”的题项上，选择“完全同意”的教师占总人数的14.3%，选择“基本同意”的教师占总人数的77%，持中立态度的教师占总人数的6.8%，另有2%的教师持反对意见。可见，有超过九成的教师对此表示赞同，说明教育教学活动是教师参与学院治理的主要内容。

在“我参与的主要是与学院人才培养方案制定、修改等有关的活动”的题项上，选择“完全同意”的教师占总人数的11.1%，选择“基本同意”的教师占总人数的74.4%，持中立态度的教师占总人数的9.8%，有4.7%的教师持反对意见。相对于教育教学活动而言，参与学院人才培养方案制定与修改等活动的教师所占比例较高，有超过八成以上的教师对此表示赞同。

在“我参与的主要是与学院科研项目申报有关的活动”的题项上，选择“完全同意”的教师占总人数的9.9%，选择“基本同意”的教师占总人数的72.5%，持中立态度的教师占总人数的12.9%，仅有4.7%的教师持反对意见。可见，有超过八成以上的教师参与了科研申报活动，这与国内部分学者的研究结论基本一致。①

在“我参与的主要是与学院教师招聘相关的活动”的题项上，选择“完全同意”的教师占总人数的8.3%，选择“基本同意”的教师占总人数的63.8%，持中立态度的教师占总人数的19.8%，有8.2%的教师持反对意见。可见，有超过七成以上的教师参与了与学院教师招聘相关的活动。

以上主要从频数分析的角度对教师参与学院治理的内容进行了调查。教师参与学院治理内容的频数由高到低分别为：教育教学活动、人才培养方案的制定与修改、科研项目的申报、教师人才招聘、社会服务、重大决策活动。从均值上也可以看出，教师参与学院治理的内容主要集中在教育教学、人才培养、科研项目申报、教师招聘四个方面。

此外，本书还对教师参与学院治理的内容进行了相关性分析。由表4－37可知，变量“职称”除与社会服务活动无显著相关性外，与

① 国内有研究表明：从参与治理的主观意愿来看，高校教师期待参与科研事务的程度最高，参与院校发展的程度最低，这表明高校教师的学术归属感强于行政归属感。教师对与学术权力相关的科研活动治理意愿最强（参见郭娇、徐祯《高校教师参与治理的意愿及行为分析》，《中国高教研究》2018年第6期，第62—68页）。

表 4－37　　教师参与学院治理内容的相关性分析

		年龄	职称	是否担任学院（或学校）行政职务	是不是院学术委员会（或教授委员会）成员	一流学科	任教时间	我参与的主要是学院中的重大决策活动	我参与的主要是与学院发展有关的社会服务活动	我参与的主要是与教育教学有关的活动	我参与的主要是与学院人才培养方案制定、修改等有关的活动	我参与的主要是与学院教师招聘相关的活动	我参与的主要是与学院科研项目申报有关的活动
年龄	Pearson 相关性	1	－.484**	－.332**	－.441**	.099*	.715**	.130**	.029	－.020	－.074	－.083*	－.159**
	显著性（双侧）		.000	.000	.000	.010	.000	.001	.448	.614	.055	.032	.000
	N	665	665	665	665	665	665	665	665	665	665	665	665
职称	Pearson 相关性	－.484**	1	.310**	.555**	.091*	－.430**	－.202**	－.007	－.174**	－.244**	－.298**	－.233**
	显著性（双侧）	.000		.000	.000	.019	.000	.000	.861	.000	.000	.000	.000
	N	665	665	665	665	665	665	665	665	665	665	665	665
是否担任学院（或学校）行政职务	Pearson 相关性	－.332**	.310**	1	.617**	－.033	－.216**	－.163**	－.139**	.076	－.087*	－.108**	.008
	显著性（双侧）	.000	.000		.000	.400	.000	.000	.000	.051	.024	.005	.841
	N	665	665	665	665	665	665	665	665	665	665	665	665

续表

		年龄	职称	是否担任学院（或学校）行政职务	是不是院学术委员会（或教授委员会）成员	一流学科	任教时间	我参与的主要是学院中的重大决策活动	我参与的主要是与学院发展有关的社会服务活动	我参与的主要是与教育教学有关的活动	我参与的主要是与学院人才培养方案制定、修改等有关的活动	我参与的主要是与学院教师招聘相关的活动	我参与的主要是与学院科研项目申报有关的活动
是不是院学术委员会（或教授委员会）成员	Pearson 相关性	-.441**	.555**	.617**	1	.013	-.337**	-.211**	-.078*	.030	-.090*	-.132**	-.030
	显著性（双侧）	.000	.000	.000		.744	.000	.000	.045	.435	.020	.001	.446
	N	665	665	665	665	665	665	665	665	665	665	665	665
一流学科	Pearson 相关性	.099*	.091*	-.033	.013	1	.131**	.007	-.024	.006	-.034	-.079*	-.078*
	显著性（双侧）	.010	.019	.400	.744		.001	.863	.542	.870	.375	.043	.045
	N	665	665	665	665	665	665	665	665	665	665	665	665
在学院任教的时间	Pearson 相关性	.715**	-.430**	-.216**	-.337**	.131**	1	.169**	.035	-.024	-.129**	-.170**	-.165**
	显著性（双侧）	.000	.000	.000	.000	.001		.000	.365	.531	.001	.000	.000
	N	665	665	665	665	665	665	665	665	665	665	665	665

说明：** 表示在 0.01 水平（双侧）上显著相关；* 表示在 0.05 水平（双侧）上显著相关。

其他内容，如教育教学、人才培养、教师招聘和科研项目的申报之间均呈现出显著的相关性水平（$P < 0.01$）。变量“行政职务”与教育教学、科研项目申报两方面无显著相关性（$P > 0.05$），但与学院重大决策、人才培养、社会服务、教师招聘四个方面均呈现出显著的相关性（$P < 0.01$）。研究还发现，在中国“双一流”建设高校已拥有“一流学科”的学院中，变量教师“是否担任学院（或学校）行政职务”与科研项目的申报之间并没有呈现出显著的相关性。变量“是不是院学术委员会（或教授委员会）成员”与教育教学、科研项目申报之间无显著相关性，但与其他内容之间却呈现出显著的相关性（$P < 0.01$ 或 $P < 0.05$）。说明影响教师参与学院治理的因素与教师职称、是否担任行政职务、是不是学术委员会成员这几个变量之间均有一定的关系。另外，需要说明的是，本书还发现，在9所样本高校“一流学科”所在学院中，科研项目的申报与是否担任行政职务或学术委员会成员这两个变量之间并没有呈现出显著的相关性。

（二）院长的领导与管理行为

院长的领导风格、领导能力、管理理念等都需通过外在的行为表现出来。本书通过教师的视角来对院长的领导行为进行审视，以更为客观地了解院长的领导与管理行为。

1. 院长的领导风格

院长的领导风格对学院治理文化的形成起着关键性作用。不同学科所在学院由于院长个人所持的价值取向、治院理念的不同，而在学院领导风格、管理模式等方面可能呈现出一定的差异性，并通过具体的行为表现出来。本书主要从教师的角度对院长的领导风格进行了调查，结果见表4－38所示。

由表4－38可知，在“院长管理学院事务有条理、有组织性，要求和标准非常严格”的选项上，选择“完全同意”的教师仅占总人数的3.2%，选择“基本同意”的教师占总人数的39.5%，持“一般”态度的教师占总人数的35.5%，另有21.8%的教师持反对态度。

表4-38 **教师对院长领导风格的评价**

题项	N	所占比例（%）					均值	标准差
		完全不同意	基本不同意	一般	基本同意	完全同意		
院长管理学院事务有条理、有组织性，要求和标准非常严格	665	2.4	19.4	35.5	39.5	3.2	3.22	.875
院长注重“双一流”学科排名对学院声誉的影响	665	0.5	2.0	27.5	61.5	8.6	3.76	.649

在“院长注重‘双一流’学科排名对学院声誉的影响”的选项上，选择“完全同意”的教师仅占总人数的8.6%，选择“基本同意”的教师占总人数的61.5%，持中立态度的教师占总人数的27.5%，另有2.5%的教师持反对意见。可见，有超过七成以上的教师认为院长比较注重学科排名。

为更全面地了解不同学科的教师对院长是否注重“双一流”排名的认知情况，本书将变量“学科”与此题项进行了交叉分析。由表4-39可知，选择同意的教师比例最高的为教育学，占该学科总人数的86.8%；其次为信息与通信工程的教师，占该学科总人数的83.1%；法学和生物学两个学科的教师基本持平，分别为学科总人数的77%、73.3%；理论经济学、计算机科学与技术、化学三个学科的教师基本持平，分别为学科总人数的65.1%、62.9%、62.5%；比例最低的为马克思主义理论学科的教师，占该学科总人数的52.1%。同时，本书还将变量“职称”与此题项进行了交叉分析，结果显示，选择同意的教师的比例占教授/研究员总人数的70.5%，占副教授/副研究员总人数的69.8%，占讲师总人数的占65.9%。可见，无论是不同学科的教师，还是不同职称的教师在选择同意的比例上都相对较高，且不同职称的教师在此方面并没有表现出很大差异性。说明不同学科所在学院的院长对学科排名均比较重视，这可能与我国“双一流”建设学科评估的宏观背景有着直接的关系。尽管部分院长已认知到对学科排名的过分强调可能对学院发展带来一些负面效应，但迫于学校内外部环境的影响和压力，院长又不得不重视学科排名。

2. 院长的领导能力

院长既是学院治理文化的创建者，也是学院治理文化的传承者和维护者。院长的领导能力对促进学科发展具有重要的促进作用。本书对院长的领导能力在学科发展中的作用进行了调查，调查结果见图4-7所示。

表4-39 **教师对院长注重“双一流”学科排名的认识**

题项			一流学科								合计
			化学	生物学	马克思主义理论	理论经济学	计算机科学与技术	信息与通信工程	法学	教育学	
院长注重“双一流”学科排名对学院声誉的影响	完全不同意	人数（人）	1	0	0	0	0	2	0	0	3
		占比（%）	1.0	0	0	0	0	2.4	0	0	0.5
	基本不同意	人数（人）	3	1	2	2	2	1	2	0	13
		占比（%）	2.9	1.0	2.9	3.0	1.9	1.2	3.3	0	2.0
	一般	人数（人）	35	26	31	21	37	11	12	10	183
		占比（%）	33.7	25.7	44.9	31.8	35.2	13.3	19.7	13.2	27.5
	基本同意	人数（人）	60	71	33	42	61	39	46	57	409
		占比（%）	57.7	70.3	47.8	63.6	58.1	47.0	75.4	75.0	61.5
	完全同意	人数（人）	5	3	3	1	5	30	1	9	57
		占比（%）	4.8	3.0	4.3	1.5	4.8	36.1	1.6	11.8	8.6
合计		人数（人）	104	101	69	66	105	83	61	76	665

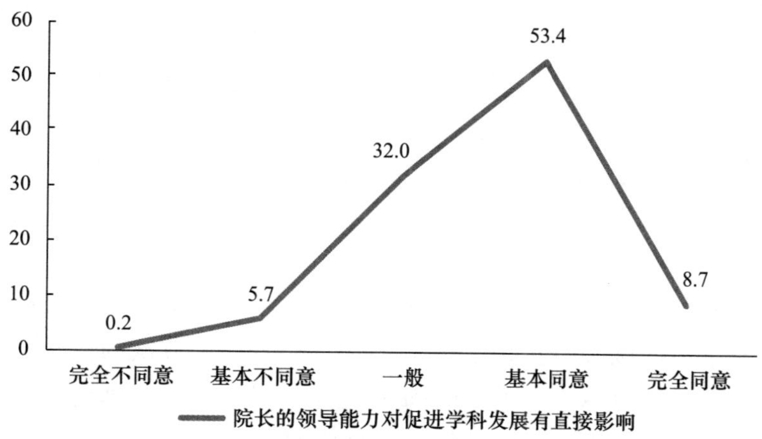

图4-7 院长的领导能力对促进学科发展的影响

由图 4－7 可知，在“院长的领导能力对促进学科发展有直接影响”的选项上，选择“完全同意”的教师占总人数的 8.7%，选择“基本同意”的教师占总人数的 53.4%，持中立态度的教师占总人数的 32%，另有 5.9% 的教师持反对意见。由此可见，有超过六成以上的教师认为院长的领导能力对学科发展有直接影响。

此外，本书通过相关性分析发现，不同学科的教师与此题项之间呈现出显著的相关性水平（P＜0.01），说明院长的领导能力对促进学科发展有重要影响。另外，本书还对变量“学科”与此题项进行了交叉分析，研究结果见表 4－40 所示。

表 4－40　　不同学科的教师对院长领导能力的认识

题项			一流学科								合计
			化学	生物学	马克思主义理论	理论经济学	计算机科学与技术	信息与通信工程	法学	教育学	
院长的领导能力对促进学科发展有直接影响	完全不同意	人数（人）	0	0	0	0	0	1	0	0	1
		占比（%）	0	0	0	0	0	1.2	0	0	0.2
	基本不同意	人数（人）	2	6	3	7	8	9	2	1	38
		占比（%）	1.9	5.9	4.3	10.6	7.6	10.8	3.3	1.3	5.7
	一般	人数（人）	28	50	16	29	53	20	10	7	213
		占比（%）	26.9	49.5	23.2	43.9	50.5	24.1	16.4	9.2	32.0
	基本同意	人数（人）	68	40	44	25	39	30	48	61	355
		占比（%）	65.4	39.6	63.8	37.9	37.1	36.1	78.7	80.3	53.4
	完全同意	人数（人）	6	5	6	5	5	23	1	7	58
		占比（%）	5.8	5.0	8.7	7.6	4.8	27.7	1.6	9.2	8.7
合计		人数（人）	104	101	69	66	105	83	61	76	665

由表 4－40 可知，从学科分布来看，持同意态度比例最高的为教育学学科的教师，占该学科总人数的 89.5%；其次为法学学科的教师，占该学科总人数的 80.3%；化学、马克思主义理论两个学科的教师在选择同意的比例上基本持平，分别占学科总人数的 71.2%、72.5%；排名第四的为信息与通信工程学科的教师，占该

学科总人数的63.8%；生物学、理论经济学、计算机科学与技术三个学科的教师在选择同意的比例上相当，分别占学科总人数的44.6%、45.5%、41.9%。可见，不同学科的教师在此方面的认识是存在一定差异的，这可能与不同学科的发展特点有一定的关系。但从总体上看，教师基本上都认为院长的领导能力对促进学科发展有积极的作用和影响。

3. 院长对教师参与学院治理的重视程度

教师的意见和建议对提高学院决策的科学性和有效性有着重要的意义和价值。但在实践中，教师的意见和建议是否真正得到了学院领导的重视？教师参与学院治理的权利是否得到了真正保障？由此，本书对院长是否重视教师参与学院治理进行了调查，结果见表4－41所示。

表4－41　**院长对教师参与学院治理的重视程度**

题项	N	所占比例（%）					均值	标准差
		完全不同意	基本不同意	一般	基本同意	完全同意		
院长乐于听取并接纳教师在学院治理中的意见和建议	665	0.6	6.5	38.5	50.8	3.6	3.50	.699
院长充分尊重教师参与学院重大决策活动的权利	665	4.7	47.8	24.2	20.6	2.7	2.69	.940

由表4－41可知，在“院长乐于听取并接纳教师在学院治理中的意见和建议”选项上，有一半以上的教师明确表示同意，占总人数的54.4%；仅有7.1%的教师持反对意见；另有38.5%的教师持中立态度。可见，院长在学院治理中对教师所提意见和建议的重视程度还有待进一步加强。

为更加全面地了解院长听取教师意见和建议的基本情况，本书对变量“是否担任学院（或学校）行政职务”与此题项进行了交叉分析。由表4-42可知，担任行政职务的教师选择同意的比例超过六成，占62%，而未担任行政职务的教师选择同意的比例仅为52.4%，两者相差近10个百分点。

表4-42　**院长听取教师意见和建议的基本情况**

<table>
<tr><th colspan="3" rowspan="2">题项</th><th colspan="2">是否担任学院（或学校）行政职务</th><th rowspan="2">合计</th></tr>
<tr><th>是</th><th>否</th></tr>
<tr><td rowspan="10">院长乐于听取并接纳教师在学院治理中的意见和建议</td><td rowspan="2">完全不同意</td><td>人数（人）</td><td>0</td><td>4</td><td>4</td></tr>
<tr><td>占比（%）</td><td>0</td><td>0.8</td><td>0.6</td></tr>
<tr><td rowspan="2">基本不同意</td><td>人数（人）</td><td>9</td><td>34</td><td>43</td></tr>
<tr><td>占比（%）</td><td>6.3</td><td>6.5</td><td>6.5</td></tr>
<tr><td rowspan="2">一般</td><td>人数（人）</td><td>45</td><td>211</td><td>256</td></tr>
<tr><td>占比（%）</td><td>31.7</td><td>40.3</td><td>38.5</td></tr>
<tr><td rowspan="2">基本同意</td><td>人数（人）</td><td>75</td><td>263</td><td>338</td></tr>
<tr><td>占比（%）</td><td>52.8</td><td>50.3</td><td>50.8</td></tr>
<tr><td rowspan="2">完全同意</td><td>人数（人）</td><td>13</td><td>11</td><td>24</td></tr>
<tr><td>占比（%）</td><td>9.2</td><td>2.1</td><td>3.6</td></tr>
<tr><td colspan="2">合计</td><td>人数（人）</td><td>142</td><td>523</td><td>665</td></tr>
</table>

同时，为了解院长对不同职称的教师所提意见和建议的重视程度，本书对变量“职称”与此题项进行了交叉分析。由表4-43可知，选择同意的教师占教授/研究员总人数的50.6%，占副教授/副研究员总人数的55.3%，占讲师总人数的57.7%。由此可见，不同职称的教师在此方面选择同意的比例基本持平，相互间的差异性较小。

比较而言，在“院长充分尊重教师参与学院重大决策活动的权利”的选项上，有超过一半以上的教师表示反对，占总人数的52.5%；选择同意的教师仅占两成多一点，占总人数的23.3%；另有24.2%的教师持中立态度。可见，院长对教师参与学院重大决策活动权利的重视程度还不够，有待加强。

表 4－43　　**院长听取不同职称教师的意见和建议的比例**

题项			职称							合计
			教授/研究员	副教授/副研究员	讲师	高级工程师	工程师	助理工程师	其他	
院长乐于听取并接纳教师在学院治理中的意见和建议	完全不同意	人数（人）	3	1	0	0	0	0	0	4
		占比（%）	1.1	0.4	0	0	0	0	0	0.6
	基本不同意	人数（人）	17	18	8	0	0	0	0	43
		占比（%）	6.3	7.1	6.5	0	0	0	0	6.5
	一般	人数（人）	114	95	44	2	1	0	0	256
		占比（%）	42.1	37.3	35.8	100	100	0	0	38.5
	基本同意	人数（人）	126	135	68	0	0	0	9	338
		占比（%）	46.5	52.9	55.3	0	0	0	81.8	50.8
	完全同意	人数（人）	11	6	3	0	0	2	2	24
		占比（%）	4.1	2.4	2.4	0	0	100	18.2	3.6
合计		人数（人）	271	255	123	2	1	2	11	665

4. 学院领导与教师的沟通

沟通（communication）一词源于拉丁语的动词 communicare，意为“分享、传递共同的信息”“使多人共有和分享”。目前，学界对沟通的定义尚未达成基本共识。例如，有研究者认为，沟通是“人与人之间使用语言等媒介进行思想、观念、感情、意志的交换、联系和相互作用的一种社会行为”①。沟通是“一个既包含信息传递，也包含信息接收和反馈的全过程，是一个互动过程，是参与者之间的给予和接受，是交流，而不是传递”②。从内容上看，沟通主要包括发讯者、受讯者和传播通道三方面，“只有信息在发讯者和受讯者之间实现了共享，即受讯者按照发讯者的期望接受并反馈了有关信息，才实

① 赵慧军：《管理沟通》，人民教育出版社 2011 年版，第 2 页。

② 刘向兵、李立国：《大学战略管理导论》，中国人民大学出版社 2006 年版，第 247 页。

现了有效沟通。”①

沟通在组织中无处不在，对实现组织目标、发挥组织内部各职能部门的作用等都有着至关重要的影响。西方很多著名的管理学家都认识到了沟通在组织中的作用，并从不同方面进行了分析和阐释。例如，查尔斯·E. 贝克（Charles E. Beck）认为，沟通“是组织的生命线，传递组织的发展方向、期望、过程、产物和态度”②。切斯特·I. 巴纳德认为，沟通是将组织中的成员联系起来以实现共同目标的手段。与其他组织一样，沟通对保障学院治理目标的实现，增强学院领导与教师间的信任有着极其重要的意义。正如有学者所言：“只有通过交流与互动，才会强化教师与行政管理部门间的互信机制，消除彼此的龃龉甚至对立，让教师获得尊严感与对组织的归属感。”③ 本书主要对学院领导与教师间对话与沟通的作用、学院领导对沟通的重视程度、沟通方式、沟通频次四个方面进行了调查，结果见表4－44所示。

表4－44 **学院领导与教师沟通的基本情况**

题项	N	所占比例（%）					均值	标准差
		完全不同意	基本不同意	一般	基本同意	完全同意		
教师与学院领导间的沟通与对话，是提高学院治理效能的关键	665	0	1.4	17.0	42.9	38.8	4.19	.759
学院领导注重与教师进行对话与沟通	665	0.9	18.9	67.4	9.6	3.2	2.95	.668

① 刘向兵、李立国：《大学战略管理导论》，中国人民大学出版社2006年版，第247页。

② ［美］查尔斯·E. 贝克：《管理沟通——理论与实践的交融》，中国人民大学出版社2003年版，第12页。

③ 阎光才：《高校教师参与治理的困惑及其现实内涵》，《中国高教研究》2017年第7期，第11页。

续表

题项	N	所占比例（%）					均值	标准差
		完全不同意	基本不同意	一般	基本同意	完全同意		
学院定期举办教师座谈等活动，给予人文关怀	665	1.1	6.3	80.3	9.8	2.6	3.06	.549
我与院长经常保持沟通和交流，关系融洽	665	2.7	18.5	33.1	43.9	1.8	3.24	.866

由表4－44可知，在“教师与学院领导间的沟通与对话，是提高学院治理效能的关键”的选项上，选择“完全同意”的教师占总人数的38.8%，选择“基本同意”的教师占42.9%，持中立态度的教师占总人数的17%，另有1.4%的教师持反对意见。

在“学院领导注重与教师进行对话与沟通”的选项上，选择“完全同意”的教师仅占总人数的3.2%，选择“基本同意”的教师占总人数的9.6%，持中立态度的教师占总人数的67.4%，另有19.8%的教师持反对意见。可见，学院领导对与教师对话和沟通的重视程度还不够。

在“学院定期举办教师座谈等活动，给予人文关怀”的选项上，选择“完全同意”的教师占总人数的2.6%，选择“基本同意”的教师占总人数的9.8%，持中立态度的教师占总人数的80.3%，另有7.4%的教师持反对意见。从调查结果来看，仅有12.4%的学院通过定期举办教师座谈会的形式与教师进行面对面的交流，听取教师意见，了解教师的利益诉求，给予教师人文关怀。

在“我与院长经常保持沟通和交流，关系融洽”的选项上，选择“完全同意”的教师仅占总人数的1.8%，选择“基本同意”的教师占总人数的43.9%，持中立态度的教师占总人数的33.1%，另有21.2%的教师持反对意见。由此可知，在学院管理实践中，教师与院长之间的交流是比较少的。笔者从对教师的访谈中也发现，平时教师与院长之间的交流非常少，包括院长主动征询教师对学院发展的意见、倾听教师成长或发展中的利益诉求等。就教师角度而言，一般是在教师自己有事情，如外出学习、参加会议等需要院长签字的时候，才会主动找院长，平时是很少有教师主动与院长沟通关于学院或学科发展等方面的相关问题的。

为更加具体地了解教师担任行政职务与学院领导沟通之间是否存在一定的差异性，本书对变量“行政职务”与此题项进行了交叉分析。由表4－45可知，担任学院行政职务的教师相对其他没有担任学院行政职务的教师而言，与院长间的交流更多。其中，担任行政职务的教师，选择同意的比例占总人数的59.8%，而没有担任行政职务的教师选择同意的比例仅占总人数的41.9%，两者相差近二十个百分点。

表4－45　**院长与教师之间沟通与交流的基本情况**

题项			是否担任学院（或学校）行政职务		合计
			是	否	
我与院长经常保持沟通和交流，关系融洽	完全不同意	人数（人）	0	18	18
		占比（%）	0	3.4	2.7
	基本不同意	人数（人）	17	106	123
		占比（%）	12.0	20.3	18.5
	一般	人数（人）	40	180	220
		占比（%）	28.2	34.4	33.1
	基本同意	人数（人）	77	215	292
		占比（%）	54.2	41.1	43.9
	完全同意	人数（人）	8	4	12
		占比（%）	5.6	0.8	1.8
合计		人数（人）	142	523	665

为更加深入地了解影响学院领导与教师沟通的因素，本书对院长与教师之间的沟通与交流进行了相关性分析。由表4－46可知，变量“职称”与“学院领导注重与教师进行对话与沟通”和“学院定期举办教师座谈等活动，给予人文关怀”两者间均呈现出显著的相关性（$P<0.01$）。变量“是否担任学院（或学校）行政职务”与“教师与院领导间的沟通与对话，是提高学院治理效能的关键”和“学院领导注重与教师进行对话与沟通”两个选项间呈现出显著的相关性（$P<0.05$）。

表 4 – 46 教师与学院领导间沟通的相关性分析

		年龄	职称	是否担任学院（或学校）行政职务	是不是院学术委员会（或教授委员会）成员	在学院任教的时间	一流学科	我与院长经常保持沟通和交流，关系融洽	学院领导注重与教师进行对话与沟通	学院定期举办教师座谈等活动，给予人文关怀	教师与院领导间的沟通与对话，是提高学院治理效能的关键
年龄	Pearson 相关性	1	–.484**	–.332**	–.441**	.715**	.099*	.000	–.042	–.077*	.025
	显著性（双侧）		.000	.000	.000	.000	.010	1.000	.277	.048	.513
	N	665	665	665	665	665	665	665	665	665	665
职称	Pearson 相关性	–.484**	1	.310**	.555**	–.430**	.091*	–.110**	.206**	.154**	–.025
	显著性（双侧）	.000		.000	.000	.000	.019	.004	.000	.000	.517
	N	665	665	665	665	665	665	665	665	665	665
是否担任学院（或学校）行政职务	Pearson 相关性	–.332**	.310**	1	.617**	–.216**	–.033	–.180**	–.087*	–.072	–.077*
	显著性（双侧）	.000	.000		.000	.000	.400	.000	.025	.062	.048
	N	665	665	665	665	665	665	665	665	665	665

续表

		年龄	职称	是否担任学院（或学校）行政职务	是不是院学术委员会（或教授委员会）成员	在学院任教的时间	一流学科	我与院长经常保持沟通和交流，关系融洽	学院领导注重与教师进行对话与沟通	学院定期举办教师座谈等活动，给予人文关怀	教师与院领导间的沟通与对话，是提高学院治理效能的关键
是不是院学术委员会（或教授委员会）成员	Pearson 相关性	-.441**	.555**	.617**	1	-.337**	.013	-.087*	.041	.035	-.039
	显著性（双侧）	.000	.000	.000		.000	.744	.024	.285	.370	.309
	N	665	665	665	665	665	665	665	665	665	665
在学院任教的时间	Pearson 相关性	.715**	-.430**	-.216**	-.337**	1	.131**	-.035	.022	-.011	.070
	显著性（双侧）	.000	.000	.000	.000		.001	.366	.563	.777	.073
	N	665	665	665	665	665	665	665	665	665	665
一流学科	Pearson 相关性	.099*	.091*	-.033	.013	.131**	1	-.096*	.008	.124**	.090*
	显著性（双侧）	.010	.019	.400	.744	.001		.013	.833	.001	.020
	N	665	665	665	665	665	665	665	665	665	665

说明：* 表示在 0.05 水平（双侧）上显著相关；** 表示在 0.01 水平（双侧）上显著相关。

变量“是不是院学术委员会（或教授委员会）成员”与院长之间的交流虽有一定的相关性，但并不显著。说明不同职称以及是否担任行政职务对学院领导与教师间的沟通和交流有着重要影响。

（三）学院之间的交流与合作

学院治理文化作为一个开放的文化系统，学院与高校内外部组织机构间的交流与合作，对促进学院治理文化的发展有着极其重要的影响作用。从理论上讲，学院之间的合作与交流有助于推进学院间管理经验的交流和学科发展。本书主要从高校内部学院之间的合作与交流、学院与大学外部组织机构间的合作与交流两方面进行了调查，结果见表 4－47 所示。

表 4－47　　**学院间交流与合作的基本情况**

题项	N	所占比例（%）					均值	标准差
		完全不同意	基本不同意	一般	基本同意	完全同意		
学校内部学院间的交流多，合作程度高	665	4.8	38.3	44.8	9.9	2.1	2.66	.804
学院与学校外部组织机构的交流频繁，合作程度高	665	0.5	5.0	30.7	45.3	18.6	3.77	.824

由表 4－47 可知，在“学校内部学院间的交流多，合作程度高”的选项上，选择“完全同意”的教师仅占总人数的 2.1%，选择“基本同意”的教师占总人数的 9.9%，持中立态度的教师占总人数的 44.8%，持反对意见的教师占总人数的 43.1%。可见，学校内部学院间的交流与合作程度较低，选择同意的教师仅占总人数的 12%，另有四成以上的教师表示反对。从总体上而言，高校内部由于学科间的差异性，学院与学院之间的交流与合作相对较少，学院组织的封闭性较强。笔者在访谈中也发现，尽管院长带领学院行政管理人员或教师到其他学院进行过调研，但这种调研在很大程度上只是表面上的沟通和交流，学院之间尚未形成一种有深度、有效的交流与合作机制。

在“学院与学校外部组织机构的交流频繁，合作程度高”的选项上，选择“完全同意”的教师占总人数的18.6%，选择“基本同意”的教师占总人数的45.3%，持中立态度的教师占总人数的30.7%，持反对意见的教师占总人数的5.5%。可见，相对学院内部间的交流与合作而言，学院与高校外部组织机构在合作与交流的形式和内容上更为丰富和多样。

为更加详细地了解不同学科所在学院与外部组织机构间的交流与合作情况，本书对变量“学科”与此题项进行了交叉分析。由表4－48可知，选择同意的比例最高的为信息与通信工程学科的教师，占该学科总人数的90.3%；其次为生物学学科的教师，占该学科总人数的85.1%；排名第三的为计算机科学与技术学科的教师，占该学科总人数的71.4%；马克思主义理论和教育学两个学科的教师在选择同意的比例上基本持平，分别占该学科总人数的62.3%、64.5%；比例最低的为理论经济学学科的教师，占该学科总人数的28.8%。由此可见，“一流学科”所在学院与高校外部不同组织机构之间的交流相对于高校内部学院间的交流与合作更多。

表4－48 学院与学校外部组织机构间的交流与合作情况

题项			一流学科								合计
			化学	生物学	马克思主义理论	理论经济学	计算机科学与技术	信息与通信工程	法学	教育学	
学院与学校外部组织机构的交流频繁，合作程度高	完全不同意	人数（人）	1	0	0	0	0	2	0	0	3
		占比（%）	1.0	0.0	0.0	0.0	0.0	2.4	0.0	0.0	0.5
	基本不同意	人数（人）	4	2	2	12	2	0	9	2	33
		占比（%）	3.8	2.0	2.9	18.2	1.9	0.0	14.8	2.6	5.0
	一般	人数（人）	48	13	24	35	28	6	25	25	204
		占比（%）	46.2	12.9	34.8	53.0	26.7	7.2	41.0	32.9	30.7
	基本同意	人数（人）	42	56	40	17	33	47	27	39	301
		占比（%）	40.4	55.4	58.0	25.8	31.4	56.6	44.3	51.3	45.3
	完全同意	人数（人）	9	30	3	2	42	28	0	10	124
		占比（%）	8.7	29.7	4.3	3.0	40.0	33.7	0.0	13.2	18.6
合计		人数（人）	104	101	69	66	105	83	61	76	665

最后，为更加全面地了解影响学院交流与合作的因素，本书对学院内外部的交流与合作情况进行了相关性分析。由表4－49可知，变量“学校”与“学院与学校外部组织机构的交流频繁，合作程度高”之间呈现出显著相关性（P<0.01），变量“学科”与“学校内部学院间的交流多，合作程度高”呈现出显著的相关性（P<0.05）。说明不同地域的学校、不同学科两个变量对学院的合作与交流有着重要影响。

表4－49　**学院之间交流与合作的相关性分析**

		一流学科	学校	学院与学校外部组织机构的交流频繁，合作程度高	学校内部学院间的交流多，合作程度高
一流学科	Pearson 相关性	1	.029	.021	−.085*
	显著性（双侧）		.451	.586	.029
	N	665	665	665	665
学校	Pearson 相关性	.029	1	−.294**	.020
	显著性（双侧）	.451		.000	.607
	N	665	665	665	665
学院与学校外部组织机构的交流频繁，合作程度高	Pearson 相关性	.021	−.294**	1	.390**
	显著性（双侧）	.586	.000		.000
	N	665	665	665	665
学校内部学院间的交流多，合作程度高	Pearson 相关性	−.085*	.020	.390**	1
	显著性（双侧）	.029	.607	.000	
	N	665	665	665	665

表明：*表示在0.05水平（双侧）上显著相关；**表示在0.01水平（双侧）上显著相关。

第四节　结果与讨论

在上述调查研究的基础上，本书结合问卷设计的维度和内容，对中国“双一流”建设高校部分学院的院长、书记、教师等不同利益群体进行了访谈。最后，根据问卷调查结果和访谈资料，主要得出以下几方面的结论。

一　学院尚未形成全院教师认同和统一的治院理念

理念具有抽象性和概括性的特征，如果不将其融入学院治理的行为与实践中，教师就很难将其真正内化为自己的信念。从笔者对部分学院领导的访谈来看，很多学院都有自己的治院理念。例如，一位马克思主义理论学院的院长在访谈中谈道：

> 之前我们院的理念是学术立院，科研强院，制度治院。在成立马克思主义学院后，我们的总体理念是：坚持真理，崇尚学术。我们用学术的方式回应党的领导的最大关切，服务社会，服务国家。最后，从管理的角度说，我们追求卓越。（MD2，2019/06/08）

一位法学院的院长也用比较概括性的语言表达了对治院理念的看法：

> 我们院是一种平等、民主、共治的治理理念，是一种尊重和崇尚学术的治理理念。（MD3，2019/08/04）

然而，从问卷调查的结果来看，仅有50%的教师认为自己的学院形成了全院认同和统一的治院理念，有46.8%的教师对此持中立态度。可见，目前学院并未形成全院教师认同和统一的治院理念。在访谈中，部分教师明确表示自己根本不清楚学院的治理理念。例如，一位化学与分子科学学院的教师就谈道：

对于学院理念的凝练，我并不十分清楚，也没有真正参与过对学院治理理念的制定。平时我自己也比较忙，尽管我们院之前发过很多相关的册子，但是说真的，我并没有逐字去看。所以，我对学院现在的治理理念并不是很清楚，但在学院网上面应该有，你可以去查阅下。（MT2，2019/07/23）

二　教师对科研考核与评价制度的认同度低

调查结果显示，尽管不同学科的教师在科研考核与评价制度上的认知有一定的差异性，但从总体上看，教师对科研考核与评价制度的认同度都较低。在“学院教师科研考核与评价制度合理、公正”的选项上，选择同意的教师仅占总人数的 27.5%，而有近两成的教师对此明确表示反对，占总人数的 19.5%。同时，不同学科的教师在此方面的认同度普遍较低，其中，认同度最高的为信息与通信工程学科的教师，占该学科总人数的 56.6%，而认同度最低的为法学学科的教师，仅占该学科总人数的 3.3%。在“学院制定了完善的科研奖励与评价制度”“学院注重同行专家对教师学术成果的评价”这两个选项上，选择“完全同意”的教师在比例上基本持平，均只占到了总人数的两成左右，分别为 20%、20.9%；而对此持中立态度的教师在比例上均超过五成，分别占 61.4%、57.3%；另有两成左右的教师明确表示反对，分别占 18.7%、21.8%。可见，在中国“双一流”建设高校中，无论是在教师科研考核与评价制度的公正性与合理性上，还是在教师科研奖励和同行评议上，教师的认同度都不高。

三　学院为教师提供的专业学习和培训的支持条件不足

从教师专业发展的角度来看，学院为教师提供的专业学习和培训的支持条件有待进一步完善。笔者在访谈中发现，几乎所有的院长和书记都意识到：人才是一流大学建设的关键，只有拥有一流的师资才能真正建设一流的大学。正如一位信息与通信工程学院的副院长在访谈中所言：

青年教师队伍建设，这可能是当务之急。学科也好，人才培养也好，都要有人来做，所以我们最迫切的还是人才队伍。我们学校跟国内比相对好些，但是跟国际上的一些学校比，还是有差距的。这个差距不是三、五年就能弥补的，而是一件需要长期抓的工作，这个是最重要的。（WD3，2019/07/10）

可见，如何为教师的专业发展和成长提供良好的支持环境，打造一支高质量、高水平的师资队伍，是学院及学校都理应思考的重要议题。但从调查结果来看，仅有 36.7% 的教师认为学院经常通过提供外出学习和培训等方式，为教师的专业成长和发展提供条件。此外，本书研究还发现，学院为不同工作年限的教师提供的专业学习和发展的支持条件有一定的差异性，即学院为工作年限较短和较长的教师提供的专业学习和发展的机会，比其他工作年限的教师相对更多。

四 学院民主监督与管理制度不健全

完善的民主监督与管理制度，是确保学院决策公正民主的关键。但要保证学院所做决策的公开、透明、民主、公正，以及教师在学院决策中的权利，就需对学院的民主监督和管理以制度化的形式予以明确规定。但是，从本书的调查结果来看，自下而上的学院民主监督和管理制度在所调查的 9 所“双一流”建设高校中尚未真正建立起来。正如有教师在访谈中所言，如果学院没有建立起一种比较完善的民主监督或管理机制，就可能导致人们对监督的误解：

教师参与的监督有很大的作用，比如一个院长私心很重。但监督要有分寸，并不是把一个东西搞垮，监督要大慈大悲。如果以监督的名义去整人，这个就出问题了。污蔑陷害，有没有正道是十分重要的，你整我，我整你，谁整赢了谁就胜利。大家要有个善的目的去监督。人对人，狼对狼的监督，认为就可以把学院搞好，这种想法是错误的。其实西方也不是这样的，他们有个很重要的理念在那个地方。大家要在心里面以实现一个善的目的去监督。有些老师认为监督就是把他搞垮，捏造事实，这种监督就有问题了。监督是需要的，但需要正常的监督。对监督者，也就是提意见的人，领导心里面要有个数。（MT3，2019/08/07）

调查结果也显示，有98.8%的教师认为，学院决策的程序与过程应公开、透明。但是，学院决策程序与过程公开透明，仅仅依靠自上而下的权力监督是远远不够的，还需以完善的自下而上的民主监督和管理制度做保障。笔者通过对院长、书记的访谈发现，在实践中，学院除按学校的相关规定与制度进行决策外，学院内部主要通过非正式的形式，如教授座谈会、征集提案、教师代表谈话、发送电子邮件等征求教师意见。所以，从一定意义上讲，学院在民主监督与管理的渠道上相对来说还是比较畅通的。正如一位经济学院的教师在访谈中所言：

我们会定期召开教代会和党代会，基本的形式就是领导会对一年的工作情况进行总结，会作非常正式的报告，包括财务情况。然后，我们会分小组讨论，讨论后每个小组就会达成若干条意见，好的，不好的，然后对学院提出改进意见。最终我们会集中开会，各个组会在上面直接讲。比如，我认为你的分配制度不合理，或者我认为老师的科研压力太大。这个应该是比较好的渠道。所以，我认为学院的民主管理和监督还是非常顺畅的。比如你在走廊上碰到院长，有什么事情就可以直接说。我们是一个比较平等、比较平面化的学院，可能大家都是做科研的，比较随意一点，有什么问题直接提就可以了。我们院就是很实在。（ET1，2019/07/16）

同时，在调研中有教师认为，学院在民主监督和管理上要加强制度化建设，因为缺乏制度就可能导致出现所谓的民主监督与管理的无序化现象。当前，中国高校中自上而下的监督制度相对比较完善，但学院内部自下而上的基层民主监管和管理制度在很大程度上是缺位的。如何将自上而下和自下而上的监督制度更好地结合起来，并对学院的民主监督与管理制度予以正确理解，是当前研究亟待解决的重要论题。一位马克思主义理论学院的教师在访谈中就谈道：

> 自上而下的监督，学校巡查组，这个效果很好，老师反映意见踊跃。目前，很大的问题是自下而上的监督，没有制度化，制度化不够。在制度化不够的情况下，老师之间乱监督，这样反映情况那样反映情况。民主监督会，民主生活会，非党员也是可以参加的，有什么问题大家可以当面讲。老师在背后乱搞人、乱监督的情况，是自下而上的监督体制机制没有建立起来的结果。（MT1，2019/06/18）

调查结果还显示，仅有10.8%的教师认为“学院制定了教师对院长和院党委书记权力进行监督的制度”，而且担任行政职务的教师在此方面的认同度略高于没有担任行政职务的教师。可见，自下而上的学院民主监督与管理制度亟待进一步完善和改进。

五　学院共同决策的文化尚未形成

学院在作重大决策之前，一般都会召开一些非正式会议，并邀请部分有资历的教师参与其中，征求他们的建议和反馈意见，最后在正式会议上进行决策，然后公开。然而，由于学院对参与学院决策的教师在资历或职称方面基本上都有明确要求和限制，导致大部分教师难以真正参与到学院决策过程中去。正如在访谈中有教师所言，学院有征求教师的意见，但让教师真正参与学院决策的机会则非常少。一位计算机科学与技术学院的教师在访谈中谈道：

> 作为专业老师来讲的话，没有让我们参与决策活动。主要是在学科发展方面征求一些老师的意见，还有党风建设，让老师发言。当然，有些领导如果有什么问题的话，就会私下里问一下（教师）。教代会有征求大家的意见，但没有开全院大会征求意见……在教代会上，在年终分配的时候，会让老师们争一争，吵一吵，在平时的时候基本没有，但教代会也只有部分老师参加，不是所有老师都参加。（MT4，2019/09/18）

本书在调研中还发现，是否担任行政职务对教师参与学院决策也有重要影响，主要表现为职称高的教师参与学院决策的机会相对职称低的教师更多。这一研究结论在对部分学院教师的访谈中也得到了证实，有教师坦言：

> 年终分配的时候，只有博士点、硕士点的负责人参加，征求意见，全院没有，全系是有的……全院老师参与决策没有，院里面分组到系里面，全系老师大会是开的。（WT2，2019/08/21）

另外，有73.4%的教师明确表示，教师参与学院治理对提高学院决策的民主性与科学性有实质性的影响。但与此同时，仅有43.6%的教师认为学院形成了积极的、鼓励教师参与学院决策的氛围。并且，有52.5%的教师认为，学院对参与决策制定的教师，在职称、学历等资质上是有明确要求的。从参与内容来看，仅有4.9%的教师表示自己参与过学院的重大决策活动，在“院长充分尊重教师参与学院重大决策活动的权利”的选项上，有超过一半的教师明确表示反对，占52.5%。由于对参与学院决策的教师在资历上有一定的要求和限制，院长对教师参与学院重大决策活动权利的重视程度不够。共同决策的文化氛围在很多学院至今尚未形成，且不同学院在此方面表现出很强的趋同性。

六　教师对学院发展战略规划的了解呈现出显著性差异

调查结果显示，有96.9%的教师都认为学院应制定清晰的学院发展战略规划，并认为学院发展战略规划对促进学院发展具有重要的引领作用。但在“教师对学院制定的短期与长期（5年以上）战略规划目标有清晰的了解”的选项上，选择同意的教师仅占总人数的40.9%，有14%的教师明确表示反对。可见，在认识层面，教师虽然意识到制定学院发展战略规划的重要性，但在实践中却只有四成左右的教师表示对其比较了解。在访谈中，当笔者问及“您是否了解贵院的发展战略目标”这一问题时，很多教师明确表示对此并不清楚。

例如，一位化学与分子科学学院的教师在回答此问题时就谈道：

> 我们其实并没有特别关注这一块儿，我理解的我们院的发展目标一定是以学科为主的。因为我们是一个 A－的学科，在教育部第四轮评估时我们应该是 A－，排名在前 10%，显然，这不是一个理想的位置。我们也是 ESI 前千分之一，全校只有两个学院，还有我们也是“双一流”建设学科。我相信我们院很多老师都在想如何提高我们院在国内以及国际上的影响力，这应该是我们院最核心的一个目标吧。可能会有方方面面的目标，但对于院系的定位来讲，在国内国际的影响力或排名对我们是比较重要的。大多数老师应该也是比较认同这一点的，因为只有当我们的位置上去了，我们才能够招到最好的学生。然后，有更好的学生，才能够发展我们的学科，未来才会更好，这是一个良性循环的过程。（MT2，2019/07/23）

同时，笔者在对部分院长的访谈中还发现，事实上，学院基本上都制定了学院发展战略规划或愿景。例如，一位法学院的院长在谈及此问题时就坦言道：

> 战略愿景就是希望法学院能够成为一个大家认同，社会尊重的学院。一流学院一定是社会尊重的学院，为社会作出贡献的学院，有思想的学院。（MD3，2019/08/04）

最后，通过相关性分析还发现，职称、是否担任行政职务、是不是院学术委员会（或教授委员会）成员等变量与教师对学院发展战略规划了解之间，均呈现出显著的相关性。其中，担任学术委员会成员或行政职务的教师相对于其他教师而言，对学院所制定的发展战略规划更了解。

七　学科发展受教师忠诚度与院长领导力的影响

调查结果显示，在学院治理宗旨上，相对于教师专业发展和学院发展而言，教师更关注的是学生和学科发展。认为学院治理要以学生发展为本，以学科发展为导向，教师对学科发展的关注明显高于对学院发展的关注。这一研究结论与“学院治理体现了以学科为主导的价值取向”的调查结果基本一致，其中有90.8%的教师对此表示赞同，仅有2%的教师持反对态度。因此，以学科发展为主导是中国“双一流”建设高校学院治理的共同趋势，教师对学院发展的忠诚不如对学科发展的忠诚，这与世界一流大学以学科发展为主导的价值取向基本一致。[①] 正如有学者所言：“与其他院校的教师相比，世界一流大学的教师对学科的忠诚度高于对院校的忠诚度。在很大程度上，他们更关心自己学科的发展而不是院校的发展，当两者出现冲突时，他们往往是以学科为重。”[②]

此外，调查结果还显示，有62.1%的教师认为院长的领导能力对学科发展有直接影响。为更加全面地了解中国“双一流”建设高校的院长在学院治理中应具备哪几方面的领导能力，本书对部分学院的院长进行了访谈。结果发现，不同学科的院长对此有不同的观点，有的认为院长应具有较强的学术能力、较好的团队合作能力；有的认为院长应具有较高的精神境界和追求；有的认为院长要有公信力、凝聚力、包容心，等等。例如，一位马克思主义学院的院长就谈道：

> 与其他学院比，院长的总体核心素养和领导力都是一样的，无非就是他追求的视野和境界不一样。到底是站在国际的视野还是站在古今的视野这样的境界来思考学院的发展，抑或只是出于维持，或者把任务完成这样一种境界，他的工作状态是完全不一

① 这一研究结论与其他研究者的结论基本一致：世界一流大学为教师提供了宽松自由的研究环境，使其在一流学科的发展和创新方面做出了突出贡献。与关注院校的整体发展和参与院校管理的程度相比，世界一流大学的教师更注重自己所在学科的发展，他们往往以学科的发展为生长点，潜心研究，努力耕耘，力求成为本学科的学术带头人（参见王英杰、刘宝存《世界一流大学的形成与发展》，山西教育出版社2008年版，第271页）。

② 王英杰、刘宝存：《世界一流大学的形成与发展》，山西教育出版社2008年版，第266页。

样的……站在山的顶尖上思考问题和站在半山腰看问题，可能都是那个人，但他看到的完全不一样。他对学院的愿景和目标、他的境界、他的视野、他的追求、他的工作要求标准都不一样。（MD2，2019/06/08）

另一位信息与通信工程学院的院长也谈道：

好院长，就是要包容、开放，要有远见卓识，就是要把握好国际趋势。在现在就业不是很乐观的情况下，一个学院如何发展，如何给学生提供更好的发展平台，对十年、二十年，包括中长期的规划，我觉得，都是院长需要考虑的事情。（WD1，2019/07/12）

八 学院领导与教师间的沟通是提高学院治理效能的关键

调查结果显示，有81.7%的教师认为教师与学院领导间的沟通与对话，是提高学院治理效能的关键。但在学院管理实践中，学院领导与教师间的沟通和交流相对较少，仅有12.8%的教师认为学院领导注重与教师进行对话与沟通；在“学院定期举办教师座谈等活动，给予人文关怀”的选项上，选择同意的教师仅占总人数的12.4%；在“我与院长经常保持沟通和交流，关系融洽”的选项上，选择同意的教师仅占总人数的45.7%。由此可知，在学院管理实践中，教师与学院领导之间的交流是比较少的，并且学院领导与教师对话、沟通的意识有待加强。但通过对部分学院院长、书记的访谈发现，教师与学院领导在沟通的渠道上相对而言还是比较畅通的。例如，一位学院的书记在访谈中谈道：

（学院领导与教师之间的沟通。——笔者）在学院层面还好，学院下面还有系等二级单位。二级单位有一套组织体系，它还有党支部，因为我们的党支部都是按二级单位设置的，那么他们可以与他们（系主任、所长、中心主任、支部书记。——笔者）进行沟通。他们支部要开会，一般每周开一次。如果他感觉到有一些普遍性的问题，或者说全局性的一些问题，他们也会与学院的相关领导进行及时沟通。学院里面也有分管不同块儿的领导，看他涉及的是哪一块儿。如果是学生管理，那就是学工的，对应的是学工口的老师。学工口有两个副书记，一个是管本科生的，一个是管研究生的。如果是涉及教学的，他可以和分管教学的副院长沟通；如果是涉及科研的，他可以与分管科研的副院长沟通。如果是涉及更大层面的，他可以直接向院长、书记报告，这个都没有问题。这个沟通渠道，在学院层面我觉得还是比较畅通的。(MS2，2019/06/21)

此外，本书通过相关性分析还发现，“职称”“是否担任行政职务”这两个变量对学院领导与教师间的沟通有重要影响。其中，担任行政职务的教师和职称越高的教师与学院领导间的交流相对更多。

九　学院领导对学院文化传统重视不够

学院治理文化虽然是一个动态的、持续的发展过程，但学院治理文化建设与发展不能完全脱离学院的文化传统。笔者通过访谈发现，不同学院的领导对文化传统的重视程度表现出明显的差异性。例如，当问及“贵院对学院文化传统的重视程度”这一问题时，一位院长直接坦言道：

我们没有文化传统，我们工科学校哪有什么文化。新学院，我们是工科思维，就是解决问题。(WD1，2019/07/12)

但当笔者对一位有着悠久历史文化积淀的法学院院长进行访谈后发现，这位院长充分认识到了文化传统在学院治理中的重要性。

法学院是一个有历史的学院。因此，文化传承在法学院的治理中起着前仆后继的作用。跟一般的院不一样，它是老牌院，一代一代的珞珈法理人有一种自强不息的精神，这种精神在法学院

> 的学院治理中无形地发挥着作用。从王世杰、周鲠生到韩德培①，他们的这种奉献、自强不息的精神在无形之中影响着一代一代的法律人。很多院系来问我们，法学院为什么能够一直长盛不衰，在治理中有没有什么特殊的规则。那我说没有，精神的东西是无法表达出来的。所以，治理文化，是一个老牌的学院和一个新的学院的很大的差异点。这种家国情怀、对集体的认同，对珞珈山的情感很多东西是交织在一起的，在法学院体现得很明显。
>
> 像我们学院的梁西先生②，治学非常严谨，九十多岁了还在出书，十分淡泊名利，就住一个小居室的房子，物质上一点不奢求。开周鲠生的130年座谈会，他亲自出席了，而且站着讲了半个小时，这是学院的一种非常宝贵的治理文化，比冰冷的规则更有效。文化内涵就是文化传承，它的作用非常强大，我给窦校长也讲了这个，文科学院和理科学院有很大差异，文科更多的是一种精神，其实武大也是强调这点的。（MD3，2019/08/04）

从一定程度上讲，不同学院都有其自身独特的文化传统，如学生合唱团、学院年会、师生午餐会等。有意义的文化活动，既是组织文化非常好的传播方式，也是培养学院治理文化共识的重要途径。“文化的形成需要宣传和倡导。只有如此，我们才能完成从制度到习惯的转换，从而才能形成一种文化场或文化氛围。”③ 然而，从本书的调查结果来看，不同学科所在学院的教师在“学院领导注重保护和弘扬优秀的学院文化传统”的认知上虽有一定的差异性，但总体认同度都较低。除信息与通信工程学科有41%的教师选择同意外，其他学科的教师选择同意的比例最高的仅为15.8%，最低的为3.3%。可见，领导对学院文化传统重视还不够。

---

① 王世杰（1891—1981），字雪艇，男，汉族，湖北省崇阳人，中华民国时期著名政治家、教育家、武汉大学首任校长。周鲠生（1889—1971），名周览，男，汉族，湖南省长沙县人，著名法学家。韩德培（1911—2009），男，汉族，江苏如皋人，著名法学家，被盛赞为“新中国国际私法学的一代宗师”“中国法学界的镇山之石”。

② 梁西（1924—2020），男，汉族，湖南安化人，国际组织法专家。

③ 石伟：《组织文化》，复旦大学出版社2010年版，第184页。

第五章

中国“双一流”建设高校学院治理文化的问题探源

影响中国“双一流”建设高校学院治理文化发展的因素是多方面、多层次的。以上主要基于教师认知的视角，以学院治理文化的三个核心构成要素为分析框架，对中国“双一流”建设高校学院治理文化的现状展开了调研。本章结合调查结果以及对学院领导、教师和学生等相关利益群体的访谈资料，以高校内部管理为切入点，从校院治理结构、学院治理理念、学院治理制度、学院治理行为四个方面，对中国“双一流”建设高校学院治理文化发展中所存在的问题及原因进行深入剖析。

第一节　学校内部管理的行政化

在“双一流”建设背景下，中国政府已意识到向高校放权的重要性，并以国家政策文件的形式明确提出要扩大高校办学自主权，确定高校在办学中的主体地位。① 在政府逐步向高校放权的趋势下，高校

① 教育部2015年在《关于深入推进教育管办评分离促进政府职能转变的若干意见》中明确规定：要“围绕完善和发展中国特色社会主义教育制度、推进教育治理体系和治理能力现代化这一总目标，以落实学校办学主体地位、激发学校办学活力为核心任务，加快健全学校自主发展、自我约束的运行机制；以进一步简政放权、改进管理方式为前提，加快建设法治政府和服务型政府，主动开拓为学校、教师和学生服务的新形式、新途径。”2017年教育部等五部门在《关于深化高等教育领域简政放权放管结合优化服务改革的若干意见》中也明确提出：要“完善中国特色现代大学制度，破除束缚高等教育改革发展的体制机制障碍，进一步向地方和高校放权，给高校松绑减负、简除烦苛，让学校拥有更大办学自主权，激发广大教学科研人员教书育人、干事创业的积极性和主动性”，并从高校学科专业设置机制、高校编制及岗位管理制度、高校进人用人环境、高校教师职称评审机制、高校薪酬分配制度、高校经费使用管理、高校内部治理等八个方面对简政放权的内容进行了具体规定。

在人权、物权和财权等方面的自主权将会不断扩大。但是，高校是一个“底部沉重”的学术组织，学院是真正的办学实体。所以，从理论上讲，高校也需相应地赋予学院以充分的自主权，尊重学院在大学治理中的主体地位，激发学院治理文化自我构建的活力。然而，在中国以行政为主导的高校管理体制下，高校管理权力的重心并没有随政府向高校的逐步放权而下移到学院。高校内部的集权化管理思维依然比较严重，学院办学的自主权明显不足，学院治理文化的构建由此缺乏一定的基础和保障条件。

一　学院自主权不足

学院作为大学最重要的基层学术组织和办学实体机构，在大学治理中发挥着举足轻重的作用。世界上很多一流大学都已充分认识到学院在大学治理中的核心地位，学校各职能部门由此扮演的是服务者、合作者和支持者的角色，为学院发展提供诸如制度、技术、权利等方面的支持，学院在办学中有较大的自主权和高度的自治性。但本书通过对学院院长、书记等学院领导的访谈发现，中国“双一流”建设高校与世界一流大学相比，学院在自主权上是相当有限的。然而，学院治理文化构建的一个重要条件则是学院理应是一个相对独立的办学实体。否则，学院治理的理念、制度等都将难以实现，学院由此也难以形成独具特色的学院治理文化。正如一位马克思主义学院的副院长在访谈中所言：

> 进人，学院做不了主，教师评职称，学院做不了主，学院也没有直接对外联系的权力。学院不是一个独立的治理主体，治理文化从哪儿来呢？学院治理文化压根儿就没有，不是一个治理的模式。所以，就目前来讲，学院不是一个治理模式，而是一个管理模式。在现在大学的治理结构下，学院很难是一个独立的治理主体。
>
> 如果学院是一个独立的治理主体，院长也罢、院行政也罢，党委也罢、学术组织也罢，都是治理主体。包括教师个人，甚至包括学生团体、学生组织，都是学院治理的重要主体。学院治理

> 不仅仅包括教师，还包括学生会、团委会。每一个治理主体在里面都是有话语权，有治理权的。现在都不是，学院治理就是一个以行政为主导的管理模式，你说哪个治理主体是独立的，根本都不是。（MD1，2019/06/03）

但需要注意的是，在中国，学院尽管不是一个完全的治理主体，然而，这并非就意味着学院不需要构建属于自己的治理文化。同时，学院缺乏自主权，也并非意味着学院就没有治理文化。相反，由于学科发展特点和学院组织文化的差异，学院治理文化也应体现出不同的特点和差异性。而且，正是因为学院没有或缺乏治理文化，才有必要构建基于学科与学院组织发展特点的治理文化，以自下而上的形式倒逼学校治理理念的更新、治理结构的完善，以及校院关系的调整和优化。但在实践中，自主权确实又是学院治理文化生成的重要基础和保障条件。因为只有学院拥有充分的办学自主权，学院治理的理念、制度才能得以有效落实，学院才会有更大的发展空间和自由来构建适宜于学科发展特色的治理文化。

从理论上讲，由于中国“双一流”建设高校在治校理念和校院管理体制上的差异，学院在治理的理念和价值取向上也应呈现出一定的差异性。但笔者从对部分学院书记、院长/副院长的访谈中发现，调研中的9所“双一流”建设高校在校院管理模式上基本实行的都是“学院承包制”，即学校将部分人权、财权和物权交由学院自主管理、分配和统筹。例如，东部区域的Ea大学围绕资源和政策两个方面，推行“院系综合预算”和“协议授权”两大改革举措。学校通过“一揽子”预算方案，给予学院在教师招聘、岗位编制数、薪酬分配、研究生招生名额分配等方面一定的自主权。通过调整学校政策，引导学院扩大财源，调动学院办学积极性。[①] 这在笔者对部分院长的访谈中也有所体现。例如，一位院长在访谈中就谈道：

---

① 杨颉：《协同治理 协议授权——探索校院二级管理改革新路径》，《中国高教研究》2017年第3期，第12—16页。

我们学校现在实行的是二级单位承包，所有工作都是以二级学院为单位……二级学院有一定的自主权，包括所有的薪酬，二级学院包干。学校给我一大坨，如何分是你的事，包括副教授评审，学院所有的重大决策都是由二级学院负责。（WD1，2019/07/10）

高校赋予学院一定的自主权，对激发学院办学活力能起到积极的促进作用。但此后，这位院长又论及由于学校赋予院长的权力不足而影响到学院自主发展的问题。他坦言道：

目前，虽然学校给了我们学院一些权力，但从总体上而言，院长的权力还是非常有限的。现在有很多权力仍然还是在学校，有很多规章制度束缚了我的手脚，在很多事情上我也是没有办法的，我完全被束缚住了（WD1，2019/07/10）

笔者在对另一所中部区域的 Ma 大学的调研中也发现了类似的情况。这所高校在 2019 年之前实行的是“学院承包制”。但自新校长上任后，由于治校理念的不同，又将学院拥有的一些核心权力收归学校。学院在管理上由之前的“学院承包制”转变成了现在的“学校负责制”，即学校在人权、财权、物权上对学院实行统一管理和分配。从表面上看，这在一定程度上减轻了学院管理的难度和复杂性，学院领导由此可以从学院的一些管理事务中“解放”出来。但“学校负责制”下的学院实际上没有任何真正意义上的自主权，学院基本上沦为学校管理的附庸或工具。在此背景下，学院办学的积极性和活力就减弱了，部分院长对此很有抱怨，甚至不满。例如，一位副院长就谈道：

学院作为一个独立的治理主体，是构建学院治理文化的一个前提。作为一个独立的治理主体，人权、财权、物权几个基本的东西都是要具备的，但现在学院的人权、财权和事权都不具备。现在学院管的事情很多，但权力并不在学院手上，完全的自主权，学院谈不上。进人、出人，学院都做不了主。谁要来，学院要人，学院做不了主；谁要走，学院也做不了主。现在连教学、科研这一块儿，学院的政策都不管用。哪个是学院可以做主的？学院的内部事务可以做主，这个办公室给我用，这个办公室给他用，这个学院可做主。教学和科研，哪个能够做主？学院目前就是做事，代表学校进行管理。现在学校这么多职能部门，哪个职能部门不把学院折腾来折腾去呀。职能部门下一个文件，打一个电话，学院就得做，包括博士、硕士研究生录取，学院也做不了主。研究生院一句话，你什么也别想做。（MD1，2019/06/03）

由此可见，尽管部分学院在职称评审、教师引进、研究生招生名额、薪酬分配等方面拥有一定的自主权。但从整体上讲，中国“双一流”建设高校的学院在人、事、物等方面的自主权是相当有限的。有研究者通过对中国 84 所不同类型和层次大学的章程文本进行分析后，得出了与本书基本一致的结论。[①] 而在自主权相当有限的情况下，学院治理文化的构建其实是非常艰难的。

二　学校行政化管理思维的固化

那么，为什么在国家大力倡导“双一流”建设的政策背景下，在政府明确要求高校将管理权力下移的呼声中，在学者公认学院自主权至关重要的情况下，高校还是将一些核心权力集中在行政职能部门手中，而不愿下放给学院呢？高校依然存在“不想放权”的心态，对学校中的大事小事都想“亲力亲为”，其中的影响因素可能是多方面、多层次的。但本书认为，中国“双一流”建设高校的学院缺乏自主权的深层根源在于受中国高校管理中长期形成的行政化管理思维

① 有研究显示，在 84 所高校章程中，明确规定学院所拥有的权力的有 69 所，不明确的有 15 所。但是有 60 所高校的章程中规定的主要是学院组织本单位的教学活动、科学研究、社会活动、思想品德教育，这表明实际上学院主要还是一个生产单位，是一个执行单位。有 55 所学校的章程规定学院应制定本单位年度经费预算方案，学院有权决定经费怎么使用，但这是在学校划定的经费范围内，不是一个自主理财的概念（参见宣勇《论大学的校院关系与二级学院治理》，《现代教育管理》2016 年第 7 期，第 1—5 页）。

惯习的影响。学校过分注重对学院的控制，而缺乏对学院管理能力的基本信任，学院治理因此在很大程度上也被异化为一种“口号”或形式。“由于独立性相对匮乏，学院对于行政与学术事务的处理通常不具有最终的决定权，其结果，学院的外部治理有时只能是被大学治理，而学院内部的治理也经常沦为形式上的治理或程序性的治理。”① 目前，中国“双一流”建设高校仍囿于单一而非多元治理的思维模式上，学校对学院有较大的支配权。“学校职能部门变成了权力部门，不仅代替院系大行决策之事，而且将很多本应该也可以由院系自行承担的具体事情大包大揽了。”② 从组织结构来看，中国“双一流”建设高校在内部管理体制上仍采取传统的自上而下的科层制组织模式，离大学治理理念还有很大的距离。而“在传统科层组织模式下，中国高校基层学术组织拥有权力较小，校部机关对基层学术组织管得过细、统得过死，严重制约了基层学术组织的活力和创新”③。

治理就其本身而言是一种信任文化，它要求不同的治理主体在互动、交流和平等对话中彼此信任、理解和尊重。一旦治理主体间出现信任障碍，所谓的治理就可能发生异化，并最终沦为一种形式。因此，正如有学者所言：“治理危机的深层问题是信任危机。”“信任危机将使治理变得异常困难，这既突出了从管理思维转变为治理思维的必然性，也为处于低阶的治理思维向高阶思维转换提供了路径。”④ 在中国长期以行政为主导的管理思维模式下，高校由此形成了以行政化为主导的管理文化。这种文化内蕴的价值取向是学校对学院的不信任，担心学院领导没有足够的能力将学院管理好。如上所述，部分“双一流”建设高校虽然赋予了学院一定的自主权，但“学校及相关职能部门在治理重心下移过程中，越来越多地将那些事务性、日常性

① 王建华：《学院的性质及其治理》，《中国高教研究》2017 年第 1 期，第 13—17 页。

② 肖红缨：《研究型大学院系治理模式——以清华大学为例》，清华大学出版社 2017 年版，第 68 页。

③ 周光礼：《大学校院两级运行的制度逻辑：国际经验与中国探索》，《高等教育研究》2019 年第 8 期，第 27—35 页。

④ 刘亚敏：《大学治理文化：阐释与建构》，《高教探索》2015 年第 10 期，第 5—9 页。

工作转移至院系（以事权为主）。”[①] 在学校管理重心“有限下移”的过程中，核心权力主要还是掌握在学校职能部门手中，学院难以获得如人事、财务等核心事务的决策权。学校不愿将权力下放给学院，或仅仅将一些事务性、日常性的工作转移给学院，并不是因为学校领导未能意识到学院作为大学基层学术组织的重要性。其深层根源是学校对学院治理能力的质疑，以及对学院是否能自律地使用好资源和权力缺乏基本和足够的信任，校院间未能建立起一种良好的信任机制。由于对学院的不信任，学校理所当然地不愿将权力下移到学院，更不会将学院视为一个独立的治理主体。学院缺乏应有的独立性、自主权、自治性，学院治理文化构建由此缺乏坚实的根基。一位副院长在访谈中颇有感触地谈道：

> 现在我们讲权力下放，让学院在人权、财权、事权上成为一个相对独立的治理主体，这怎么可能呢？其中一个很重要的问题就是从上层管理机构对下层的管理部门来讲的。不管你是学校职能部门，还是独立的学院，它（学校）缺乏基本的信任。它担心你会管乱、达不到它的标准、要求，所以它信得过的是职能部门，因为职能部门跟它是一个隶属关系，甚至可以说是一个依附的关系。所以，你会发现在学校管理中，职能部门的关系和校领导的关系是非常密切的，这个在学院里面也可以表现出来啊！在办公室里你会发现院长和书记的关系是最密切的，为什么会这样呢？这就是行政化，管是被管理的，治理是平等的。（ED1，2019/06/26）

同时需要强调的是，尽管本书认为学校的行政化管理是制约学院治理文化发展的重要影响因素，但这并非就意味着对高校行政权力作用的简单否定或扬弃。尤其是在中国以行政为主导的高等教育管理体制背景下，对行政权力不仅不能随便否定，相反，它对学术

① 李成恩、常亮：《协商共治：我国大学院系有效治理的可行模式》，《中国高教研究》2017 年第 6 期，第 46—51 页。

权力的实现有着直接的推动作用，这也是中国有别于其他世界一流大学的主要特点。对此，在学院治理文化建设过程中，高校的行政权力并不是不需要介入，而是需要明确学校职能部门的角色、职责、介入学术权力的程度和方式，等等。正如一位学院的书记在访谈中所言：

> 学院是一个教学、科研和学科单位，什么样的权力归什么样的部门去管？从严格的治理模式来讲，院长是做服务和协调的，学术权力该给谁？教学权力该给谁？学院都有很多相关的机构：教师指导委员会、学术分会、教授委员会，但实际上所有这些运作都要靠行政权力来推动。教学组织也罢，科研组织也罢，学科组织也罢，在背后推动它真正运行的都是行政权力。学术权力没有它应有的地位，都是虚的。表现在，需要你开会你就开会，需要你投票你就投票，这个形式是要有的，但是它的运作都是靠行政权力去推动的。一旦离开行政权力的推动，这些权力就会处于一种无序的、瘫痪的状态。（MS3，2019/06/28）

第二节　学院治理理念的悬置

学院治理理念是学院治理文化的核心和灵魂，是治理主体在学院管理实践、思维活动、文化积淀和交流中所形成的治理价值取向与追求，是对学院治理文化“应然状态”的理性认识和观念整合，对学院的整体发展有着至关重要的作用。理念一旦确定，我们就应以此为学院治理的指导思想和原则来引领学院发展。

从文化与实践的关系来看，文化是由人的社会实践活动所创造的，“体现在人类实践的创造活动的能力、方式、过程及其成果之中”①。文化在本质上是实践的，实践是文化产生的基础，文化的进步与发展是由人的现实的社会实践活动所推动的。只有通过实践，人才能创造文化。文化在人的社会实践中得到创造，文化在人的社会实

① 郭齐勇：《文化学概论》，武汉大学出版社2014年版，第13页。

践活动基础上形成的活动方式和创造的物质产品与精神产品中得到体现。[①] 同文化一样，学院治理理念与人的实践活动也是紧密相关的，它既源于实践，但同时又不仅仅局限于实践，是高于学院管理实践的最为重要的精神食粮。实践性是学院治理理念的重要特征，没有经过实践的学院治理理念是缺乏生命力的。正如有学者所言：“即使是管理天才，如果远离现实的管理活动，他就只能湮没在历史的尘埃中，决不会成为真正现实的管理主体。”[②] 学院与其他组织如公司、政府、企业相比，有其自身的特性，其产品既有学生，也有学术著作，是一个典型的松散联合的学术共同体。但学院依然需要一种精神性力量的指引，并与学院管理实践相结合、相融入。

然而，从本书的调查结果来看，学院治理理念并未与学院管理实践有机融合，相互间尚处于一种分离状态。学院治理理念成了挂在墙上的“冷冰冰”的符号，全院教职工尚未形成统一的对治院理念的认同，并内化为教师的信念，进而发展为学院治理的主体性文化。而要塑造一个好的文化，一定要使大家对学院的理念有一个基本的认同，对每一个教授、每一个行政人员，甚至每一个学生都要灌输这个理念。[③] 学院治理理念是学院治理文化的最好诠释。尽管不同学科的发展特点各异，但理念的恪守对增强学院治理文化凝聚力，激发教师工作激情，提高教师对学院组织文化的认同感等，均能起到较大的促进作用。笔者通过对样本高校学院网站的查询发现，当前，部分学院制定了学院治理理念，并以文字的形式明确呈现出来。例如，Ea 化学化工学院的治院理念为“严谨、务实、博学、创新”；Ma 马克思主义学院的治院理念为“坚持真理、崇尚学术、服务社会、追求卓越”；Ed 教育学部的理念为“崇教爱生，求真育人”。

尽管很多学院都根据学科发展特点制定了学院治理理念，但作为学院治理核心主体的教师对自己所在学院的治理理念并不十分关注，甚至不了解。在访谈中当笔者问及“您对学院的治理理念了解吗”

---

① 李兰芬、崔绪治：《管理文化——管理哲学的新视野》，苏州大学出版社 1999 年版，第 23 页。

② 李兰芬、崔绪治：《管理文化——管理哲学的新视野》，第 204 页。

③ 张维迎：《大学的逻辑》，北京大学出版社 2012 年版，第 152 页。

这一问题时，很多教师都表示，因为自己平时工作忙，学院没有对此进行宣传等而很少或从未关注过，对学院治理理念是陌生的，对其内涵更缺乏深入理解。加之学院领导如院长、书记等未能充分认识到学院治理理念的价值，并对其产生足够的重视，因此，学院虽然制定了所谓的治院理念，但很多学院并未将治院理念与实践真正融为一体，进而导致学院治理理念与实践的严重脱节，以及教师对治院理念认同度低的局面。这在笔者对部分院长的访谈中也有所体现。例如，在访谈中，当笔者问及“请谈谈贵院的治院理念”这一问题时，一位学院的副院长在犹豫片刻后说：“这个你可以从网上查，这个我们网上都有。”事实上，这位副院长对自己所在学院的治理理念并不清楚，更不能完整地将其表述出来。

在“大多数组织中，管理人员的责任恐怕主要不是创造文化，而是在某种文化产生之后去扶植它。在多数情况下，校（院）长如果仅凭不断地提出新观点、新目标和新的象征是创造不出一种新文化的。不过，他们可以通过经常为其呼吁，排除那些文化人士的干扰来加强和保护业已存在的文化，并通过其他方法对文化进行不断改造。正如组织的其他方面和所有其他系统一样，文化也常常会丧失其能量，走向一致或混乱。避免组织文化的分裂是管理人员的主要责任”①。作为学院的领导者，不仅仅是学院治理理念的提出者、创造者，学院领导的主要责任不能仅仅止步于提出一个新的理念，更为重要的是如何将提出的理念加以实践、推广，内化为学院组织成员的信念，并对其加以保护、维护和倡导、传承，最后上升为学院治理理念。否则，学院治理理念就难以真实地反映学院治理的价值取向、管理哲学和领导行为，难以在学院全体师生中产生共鸣。学院中的教师、学生等利益相关者，不会因学院在“双一流”建设背景下提出了新的治理理念，就在思维方式、价值观念上有新的“突变”。文化不仅是一种信念，“更是一种行为，如果文化仅仅停留在一种口号上，

① ［美］罗伯特·伯恩鲍姆：《大学运行模式：大学组织与领导的控制系统》，别敦荣主译，中国海洋大学出版社2003年版，第76页。

那么这种文化是不会起什么作用的”①。在国家推进“双一流”建设过程中，学院领导既要考虑如何提炼出与学院组织文化和学科发展特点相契合的治院理念，要考虑如何将所提出的理念与学院管理实践活动有机地融合起来，以增强教师、学生等不同利益相关者对学院治理理念的认同，激发学院治理文化自我建构的活力。

第三节　学院治理制度滞后

制度是对人的行为的一种规制。制度在社会中的主要作用是“通过建立一个人们互动的稳定（但不一定是有效的）结构来减少不确定性。然而，制度的稳定性丝毫不否定它们处于变迁之中这一事实。从惯例、行为准则、行为规范到成文法、普通法及个人之间的契约，制度总是处在演化之中，因而也在不断改变着对我们来说可能的选择”②。因此，制度虽有一定的稳定性，但制度并不是固定不变的，它是随着时代的发展而不断变化和更迭的。从本书的调查结果发现，有98.4%的教师认为学院治理应以完善的治理制度做保障，有1.1%的教师对此持中立态度，仅有0.5%的教师对此持反对意见。但从学院制定的相关的制度内容来看，它们在很大程度上并未体现出与时俱进的特点，这在对部分学院领导的访谈中也得到了证实。例如，当笔者问及“您认为贵院在制度建设上还需在哪些方面进行完善”这一问题时，一位学院的书记谈道：

> 在制度上面我认为还是要与时俱进吧，你可以在网上看，我们有24字的治院方略，其中有一项是与制度相联系的。我们很多管理工作都是按章、按制度进行的，这个没问题的。但制度在很多时候也需要与时俱进，所以我们学院的基本制度建设是完善的、完备的。但时代在变，我们在制度上有些内容的调整不是那

① 张维迎：《大学的逻辑》，北京大学出版社2012年版，第126页。

② ［美］道格拉斯·C. 诺思：《制度、制度变迁与经济绩效》，杭行译，格致出版社2014年版，第6页。

么及时。(MS2，2019/06/21)

另外一位学院的书记对此也持相似的观点，她谈道：

制度一方面是依法办事的文化、氛围、意识……但把制度锁在柜子里面是不行的，这方面要加强、要推动。就像咱们的法治，原来是法制，有制度；现在强调法治，大家要共同遵守，大家要有这个意识，依法办事的意识要进一步加强。另一方面，制度要与时俱进，制度建设其实是一件永远在路上的事情，五年前的制度，现在不一定合适，如果再把它拿出来，就可能不管用，要不断地完善制度，与时俱进。(MS3，2019/06/28)

由此观之，从对部分学院领导的访谈中我们可以发现，从整体上讲，中国“双一流”建设高校的学院在制度建设上是很不完善的，且未表现出与时俱进的发展性和动态性特征。

那么，我们不得不反思和追问，在国家大力倡导建设具有中国特色的现代大学制度的时代背景下，学院治理制度为什么难以与时俱进？阻碍其发展的主要因素有哪些？本书认为，无论是教师教学与科研评价制度、学院民主监督与管理制度，还是学院的决策制度等，都直接或间接地反映了中国自上而下的科层制的校院管理特点，“学校一级处于支配的、主导的和强势的地位，学院一级处于依附的、被支配的和弱势的地位”①。学校与学院之间是一种典型的科层制组织结构，学院在此结构中没有实质性的话语权，不是一个相对独立的办学主体。校院之间不是一种平等的合作关系，而是一种明显的等级制关系。与之相应的是，学院很难制定或发展起一种相对独立和自主的学院治理制度。正如一位院长在访谈中所言：

如果学院要成为一个治理主体的话，是要有依据的，要依纲

---

① 石中英：《大学办学院还是“学院办大学”》，《光明日报》2016年5月10日第13版。

> 治院，那你的纲是什么？学院要有自己的章程，现在哪个学院有自己的章程？连这个东西都没有，还谈什么治理呢？目前不可能允许你有自己的章程的。在学校层面，学校有章程，但很多人都没有看过。（WD1，2019/07/10）

在科层制的组织结构中，因为学院没有太大的自主权，进而导致学院在制度制定上对学校的严重依附。学院制度与学校所制定的制度在很大程度上出现了明显的趋同化或交叉重叠现象。在这种依附性的校院关系中，学院治理制度很难真正反映出学院的治理个性和特色。并且，“相较于学校治理层面比较完善的制度设计，院系治理层面的有关制度则相对模糊、笼统，甚至存在缺失”①。在访谈中，当笔者问及“学院治理制度主要包括哪些内容”这一问题时，一位院长就谈道：

> 学院的核心是一些底线制度。比如，教学事故啊，政治上的问题呀，师德师风、学术不端呀，学术抄袭啊，这些都是底线。其实学校现在规定得越来越细了，但是，学校很多制度在出来之后，它要求学院再出细则，它的要求已经说了，基本上学校要求你做什么你就跟着做，学校讲得很清楚了。第二，就是向上的，比如说要体现学院的发展战略、重心、绩效奖励、资源分配……这又是另外一种制度。制度要发挥决策机构的作用，需要党委会，人、财、物等重大决策的制定要经过党委会。所以，学校对党委会的议事规则有明确要求，它也要求学院制定细则，一般抄一遍就完了嘛。（MD2，2019/06/08）

综上所述，从高校内部管理体制上看，中国“双一流”建设高校主要采取的是科层制的校院管理模式。学院治理制度在制定和设计上主要是以学校行政管理部门的要求为依据和参照，而不是以学院组织

① 叶桂方等：《扩大办学自主权背景下的院系自我约束：困境与突破》，《复旦教育论坛》2018 年第 5 期，第 46—52 页。

属性和学科发展特点为导向的。因此，从校院治理结构上看，学院对学校的严重依附是导致学院治理制度发展滞后的重要根源。为更深入、具体地了解中国“双一流”建设高校学院治理制度，以及不同制度背后所蕴含的价值取向，下面主要对与学院治理文化构建密切相关的几种制度存在问题的原因进行剖析。

一 过分强调量化的教师科研考核与评价制度

学院是以学科为基础的学术组织，教师是学科的“守门人”。但不同学科在发展特点上是有差异的，而这种差异决定了不同学科的教师在科研考核与评价上理应采取不同的衡量标准。当前，中国专门针对高校教师的科研考核与评价制度出台了系列政策，明确规定教师的科研考核与评价要以尊重学科发展特点为基础。例如，教育部在2016 年 8 月发布的《关于深化高校教师考核评价制度改革的指导意见》中明确规定，要结合不同学科领域特点，建立科学合理的分类评价标准。[①] 2020 年 2 月，教育部、科技部在印发的《关于规范高等学校 SCI 论文相关指标使用树立正确评价导向的若干意见》的通知中，又明确提出要建立健全分类评价体系：“对不同类型的科研工作应分别建立各有侧重的评价路径。对于基础研究，论文是成果产出的主要表达形式，坚决摒弃‘以刊评文’，评价重点是论文的创新水平和科学价值，不把 SCI 论文相关指标作为直接判断依据；对于应用研究和技术创新，评价重点是对解决生产实践中关键技术问题的实际贡献，以及带来的新技术、新产品、新工艺实现产业化应用的实际效果，不以论文作为单一评价依据。对于服务国防的科研工作和科技成果转化工作，一般不把论文作为评价指标。”从国家颁布的系列政策文件中

---

① 教育部在2016 年 8 月发布的《关于深化高校教师考核评价制度改革的指导意见》中明确提出，要“针对不同类型、层次教师，按照哲学社会科学、自然科学等不同学科领域，基础研究、应用研究等不同研究类型，建立科学合理的分类评价标准。对从事基础研究的教师主要考察学术贡献、理论水平和学术影响力。对从事应用研究的教师主要考察经济社会效益和实际贡献。对科研团队实行以解决重大科研问题与合作机制为重点的整体性评价”。要“扭转重数量轻质量的科研评价倾向，鼓励潜心研究、长期积累，遏制急功近利的短期行为。完善同行专家评价机制，积极探索建立以‘代表性成果’和实际贡献为主要内容的评价方式，将具有创新性和显示度的学术成果作为评价教师科研工作的重要依据。”

可以发现，在教师的科研考核与评价上，其实蕴含着一个共同的价值导向，即对学科发展特点的尊重，对科研创新能力的强调，以及对科研功利化的摒弃。这充分体现了教育主管部门对大学作为学术机构和文化机构的充分理解和尊重。这一系列文件的出台同时也将成为中国“双一流”建设高校制定教师科研绩效考核与评价制度的基础、参照和依据。要激发教师从事科研的积极性、创造性，提高学术成果的质量和国际影响力，提高教师参与学院治理的责任感和使命感，从而更好地服务于社会和人类的发展，中国“双一流”建设高校就需根据不同学科的发展特点和规律，采取多元化的评价方法，制定适宜于不同学科发展特点的分类评价标准，引导教师树立正确的从事科研的价值理念和取向。

从本书的调查结果来看，有93%的教师认为“开展前沿性、高水平的科学研究是学院治理的目标追求”，仅有2.2%的教师对此持反对意见，这也是中国“双一流”建设高校与其他类型高校的重要区别。但同时，仅有19.6%的教师明确表示认同“在国内外权威期刊上发表高质量的学术论文，应是学院治理的目标追求”，有34.1%的教师对此明确表示反对，另有46.3%的教师对此持中立态度。可见，尽管有九成以上的教师认为中国“双一流”建设高校应重视开展前沿性、高水平的科学研究，但不能仅仅将科学研究局限于或等同于学术论文的发表，即使是在国际权威期刊上发表学术论文也不应成为学院治理的目标追求。从总体上讲，中国“双一流”建设高校不同学科的教师对科研考核与评价制度的认同度和满意度普遍比较低，这一研究结论与国内其他研究者的结论基本一致。① 那么，我们不得不反思和追问：导致这一现象的根源何在？结合调研结果以及对部分学院领导的访谈发现，过分注重和强调教师科研成果的数量和以期刊

① 有研究者对中国研究型大学教师科研绩效考评机制进行了研究，结果显示，教师对科研业绩考评机制设置满意度并不高。教师普遍感到满意或非常满意的情况并没有出现，对科研业绩考评机制设置的某一方面（单个潜变量）感到比较满意的情况也不存在。同时不同学科之间也存在着显著性差异，具体表现为人文社会科学教师对当下科研业绩考评机制设置的满意度普遍更低（参见方宝《研究型大学教师科研业绩考评机制研究》，中国社会科学出版社2018年版，第234页）。

的级别为主要评价标准，是当前中国“双一流”建设高校教师科研绩效评价的主导价值取向，同时也是出现教师对科研考核与评价制度认同度低以及不满的重要影响因素。

如上所述，尽管学科间有不同的发展特点和差异性，但中国“双一流”建设高校不同学科专业在科研绩效考评与评价的方法上还显得比较粗糙，“一刀切”的现象仍然比较明显，教师科研考核与评价尚未充分考虑到不同学科间的实质性差异。这在很大程度上难以反映广大教师的要求与愿望，且忽视了学科文化的存在，从而导致“中国大学教师学术评价标准出现重统一化轻多元化的现象”[①]。例如，一位院长在论及教师职称评审时就颇有感触地谈道：

> 学院现在只有推荐权，你想推荐几个都可以，评审权在学部。所有的指标是由学部统筹，这个指标不是到学院来的，就是学校打通，各个学部在一起，指标不是某一个学院的，是大家一起用的。这个就有很大的麻烦了，学科之间是很不平衡的，那么跨学科的专家也不可能了解所有学科的特点啊，即使是社会科学只是一个很小的范畴，他也没有这个辨别能力啊。比如经济管理的、政治的、教育的，哪个更好，谁知道。所以这个最后变得很简单，数文章呗，SSCI 多少、英文的多少、课题的多少、权威论文多少，最后就变成这个东西了。我们学院这两年就上了 1 个副教授，上不去了，X 学院这两年正教授和副教授 1 个都没有上去。我们是社会科学部……Y 学院本来应该到理科去，他们是搞计算机这些的。所以按照理科的划分标准就很差，但他们到这（社会科学部）来就很厉害了。今年 Y 学院是大获全胜啊，力压 B 学院（一流学科所在学院）。经管院的论文多，但在这儿也是弱势群体了。我们的政管、法学、马克思主义学院，社会学系，日子都很难过了。（MD5，2019/6/21）

① 蒋洪池、李文燕：《大学教师学术评价制度创新：基于学科文化的视角》，科学出版社 2017 年版，第 91 页。

以量化为主的科研考核与评价机制虽然在一定程度上激发了教师对科研成果产出数量和在高级别期刊上发表论文的追求，但同时也使“原本复杂的作为学术组织的大学被简化为一种知识生产和输出的科研系统”。而“真正有价值的学术贡献或科学突破却没有同步地增加，大学对于经济社会的贡献仍然乏善可陈”[①]。例如，部分高校明确要求教师在规定的时间内必须在本学科领域公认的权威或顶级期刊上发表一定数量的论文；学校在职称评审中过分强调教师论文发表的期刊级别，主持科研项目的数量和经费等。事实上，对量化评价的过分强调，并不一定能促进学术的繁荣和发展。相反，仅仅强调科研成果的数量，还可能导致出现学术不端、学术腐败、教师急功近利等诸多弊端，不利于学术的良性发展。“现在的量化考核的管理模式遵循的是‘经济人’的人性假设，偏离了高校教师的精神实质。它使教师沦为‘挣工分’、领取计件工资的‘技工’，出现一些教师不论其研究方向有无价值，不惜炮制垃圾论文滥竽充数，助长弄虚作假、投机取巧、急功近利、机会主义等学术不正之风。”[②]

毋庸置疑，量化评价是教师科研绩效考核中不可或缺的重要手段。世界一流大学尽管对教师的科研成果在数量上有一定的要求，并制定了相应的评价制度。但在评价取向上与国内有着重大区别。其中，以学术为本，强调教师的科研成果对人类发展的贡献以及学术成果的创新性，是世界一流大学的共识。在评价手段上，主要采取的是同行评价的方式，既重视学术成果的质量，又要综合考虑文章的影响因子。相对量化评价而言，同行评价更为合理，它凸显的是学术成果的质量而不仅仅看论文的期刊级别，这更有利于激发教师在学术上的创新性。而且，以“量化方式”评价科研绩效的行为本身也是不合理的，因为简单的科研绩效数量统计并不能很好地反映科研成果的质量。并且从学科发展的角度来看，并不是所有学科都适合采用量化的

---

① 王建华：《从优秀到卓越：“双一流”建设的价值澄清》，《江苏高教》2019 年第 1 期，第 1—6 页。

② 操太圣：《“五唯”问题：高校教师评价的后果、根源及解困路向》，《大学教育科学》2019 年第 1 期，第 27—32 页。

考核与评价标准，不同学科群有不同的知识特点和发展规律。所以，中国“双一流”建设高校要走向世界一流大学，不能仅仅将眼光局限于发表了多少篇文章或出版了多少本论著上，而应是创造了多少具有国际影响力、对人类和社会有重大贡献的科研成果。中国“双一流”建设高校对教师的科研考核与评价需建立在尊重不同学科特点的基础之上，进而制定出适宜于学科发展特点和规律的科研考核与评价制度。学术评价的主要目的是“培养出一个真正愿意献身学术又具备独立科研能力的学者，而不是使他们成为某种指标体系的工具”①。那种完全不考虑学科发展特点，过分强调量化且采取统一标准的评价制度或考核标准，显然是不合理、不公平的，不利于学科的发展和科研质量的提升。

当然，导致中国“双一流”建设高校过分强调量化的教师科研绩效考核与评估的原因是多方面的，其中一个十分重要的因素是中国教育主管部门组织的学科评估。由于科研是学科评估的重要内容，“双一流”建设高校为争取更多的“一流学科”，或保持现有的“一流学科”地位，就不得不“迎合”学科评估中所制定的系列科研评价指标。这种以量化指标为主导的评价取向给学校科研成果的产出造成了很大的压力，其直接影响者就是教师群体。学校为应付学科评估，基本上将其变相地演化到教师的科研考核或职称评审上。显然，这种自上而下的以科研数量为主导的学科评估取向是有悖于学科发展特点和规律的。值得注意的是，这里并非要对中国学科评估加以简单否定，而是强调在学科评估中应如何制定合理的科研评估指标，采取怎样的科研评价方式，以及如何确定科研成果在整个学科评估中所占的比例，以更加全面、客观地反映“一流学科”的发展水平，激发教师的科研激情和创造力。“我们需要清晰地认识到，大学并非生产科研论文的学术工厂，教师也并非制造科研论文的学术机器。相应地，大学是一个经过千百年的发展趋于成

① 龙斧、刘经南：《以人为本与现代大学管理、组织、文化机制的机理关系》，《高等教育研究》2014 年第 7 期，第 16—25 页。

熟且高度理性化的文化组织，我们应该注重其内在，其精神与气质、脊梁与傲骨以及责任与担当。”①

二　教师治理能力提升的制度供给不足

学术性尽管是中国“双一流”建设高校区别于其他类型高校的一个重要特征，但这并非就意味着对教学的忽视，育人是教育的基本使命，研究也需以育人为导向，并服务于教学。“那种片面地强调‘科研’和‘促进经济发展’的做法是对大学的异化，也是当前大学精神缺失，大学形象‘矮化’的一个主要原因。如果按照这种倾向去追求世界一流大学，只会越来越背离世界一流大学。”② 教学与研究在本质上并不是相互分离、泾渭分明的，而是相互影响、相辅相成的，这在很多世界一流大学中有着明显体现。以美国为例，在美国的高校里（尤其是一流大学里），一般来讲，教师既搞教学又搞科研，不存在不讲课的教授或不做科研的教授。曾任斯坦福大学校长的杰拉德·卡斯帕尔强调，不是大学的教学要建立在研究的基础上，而是研究要从教学中获益，不但获益于对研究生的教学，同时获益于对本科一年级学生的教学；斯坦福大学要始终把“教学和研究的结合看作其主要任务”。约翰斯·霍普金斯大学要求他的教师既是一流的研究者，同时还必须是一流的教师。美国学者吉尔曼认为，最好的教师通常是那些自由、有能力和情愿在图书馆和实验室里进行原创性研究的教师，最好的研究者通常是那些同时从事教学，并从中赢得同事的鼓励、学生的称赞和公众的注意的研究者。③ 然而，国外有研究显示，一流大学的教师在科研能力方面虽然比较强，但在教育教学能力上则明显准备不足。“影响当前（并且还会持续一段时间）教师的一个最主要隐性事实，是对专业化的学科缺乏教育教学准备。大多数新教师

① 李鹏虎：《关于大学排名与我国世界一流大学建设的理性思考》，《中国高教研究》2016 年第 6 期，第 75—79 页。

② 王义遒：《建设世界一流大学究竟靠什么》，《高等教育研究》2011 年第 1 期，第 1—6 页。

③ 王英杰、刘宝存：《世界一流大学的形成与发展》，山西教育出版社 2008 年版，第 271 页。

在课程设计、教学大纲开发、学习理论等方面都缺乏基本的技能。”①

随着高等教育大众化、信息化、市场化、国际化的发展，政府、社会、家长等对高校人才培养质量提出了更高的要求，这给研究型或博士学位授予院校在培养新教师、提升终身职教师绩效，以及评估和奖励卓越教学等方面增加了压力。② 近年来，中国政府对高校教师的专业发展给予足够重视，并通过出台系列文件对教师队伍建设的具体任务、要求、措施等进行了明确规定。例如，2012 年 9 月，国务院在其发布的《国务院关于加强教师队伍建设的意见》中明确提出，“高等学校教师队伍建设要以中青年教师和创新团队为重点，优化中青年教师成长发展、脱颖而出的制度环境，培育跨学科、跨领域的科研与教学相结合的创新团队”，并积极“推动高等学校设立教师发展中心”。2018 年 1 月，国务院在其出台的《关于全面深化新时代教师队伍建设改革的意见》中又明确提出，要“全面开展高等学校教师教学能力提升培训，重点面向新入职教师和青年教师，为高等学校培养人才培育生力军”。在此背景下，中国“双一流”建设高校有责任为教师，尤其是初入职的青年教师，通过培训、讲座、国际交流、设立各类教师发展项目等形式在教学、课程设计等方面提供系统的制度支持，提高教师的专业素养和教师教学能力。

从世界不同国家高校教师专业发展来看，很多大学，尤其是世界一流大学在教师专业发展上已进行了制度化建设，其主要表现形式为各类教师发展或培训项目。目前，美国各院校的大学教师发展项目已基本制度化。关于教师专业发展的组织机构有很多，比较有代表性的如美国高等教育协会、美国院校协会、美国教育理事会、卡耐基教学促进研究会、研究生学院理事会、美国国家科学基金会和伍德罗·威尔逊基金会等。因此“制定专业的教师培训体系是美国一流大学教师队伍建设的基础性要求，也是保障师资质量的根本性要求”③。但与

① ［美］索尔奇内利等：《大学教师发展：从历史迈向未来》，周军强译，北京师范大学出版社 2016 年版，第 49 页。

② ［美］索尔奇内利等：《大学教师发展：从历史迈向未来》，周军强译，第 30 页。

③ 张莉莉：《美国一流大学的教师队伍建设》，《南通大学学报》（社会科学版）2019 年第 1 期，第 123—130 页。

传统的教师专业发展项目相比，这些组织机构关注的不仅仅是新教师的教学准备、教育信息技术、学生的学习和评估等，同时还开始关注并着力解决有关大学教师的角色和回馈、教学学术、领导能力、合作能力和决策能力等方面的问题。[①] 例如，莱斯大学（Rice University），为使教师获得必备的知识修养、技能储备和实践经验。学校通过领导力项目为教师提供了关键性领导力、团队合作能力、创造力与决策能力四个模块的课程，项目设置时长为 12 天。[②] 这一系列课程既为教师的专业发展提供了有效支持，同时也为教师参与校院管理提供了一定的知识准备。进而提高了教师参与大学治理的能力，增强了教师对大学发展历史和背景的了解，拓宽了大学教师参与校院治理的视野，有利于增强教师对学校的认同感，提升了教师作为学院利益共同体的责任感和使命感。从总体上而言，这些教师发展项目在美国所有不同类型院校中的目标具有趋同化的特点。其中十分重要的三个核心目标在于：一是建立或维持卓越教学文化（72%）；二是回应和支持教师个体的专业发展目标（56%）；三是推进教学和学习的新举措（49%）。[③]

从组织结构来看，院校类型与大学教师发展的模式和结构也有密切的关系。一般而言，研究型或博士学位授予院校，通常会以整个学校及其分支机构构建的全校性中心来组织多种多样的大学教师发展活动。根据赖特（2002）的观点，典型的教师发展中心在行政上隶属于学校最重要的学术办公室，通常是教务长办公室。中心领导可以从教师中选拔，越来越多的有经验的大学教师发展者开始担任中心的领导。超过半数（51%）的综合性大学反馈者反映了他们所在的学校设有集中的部分，而约有四分之一（24%）的综合性大学则由大学教师或管理者个体来组织大学教师发展活动。此类院校的大学教师发

① ［美］索尔奇内利等：《大学教师发展：从历史迈向未来》，周军强译，北京师范大学出版社 2016 年版，第 4 页。

② Rice University，Rice Leaders Curriculum，http：//training. rice. edu/training-professional-development/supervisor-development/，2019 - 12 - 08.

③ ［美］索尔奇内利等：《大学教师发展：从历史迈向未来》，周军强译，第 29 页。

展项目，都是配有全职工作人员的独立全校性中心。[1] 中国“双一流”建设高校教师发展项目在组织结构上与美国的很多院校颇为相似，即主要由隶属于学校党政机关的人事处负责。现有很多学校将人事处与教师发展中心合并，其实质还是由之前的人事处负责管理和统筹，采取“两块牌子，一班人马”的做法。但与国外相比，“中国大学教师入职后的发展主要还是靠教师个体，即使有组织支持，也只是停留在学校层面，如学校举办或提供的岗前培训、教学竞赛、科研启动经费等；基层院系只需要‘使用’教师。”[2] 这在本书的调研中也得到了有力证实，很多学院没有为教师的专业发展制定相关的制度，仅有 36.7% 的教师认为学院经常通过提供外出学习和培训等方式，为教师的专业成长和发展提供外部支持环境。并且学院为不同工作年限的教师所提供的专业学习和发展机会还呈现出一定的差异性。

显然，教师的专业发展和教学技能的提升，对提高教育教学质量、促进学科发展和学生成长具有重要的作用。但从学院治理的角度来看，如果教师的教学与科研能力都具备且很强，那是否意味着教师就具备了相应的、参与学院治理的能力呢？教师培训与发展项目到底应选择哪些内容才能提高教师参与学院治理的兴趣和责任呢？教师作为学院组织成员，应具备哪些基本的学院治理能力？从本书的调查结果来看，教师在学院治理中对自我主体地位的认同度明显要高于院长和学生；学院领导也十分希望有更多的教师能真正参与到学院治理中去，为促进学院的发展提供更多、更好的智力支持。但研究结果显示，在学院管理实践中，教师参与学院治理的积极性并不高。这除了与教师个体的利益、兴趣、学科发展有直接关系外，还有一个很重要的原因在于学校或学院层面并未从教师参与学院治理的视角出发，为提升教师个体的学院治理能力提供良好的制度支持环境，对教师参与学院治理的制度化建设还未予以足够重视。当前，研究者都在积极呼吁让教师参与学院治理，但在教师个体参与学院治理能力欠缺，治理

---

① ［美］索尔奇内利等：《大学教师发展：从历史迈向未来》，周军强译，北京师范大学出版社 2016 年版，第 26 页。

② 沈红、王建慧：《一流大学教师队伍建设的院系责任——基于四所世界一流大学的实地调研》，《教育研究》2017 年第 11 期，第 130—139 页。

知识不足的情况下，很大程度上会直接影响教师参与学院治理的有效性，甚至会异化为一种形式上的参与。

从治理角度来看，中国“双一流”建设高校的教师培训项目，无论是组织结构的设置、制度的运行，还是培训内容，都亟待完善。人是学院治理文化的核心。学院是一个利益共同体组织，教师的治理能力和素养对学院治理文化构建，以及对学校与学院的发展都具有积极的促进作用。这在对院长的访谈中也得到了证实。例如，当笔者问及“您如何理解学院治理文化”这一问题时，一位经济与管理学院的副院长就谈道：

> 学院治理文化虽然是大家都看不见的，但是很重要。对学院治理来说，学院的核心元素是人，教育本身是培养人的机构。我们学院的治理文化就是希望能用优秀的人培养更优秀的人。人就是核心，如何让人发挥更大的积极性，我的理解就是“三人”。第一，识人之才；第二，用人之长；第三，容人之量。识人之才就是相信我们的同事都很有才华；用人之长就是每个人都有长处和短处，学院要创造一个好的条件，让大家把这个长处发挥出来；容人之量就是越是有能力有才华的人，他就越有个性，这就需要有包容心和宽容心。所以，学院治理文化的核心是人，是如何让每个人积极向上地工作……（MD4，2019/07/06）

因此，教师作为学院治理文化构建的核心主体，如果仅仅将教师培训视为教师专业发展的手段显然是远远不够的。同时还需通过不同的形式和手段，为教师治理能力的提升提供良好的制度供给环境，提高教师参与学院治理的能力，激发教师参与学院治理文化建设的积极性。

三　学院决策过程封闭

本书的调查结果显示，教师在学院决策的程序与过程应公开、透明上已基本达成共识，其中有98.8%的教师对学院决策的程序与过程应公开、透明明确表示同意，仅有0.3%的教师表示反对，其他教师持中立态度。然而，因为中国实行的是党政联席会制度下的学院决策制，院务会成员主要由院党委书记、院长、副院长等行政人员构成，没有行政职务的教师基本上没有进入院务会的机会，院务会是由行政权力主导的。在此决策体制背景下，“重大事情的决策往往是自上而下的安排或少数管理者经验式的决策，最关键的是决策过程通常是不透明的，信息是不对称的，缺少多元主体的参与，这样的决策本身就缺乏合法性基础，不容易为大家所理解和取得共识。”[①] 高校内部尽管设有教代会这种以教师群体组成的民主监督与管理机构，但教师在很大程度上并没有实质性的话语权。教师在其他一些学术性机构，如教授委员会、学术委员会、教学委员会中虽有一定的发言权，但没有最终决定权。

从笔者对部分学院领导的访谈结果来看，中国“双一流”建设高校在做重大决策之前，一般会以征求意见等非正式形式让教师参与进来。例如，一位学院的书记在论及教师参与学院决策这一问题时谈道：

> 我们学院会采取一个叫作非正式的议事。比如说在党政联席会之前，有一些重大的决策，我和院长以及分管这项工作的副院长都会碰下头。民主决策有个过程，事前的协商是一个很重要的方式。所以在重大决策之前，我们学院还有两位院士，之后是高层次人才，其他×教授、×副教授这些重要的角色，我们都会听取他们的意见。就是除了按照学校的制度规定外，学院在决策之前，都会征求教授的意见，或者开一个小范围的会议征求他们的意见。这样的话，使多数人在事前对大的原则和方向有一个比较明确的理解，然后再上会，这样可以确保开会是比较集中和有效的。如果你开始就没有什么方案，吵成一团，就无法决策。这个不是一个制度，比较灵活，不是制度要求你这样做，但是我们在方式方法上采取这种措施会更有效一些。如对双一流经费的使

---

① 肖红缨：《研究型大学院系治理模式——以清华大学为例》，清华大学出版社 2017 年版，第 111 页。

用、购买哪些设备等，年薪制的改革、考核等，都有一个沟通的过程。就像学校在开会之前征求教师和学生的意见一样，都会召开教师或学生座谈会，或者说开一个征求意见的会来集思广益。所以，我觉得我们学院的教师和学生在集体决策上还是比较好的，在形式上也是多样的。但开会只是一种形式，还有就是给所有的老师发邮件征求意见。（MS2，2019/06/21）

但是，由于中国实行的是自上而下的科层管理体制，这在很大程度上决定了教师参与学院治理权利的有限性。在实践中，学院对参与决策的教师在资历上一般都有明确的要求和规定。例如，有学院规定，职称至少在副高以上或担任了学校（或学院）职务的教师，才有资格参与到学院决策事务中去，而其他职称相对低一些或没有担任行政职务的教师基本上没有参与正式决策的机会。如上所述，尽管学院有以非正式的形式让教师参与到学院决策中去，并且最后也会将决策结果向学院所有教师公布，但因为学院决策的主体比较单一，决策过程是如何进行的其实并不为大多数人所知晓。这种决策机制在很大程度上是与学院治理理念相悖的。学院治理强调的是多元主体的共同参与，以及对不同利益相关者价值诉求与需要的尊重。一位学院的副院长在访谈中颇有感触地谈道：

教师代表大会或教授委员会，在现代治理里面，都是很重要的部门，对不对？但在学校里面，它有什么用？几乎没用。我们给教师代表大会定性一个工会组织啊，教师代表大会和工会代表大会这两个性质是一样的吗？是不一样的，但在高校里面这都是合一的，所以教师代表大会实际上就变成了工会代表大会。教师代表大会在治理中有没有用？你说它完全没有用，但要走个形式；你说它有用，而它任何决策都参与不了。它既不能决策，又不能否定决策，真正的知情权不一定有。我做了五届 Ma 大学的教代会代表了，但是大的问题都参与不了决策。（MD1，2019/06/26）

在中国学院的决策过程中，教师虽有一定的发言权，但最后的决策权仍主要掌握在学校（或学院）领导手中，学院尚未建立起共同决策的文化氛围，教师的权利和地位在学院治理中并未得到真正彰显，这与世界一流大学形成了鲜明的对比。以美国研究型大学为例，教授在学院决策中发挥着实质性的作用，他们的意见和建议受到院长的高度重视，学院决策是一个共同参与的过程。[①] 共同决策的文化氛围能增强教师对学院的归宿感和认同感，并将自己视为学院治理文化建设的重要成员。正如美国著名学者阿什比所言：“大多数决策由院长和教授确定的这种论资排辈，是太严格、太普遍了，以致有些教授也不希望自己的后辈去过问大学的事务。”[②] 他十分重视并鼓励青年教师参与到学校决策活动中去，充分体现了决策主体多元化的思想。

四 学院发展战略规划的空间受限

学院发展战略规划是对学院未来发展的一种预测和设计，对增强学院治理文化的凝聚力，提高教师对学院治理目标认同感的意义重大。学院作为学校系统的一部分，学院的治理能力和水平既关系到学校的整体治理质量，同时也关系到学院治理文化的发展。学院领导在学院治理文化建设中的作用不在于个人的成就，而在于如何吸引和引领他人实现学院治理的目标与愿景。从校院关系来看，学校与学院之间实质上是一种利益共同体和命运共同体，而非简单的行政隶属关系。“学院不仅是学校战略的执行组织，也是战略谋划的重要参与方，可在达成共识的战略框架下更加自主地从事办学活动。”[③] 但是，从权力主体的角度来看，学院要制定适宜于学院组织属性和学科发展特点的战略规划，最重要也最关键的就是学院要成为

① 肖红缨：《研究型大学院系治理模式——以清华大学为例》，清华大学出版社 2017 年版，第 110 页。

② ［英］阿什比：《科技发达时代的大学教育》，滕大春、滕大生译，人民教育出版社 1983 年版，第 62 页。

③ 杨颉：《协同治理 协议授权——探索校院二级管理改革新路径》，《中国高教研究》2017 年第 3 期，第 12—16 页。

一个相对独立的办学实体。由于受高校内部行政化管理体制的制约，院校之间的依附性现象依然比较严重，学校管理的权力重心主要还是集中在行政职能部门手中，导致学院对内独立谋划未来发展、对外争取竞争性办学资源的能力不足。[①] 学院因为缺乏一定的办学和发展自主权，在很大程度上也难以形成真正意义上的发展战略规划。目前，学院扮演的主要是学校发展战略规划的执行者，其自身的战略发展空间因受行政化管理的影响而相当有限。正如一位学院的副院长在访谈中所言：

> 我们的战略规划其实已经没有太大的空间了，教育部有四年一次的学科评估，现在所有学院的战略规划都是围绕这个评估来的。比如，我们×学院，下一轮能不能进入A+学科，政治学现在是B，下一轮能不能进A。不管是基于什么样的包装，它的依据就是这么来的。我们自己也提出了一些发展战略，比如变成亚洲一流的公共管理学院，但这也只是说说而已，要对照评估指标。其实每次（评估）的表格，把你的规划规定得清清楚楚，你就按照这些指标来吧。（ED1，2019/08/10）

在过分强调学科评估的现实背景下，中国“双一流”建设高校学院发展战略规划在设计和发展的空间上是相当有限的。尤其是在中国以绩效为主导的学科评估背景下，学科排名在很大程度上成了学院发展战略目标的“代名词”。从本书的调查结果可以发现，有70.1%的教师都认为“院长注重‘双一流’学科排名对学院声誉的影响”，仅有2.5%的教师对此持反对意见。并且从学科分类的角度而言，中国“双一流”建设高校的“一流学科”所在学院的院长对学科排名都非常重视，且具有很大的趋同性，有的甚至将其视为学院治理的核心目标。毋庸置疑，学科评估或排名对促进学科发展确能起到一定的促进作用，但这并非意味着学科排名就是学院的发展战略目标或愿景。学

① 叶桂方等：《扩大办学自主权背景下的院系自我约束：困境与突破》，《复旦教育论坛》2018年第5期，第46—52页。

院不能也不应仅仅一味地追求学科排名。要迈向世界一流大学，学院领导仅仅关注学科排名显然是远远不够的，还需结合学科和学院的组织文化特点，立足于国际发展的前沿和视野，以国际化的眼光审视学院发展战略规划，走出仅仅囿于学科评估和排名的思维局限。学科排名不能简单地取代学院发展战略目标，而应将其视为实现学院发展目标的手段，而非目的。学院发展战略目标需要回答的是学院为什么存在和学院如何治理这类根本问题。但由于中国学院与学校之间强烈的依附关系，以及教育主管部门对学科评估的过分强调，学院办学的自主意识相对比较淡漠，战略目标相对模糊。进而导致出现学院对自身发展目标的主动思考不够，对学院内部管理部门的目标管理和统筹协调能力欠缺，对学术组织的管理趋于松散，难以对各个学科进行整体规划等诸方面的弊端。

从世界一流大学的形成过程与发展历程来看，很多世界知名大学一流学科的发展都得益于有比较长远的发展战略规划。世界一流学科的成长，尤其是在崛起阶段，有意识的战略规划不可或缺、至关重要。例如，东京大学物理系的战略规划比较全面，注重把握物理学科发展趋势，及时追踪学科前沿，抢占学术制高点；注重学科整合，主动推进学科交叉，并打破组织壁垒，积极开展跨国跨机构合作，充分整合学术资源。伯克利化学学院在化学工程、交叉学科和边缘领域的研究优势正是战略规划的成就之一。20 世纪六七十年代，斯坦福大学化学系在崛起的过程中，转变管理模式、确立重点学科方向、加强基础设施建设、调整本科课程、扩大学生规模等系统战略规划的作用突出。斯坦福大学计算机系的战略规划更多地体现在对重点学科领域的选择和师资的聘任两方面。卡内基·梅隆大学的战略规划主要体现在师资队伍建设、学生规模扩张等方面。①

值得注意的是，学院发展战略规划并非仅仅是学校的责任，同时也是学院领导及全体教师的职责。它与学院治理文化的整体发展、教师的职业规划、学科发展都有着密切的关系。然而，笔者在

① 王莉华等：《世界一流大学学科竞争力》，浙江大学出版社 2015 年版，第 401—402 页。

访谈中发现，目前，部分学院领导对战略规划的理解仍存在一定的误解。例如，有院长认为，学院的发展战略规划就是对不同学科专业发展规划的汇集。即由不同学科的负责人对教师的意见进行汇集，再由学院将所有不同学科的负责人所在学科的发展规划进行汇总。院长的职责由此变成了不同学科“战略规划”资料的汇集者，而不是整个学院发展战略的制定者和顶层设计者。从表面上看，这种做法是对不同学科教师意见的尊重，但从学院治理文化建设顶层设计的角度来看，这样做未必能真正增强学院治理的凝聚力。以不同学科发展规划，或不同专业为主导来拟订战略规划，而并非从学院整体发展的视角来考量，是一种狭隘的学科主义视野，可能会出现不同学科间交流和对话的机会不断减少的弊端。作为大学最重要的基层学术组织，要促进学院治理文化的构建，学院就需从整体和系统论的思路出发，充分调动不同学科或专业教师的积极性和主动性，鼓励不同教师参与到学院战略规划中来。与此同时，教师作为学院的利益相关者，也需具有学院治理文化发展的整体思路和全局意识，共同致力于学院发展战略规划目标和共同愿景的实现。

第四节　学院领导与教师沟通不充分

学院领导与教师间的沟通与交流有利于增进相互间的信任感，进而形成一个相互促进、共同发展的价值共同体。从本书的调查结果来看，有 81.7% 的教师认为“教师与院领导间的沟通与对话，是提高学院治理效能的关键”，仅有 1.4% 的教师对此持反对意见。然而，尽管教师已意识到学院领导与教师之间的沟通在学院治理文化建设中的重要性和价值，但调查结果同时也显示，认为学院领导会主动与教师交流与沟通的教师占总人数的比例并不高，甚至部分教师对此明确表示反对。其中，只有 12.8% 的教师认为“学院领导注重与教师进行对话与沟通”，有近两成的教师对此明确表示反对，占总人数的 19.8% 。可见，学院领导对与教师之间的对话和沟通的重视程度有待加强。一般而言，学院领导主要是在召开学院相关工作会议或做重大决策时才会与部分教师进行面对面的交流。学院尽管是一个学术和利益共同体组织，但学院领导与教师之间在很大程度上仍有一定的疏远感。学院领导与教师之间的交流并不充分，且主动与教师沟通的意识还比较淡薄，这在一定程度上也反映出部分学院领导在管理中的行政化取向。学院领导在潜意识中并未将自己定位为学院或教师发展的服务者、支持者、协助者……相反，部分领导更多的是将自己定位为传统上的管理者或控制者。不同的角色定位和身份意识将直接影响到学院领导对与教师交流的意义、方式、手段、态度等方面的认知和态度。当然，影响两者交流的因素还与学院领导平时管理事务繁忙、无暇顾及与教师进行面对面的交流有关。另外，很多学院还设有不同的系或研究所，这种学院组织结构也导致了教师与学院领导间的沟通在很大程度上是间接的。

从教师个体的角度来看，与学院领导之间的交流反映出不同教师所持的价值取向。从本书的调查结果来看，仅有45.7%的教师认为自己与院长保持着经常沟通和交流，关系融洽，另有21.2%的教师表示与院长没有沟通和交流。可见，教师与院长在学院管理实践中的交流是比较少的。部分学院领导，如院长可能是从教学一线逐步走上院长岗位的，之前因为是教师群体中的一员，所以与教师之间的交流相对较多，关系更密切。但一旦担任院长以后，他们与教师的距离可能就会逐步拉大，相互间的沟通障碍甚至隔阂也会在不同方面以不同形式表现出来。因为学院领导主要代表的是行政权力，教师代表的则是学术权力，而在中国以行政为主导的管理体制背景下，两种权力有时很难达到平衡。例如，学院领导在某种意义上可能认为教师对他们不理解，而教师在一定程度上也可能产生对学院领导的误解，进而出现两者在价值观上的冲突。因此，学院领导与教师沟通不充分与教师个人的认知有一定的关系。教师由于教学任务重、科研压力大等原因，很难或不愿抽出时间与学院领导进行交流，并就教学、科研、学院发展与管理中所遇到的不同方面的问题或其他相关的利益需求向领导诉说。正如有学者所言：“其他广大的教师群体也在学科分化的丛林中、在绩效导向的‘逐利’中各自沉浸在自己的一片学术领地，他们没有时间交流，也没有心思交锋，并逐渐成为高校中‘熟悉的陌生人’。”①

真诚、有效的沟通不仅能促进学院领导与教师间关系的和谐，而且更为重要的是能增强教师对学院组织的认同感和归属感，以及增进教师与学院领导间的信任，让教师真切地感觉到自己是学院中的一员。与此同时，学院领导与教师主动、真诚的交流和沟通，是彰显学院领导对教师个体或群体利益的关照，营造学院治理文化共同体的重要手段，这在国外很多世界一流大学中都有体现。例如，美国研究型大学的院长与教师、学生之间经常保持沟通、交流和对话，积极倾听来自基层不同利益相关者的声音，学院逐渐形成了自下而上主动建构的文化。② 学院作为一个利益共同体组织，学院领导是学院发展的引导者、服务者、支持者和协调者，理应关注学院教师个体或群体的利益，重视教师的意见和建议，以更好地服务于学院组织的整体发展。但从本书的调查结果来看，学院领导主动与教师交流和沟通的意识还不足，尚待进一步加强。

第五节　教师和学生参与学院治理的主观意愿不足

教师和学生是学院治理的主体，其参与的主动性对学院治理文化建设至关重要。但从调查结果来看，教师和学生参与学院治理的积极性并不高，导致这种现象的原因是多方面的，既有教师和学生个体层面的因素，又与校院层面不完善的制度保障有关。

一　教师参与学院治理的权利缺乏制度保障

教师参与是指权利从委托人（大学管理者）向代理人（教师）的转移。教师群体（包括学生）在治校中所具有的权利为民主权利，具体包括知情权、参与权、表达权、监督权，以及与其切身利益密切

---

① 刘益东：《论“双一流”建设中的学术文化困境》，《教育科学》2016 年第 3 期，第 55—60 页。

② 肖红缨：《研究型大学院系治理模式——以清华大学为例》，清华大学出版社 2017 年版，第 110 页。

相关事项的决定权。[①] 近年来，随着人们对教师权利的日益关注，学者在积极呼吁扩大教师参与学院治理的权利，并让教师参与到学院治理中去。但教师应以何种形式参与？参与程度如何？权利边界在哪里？对诸如此类的问题，现有研究并未进行较为清晰的阐释和界定。

从教师个体层面来看，很多教师已意识到参与学院治理的重要性及其对学院整体发展的价值。本书的调查结果显示，有 73.4% 的教师认为其参与对提高学院决策的民主性和科学性有实质性的影响，仅有 4.7% 的教师对此持反对意见。同时，在“我参与学院治理是为了满足个体的利益需要和诉求”的选项上，选择同意的教师仅占总人数的 5.9%；持中立态度的教师占总人数的 19.8%；有超过七成以上的教师对此持反对意见，占总人数的 74.3%。可见，大部分教师参与学院治理的目的并不仅仅是从个体利益出发的，而是从学院发展的整体目标进行考量的。从学院层面上看，学院领导对教师参与学院治理的权利相对还是比较重视的，在制定重大决策或政策时，多以会议提案、邮件等非正式形式征询教师的意见，让教师参与学院有关管理事务的咨询和审议，表达教师个体的看法和观点。这种非正式的参与形式对提高学院治理的质量和决策的科学化水平有一定的促进作用。但同时，因这种形式的随意性大，从表面上看是民主的、开放的，实则可能由于不同教师个体利益诉求和需要的差异性，而最终异化为教师发泄不满情绪的手段，进而对学院决策的结果产生不利影响。因此，为教师参与学院治理制定完善的制度保障，以制度化的形式对教师参与学院治理的权利予以明确规定是极其必要的。

从本书的调查结果来看，有 98.4% 的教师认为学院治理应以完善的制度做保障。但与此同时，在“学院制定了正式制度，以保障全体教师参与学院治理的权益”的选项上，选择同意的教师仅占总人数的 46.3%；有一半左右的教师对此持中立态度，占总人数的 50.2%；另外还有 3.5% 的教师持反对意见。并且，通过相关性分析发现，不同学校和学院在此方面并没有呈现出显著的差异性（$P>0.01$）。说

---

① 刘献君：《论大学内部权力的制约机制》，《高等教育研究》2012 年第 3 期，第 1—10 页。

明教师参与学院治理权益保障的制度化建设，亟待进一步加强。“为了使教授意见能够受到真正尊重，一个关键的制度设计应该使教授们的意见直接影响到行政首长的任命。”① 但与此相反的是，中国“双一流”建设高校在很大程度上是行政人员对教师产生了极其重要的影响与制约，且较少有学院从制度设计的层面，对教师参与学院治理的内容、边界、程度等予以明确规定。笔者通过对样本高校大学章程文本的分析发现，当前较少有学校在大学章程中明确规定教师参与大学或学院治理的具体内容和形式。有高校尽管在大学章程中对教师参与学院治理的内容进行了描述，但由于内容表述笼统、模糊，进而导致在实践中缺乏可操作性，教师参与学院治理的权利难以得到制度上的保障。同时，本书调查的 9 所“双一流”建设高校在学院层面均成立了不同形式的委员会，如“学术委员会”“学位委员会”“教授委员会”等学术组织，这是中国教师参与学院治理和权利表达的主要形式。然而，由于这些委员会在人员结构、经费安排、活动范围、制度保障等方面存在诸多不足，在很大程度上只是一种“虚设”组织。教师在学术管理中没有实质性的话语权，从而使得学术权利的作用在大学中难以得到有效发挥。在中国大学治理过程中，法律法规授予大学教师的民主权利（如教代会所赋予的权利）往往没有得到应有的制度保障，以至于不少教师有“人微言轻”之感，或者认为“参加教代会只不过是举举手而已”。教师虽然提出了一些意见和建议，但最后却难以得到有效反馈。显然，在民主权利没有得到充分尊重的情况下，大学教师自然也失去了参与学校公共事务管理的内驱力。②

事实上，很多世界一流大学，如哈佛大学、麻省理工学院、斯坦福大学等名校，主要也是通过成立各种委员会的形式来保障教师在学院治理中的实质性权利，而不是以行政权力去制约或限制学术权力的

① 王洪才：《大学治理：理想·现实·未来》，《高等教育研究》2016 年第 9 期，第 1—7 页。

② 刘爱生：《如何推进大学有效共同治理——基于大学教师公共精神的考量》，《浙江师范大学学报》（社会科学版）2020 年第 1 期，第 116—124 页。

发展。[①] 正如有学者所言：“得到大学教授的认可才是大学治理的真正合法性来源，仅仅有行政上级的任命，其合法性是不充分的。”[②] 所以从总体上看，中国“双一流”建设高校专门针对教师参与学院治理的议程或规章制度相对世界一流大学而言是比较滞后的。并且存在诸如教师参与学院治理的边界模糊、职责不清、参与方式单一等多方面的问题，这在很大程度上影响了教师参与学院治理的积极性。

二 教师角色认知的偏差

合理的角色定位将直接影响教师参与学院治理文化建设的主动性。但调查结果显示，由于受学科专业主义的影响，教师在学院治理的角色认知上存在一定程度的偏差。即很多教师将自己仅仅定位于教学与科研人员之上，认为教师是专业人员，是知识的生产者和创造者，教师的主要职能是从事教学和研究，而学院中的所有管理事务应由学院专门的行政人员负责。所以教师在参与一些涉及个人利益的决策时积极性相对较高，而在涉及学院发展战略的制定、学院制度的修改等关系到学院发展的重大决策时，积极性则明显不足。“高校教师参与学校治理与利益关联性相关，呈正比例关系，与自身利益关联越低的公共事务，参与比例越低。”[③] 即使在一些学术事务上，“大学教师参与决策的意愿也不太强烈，甚至在国内一些一流大学里，都不乏委员轻视、缺席学术委员会的会议和讨论，‘甚至有时候连会议都不

① 根据美国 2007 年卡内基教学促进基金会资助的一项调查，教师在新教师聘任、教师晋升和终身教职等领域具有很大的权力，而在预算、核心行政人员遴选等领域具有微弱的影响力。美国教师一些主要领域的影响力所占百分比从高到低分别为：新教师聘任占 61.4%、研究成果评估占 53.1%、教师晋升和终身教职的决定占 51.1%、内部优选研究项目的选定占 43.1%、建立国际联系占 41.3%、新学术项目的批准占 35.6%、教学评估占 27.3%、本科生入学标准的制定占 21.6%、教师教学工作量占 11.0%、核心行政人员遴选占 8.3%、优选项目预算占 2.2%（M. Finkelstein，M. Ju & W. K. Cummings，“The United States of America：Perspectives on Faculty Governance，1992 – 2007，” W. Locke et al.（eds.），*Changing Governance and Management in Higher Education*，Spring Netherlands，2011：122 – 199.）。

② 王洪才：《大学治理：理想 · 现实 · 未来》，《高等教育研究》2016 年第 9 期，第 1—7 页。

③ 孟新、李智：《教师参与大学内部治理的困境及化解之道——基于场域的视角》，《现代大学教育》2018 年第 6 期，第 82—88 页。

一定能开起来’。”[1] 教师在学院治理中通常“表现较为低沉，热情不高，参与意识不浓，原有的角色惯性使其容易发现学校管理中的问题，却将其看作职能部门与党政领导的责任”[2]。这种现象不仅在中国高校中普遍存在，在其他发达国家，如美国的大学中也存在类似的现象。1858 年，曾任密歇根大学校长的塔潘对此持相似的观点，他认为，教师在教学方法和课程等方面应享有专有权威，而在其他方面则最好不要涉入。但自二战之后，随着学科专业的分化越来越细，大学教师的专业性随之不断增强，越来越多的大学改变了教师学术至上的观念，并日益认识到教师在参与学院管理事务上的重要性和影响力，体现了共同治理的价值取向。[3]

在学术上，教师的确拥有其他行政管理人员难以企及的专业知识和能力。但从利益相关者的视角来看，院长、教师和学生都是学院治理文化建设的主体。教师除关注学科领域的发展动态，悉心于教学与科研外，还需关注学院的整体发展，积极参与到学院治理文化建设中去，服务于学院的发展和成长。同时，从本书的调查结果来看，教师对自己在学院治理中主体地位的认同度相对于院长和学生两个群体而言，在选择同意的比例上高出 30 多个百分点。这一结论在对学院治理的价值取向的调研中也得到了证实。其中，以教师为主导的均值（3. 99），明显大于以院长为主导的均值（3. 07）和以学生为主导的均值（3. 87）。尽管院长在学院管理实践中发挥着重要作用，但教师仍然认为自己所在学院在治理过程中体现了以教师为主导的价值取向。这在很大程度上说明学院领导对教师在学院治理中主体地位的理解、肯定和尊重。笔者从访谈中也发现，事实上，学院领导，包括院长、书记都认识到了教师参与学院治理的重要性，并且希望有更多的教师能通过不同途径参与到学院决策过程中去，为学院的发展献计

---

① 刘爱生、王文利：《中国高校内部治理的现状、优化及其创新》，《重庆高教研究》2018 年第 2 期，第 122—127 页。

② 高永新、沈浩：《教师参与现代大学治理的困境与变革》，《现代教育管理》2018 年第 3 期，第 8—14 页。

③ 陈星平：《现代大学共同治理中的教师参与》，《学术界》2011 年第 5 期，第 148—153 页。

献策。例如，一位学院的副院长在论及教师参与学院治理问题时谈道：

> 我们学院有个很好的文化，院长、书记都提出一个很重要的问题，就是经管学院是谁的？我们一般认为学院是所有老师的，这个回答也不对。经管院所创造的价值是属于整个社会的，是属于整个人类的。你是谁，你的格局有多大，你的这个想法才会有多大。所以从这个层面上而言，要让大家有一种主人翁的精神。学院的事情就是我的事情，对我的事情我就要认真做，学院的事情我会努力做，这样的话就会形成一种良性循环的状态。所以，学院的一个氛围就是一种做事的氛围，就是让大家安心地做事情，这个很重要。（MD4，2019/07/06）

一位信息与通信工程的院长在学院政策制定过程中也非常重视教师所提的意见和建议，他在访谈中谈道：

> 我制定的任何政策、任何文件，包括我如何考核，如何分配资源，都是要通过各种途径去征求意见的，因为我做的这些政策就是为了这个目标。你看我做的这个政策、规定是不是为了这个目标，而不是站在某个人的角度。这个目标是公认的，所以大家都愿意跟着你走。（WD1，2019/07/10）

从总体上而言，中国“双一流”建设高校的学院领导对教师在学院治理中所提意见是比较重视的。他们将学院视为共同治理的场域，意识到了教师参与学院治理对促进学院整体发展的重要性。但是，从教师个体参与学院治理的主观意愿来看，教师参与学院治理的积极性并不高，仅有 7.1% 的教师认为自己是积极、主动地参与学院治理的，持中立态度的教师占总人数的 36.2%，另有 56.7% 的教师对此持反对意见。且年龄、任教时间，是否担任行政职务几个变量与此均呈现出显著的相关性。从教师参与学院治理的内容来看，主要集中在教育教学、人才培养、科研项目申报和教师招聘四个方面。不同学科的教师在参与学院重大决策和社会服务活动上尽管呈现出一定的差异性，但整体而言所占比例并不高，在社会服务中选择同意比例最高的教育学学科在总人数上也未超过四成。这在对部分教师的访谈中也得到了证实。例如，一位专任教师在被问及“您主要参与的是学院的哪些活动”这一问题时，她谈道：

> 专任教师主要参与的是教学和科研，一定是两条腿走路。本科生院那边我是做一点服务性的工作。但比如说，我们学院在建楼，这是重大的事情，但是这件事情肯定不是要我们去决策的。但二级学院，比如引进一个人，我们一定会参与。引进一个老师，肯定是全院，或三分之二要通过嘛，大家需要投票或者怎么样。但如果说具体的管理，我们并没有太多，无论是从时间、精力还是能力上，我自己起码不足以承担这个角色，我参与的主要还是教学和科研，其实我觉得我个人的兴趣也不在管理方面。（MT5，2019/07/23）

出现上述现象的主要根源在于，教师对自己在学院治理中的角色认知在很大程度上还存在偏差。即教师对学院的整体发展缺乏应有的关照，未将教师个人的发展目标与学院的发展目标紧密地结合起来考虑，教师参与学院治理的主观意愿明显不足。因此，从治理的角度来看，教师仅仅拥有专业知识是不够的，还需具备学院治理的一些综合协调能力、专业知识和素养。但在实践中，却“很少有教师愿意花时间、精力去深入了解学校具体政策制定或修订的背景、依据等，导致教师所提意见和建议的针对性不强”[①]。教师对校院政策尚缺乏深入理解，在学院管理事务上的经验和知识较为匮乏。然而，即便如此，教师参与对提高学院治理的效能仍然是很有必要的，正效果要远远大于负效果。正如有学者所言，尽管教师参与也会给大学管理带来诸如集体决策的成本高、决策效率低等问题，但“不能以教师的能力为借

① 朱家德：《教师参与高校治理现状的个案研究》，《高等教育研究》2017 年第 8 期，第 34—41 页。

口，把教师完全排除在大学治理的过程，特别是大学决策的过程之外”①。

三 学生参与学院治理的积极性不高

目前，研究者主要基于权利的视角，积极呼吁要尊重学生权益，并让学生参与到学院治理中去。事实上，学生参与学院治理一直是一个颇受争议的话题，但从本书的调查结果来看，关于学生参与学院治理的观点主要有两种：一是反对者。持这种观点的学者或学院领导认为，由于学生认知能力有限，他们所提意见和建议在很大程度上并不能对学院发展产生太大的促进作用，其中的非理性成分相对较多，因此不支持学生参与学院治理。二是赞同者。他们对学生参与学院治理持比较支持和肯定的态度，认为学生参与学院治理对促进学院的整体发展具有十分重要的意义。

就学生个体而言，他们是否有真正的意愿参与学院治理，也是研究者需要思考的重要论题。本书基于学生的视角，主要采取访谈法，对学生参与学院治理的态度与意愿进行了结构性访谈（见附录五）。然而，从访谈结果来看，学生参与学院治理的积极性普遍不高。例如，当笔者问及“你是否有比较强烈的意愿参与学院的管理事务和决策活动”这一问题时，一位信息与通信工程学院的硕士研究生就谈道：

> 平时我们主要是在学院的这个研究生自习室里面学习，有自己的导师布置的一些研究任务，还要写一些小论文，科研压力有点大。对于学院的管理活动，作为一个普通学生，又没有担任学生干部，我个人并不是很想参与。我更喜欢参加学校的一些学术活动，听听学术讲座，对学院的那些管理活动不是很感兴趣。（WX2，2019/6/12）

① 陈星平：《现代大学共同治理中的教师参与》，《学术界》2011 年第 5 期，第 148—153 页。

很多本科生在访谈中对此也持相似的观点。例如，一位本科生在访谈中就谈道：

> 现在我在学校参与的活动主要有两个社团：一个是青年志愿者协会，另一个是合唱团。参加社团既可以锻炼自己的能力，在评奖学金和优秀班干部的时候还可以加分。我是班上的学习委员，在接近期末的时候，我们学院的副院长会组织一次班干部座谈会，让大家谈谈一学期以来班上总体的学习情况。对学院中的一些管理活动或决策活动，我觉得应该是学院领导的事情，我自己一般不会主动参与，也没有太大的参与意愿。（MX4，2019/6/19）

从笔者对学生访谈的总体情况来看，学生对自身发展的关注度要远远高于对学院发展的关注度，且不同层次、不同学科的学生在参与学院治理的内容和途径上呈现出一定的差异性。其中，本科生参加的主要是学院的课程建设、教学评价、社团活动等内容。而硕士生和博士生参与的主要是与学术研究有关的一些活动，如学校内外举办的各类国际会议、各种学术研讨会、学术沙龙等。但从不同层次学生参与学院治理的主观意愿来看，他们在不同程度上都表现出一定的消极倾向。在访谈中，部分本科生明确表示，对与自己利益相关的活动参与的积极性会更高，如果与自己的利益没有太大关系的活动则不愿意参加。与本科生相比，研究生更倾向于参与学院的各种学术活动，由于科研压力的影响，他们不愿意参加与自身研究方向或毕业论文无关的活动。因此，从整体上看，学生参与学院治理的主观意愿是比较低的，他们关注的主要是自己在校的学业成绩、是否能顺利毕业、毕业后是否能找到一份满意的工作，如此等等，在学院的课程建设、教学改革与评价、学院政策制定等方面的参与度和内在动力则明显不足。

尽管很多学者都强烈呼吁要让学生参与学院治理，并给予学生充分的参与权。但从学生个体的角度来看，学生参与学院治理的积极性普遍不高，学生对学院的发展与管理缺乏应有的关注，且未能将学院发展的目标、使命、愿景等与自身的学习与发展紧密地结合起来考虑，缺乏参与学院公共事务管理或服务的责任和意识。由此可见，不是所有的学生对大学治理都感兴趣，并乐于参与到学院治理中去的，这在国内外的相关研究中均得到了证实。[①] 美国著名学者阿什比曾言：“许多大学生不想同自己所在的大学打成一片。三位一体（校长、教师和学生）的组织中虽没有排除他们的地位，可是他们却退却了，对组织漠不关心。”[②] 所以从学生层面上看，无论本科生还是研究生，在参与学院治理上都体现出共同的价值取向，即他们参与的活动主要考虑的是与自己的利益是否有关，且参与活动的积极性与利益之间呈明显的正相关关系，具有典型的功利主义和利己主义色彩。

第六节　学院之间的合作欠缺

学院治理体现的是一种开放、多元的文化理念。与此相应的是，学院治理文化建设也不能仅仅囿于学校内部组织系统间的交流，同时还需与学校外部的其他组织或机构进行充分的交流、沟通与合作，进而对学院治理的理念、制度、战略目标等进行不断更新、完善和优化，以促进学院治理文化更好地发展。

随着“双一流”建设的不断推进以及教育部对学科评估的重视，中国“双一流”建设高校在学科竞争中将变得日趋激烈，因为学科评估与高校资源配置呈现出高度的相关性。通过学科评估进入国家

---

① 美国著名的社会学家克拉克（Burton Clark）和特劳（Martin Trow）将美国学生划分为四类：第一类学生，他们上大学的主要目的是参加社会活动和体育活动，对学术活动并无兴趣。第二类学生，他们上大学的唯一目的是获得就业的资格。“学者”一词对他们而言是毫无意义的，他们对大学也没有什么感情，仅仅是为了购买文凭而来。这类学生不仅在美国，在中国或其他国家也不罕见。另外两类学生，一类是专心致志于学术的青年，他们上大学所希求的正是大学所应达成的目的，他们忠于大学的传统，并深感大学的不完善。他们以严肃的态度对待自己在校长、教师、学生三位一体中所处的地位。他们热心地关切学校的校务和威望。另一类是造反派。这类学生深切关怀政治问题和思想问题，具有热烈而沸腾的社会良心，对校外的问题具有深厚的兴趣。专心向学的学术派和造反派两类学生，对三位一体的大学组合都是有作用的。“学者”一词对他们来讲，也是富有现实意义的。这四类学生群体代表了不同的价值取向（参见［英］阿什比《科技发达时代的大学教育》，滕大春、滕大生译，人民教育出版社 1983 年版，第 66 页）。

② ［英］阿什比：《科技发达时代的大学教育》，滕大春、滕大生译，人民教育出版社 1983 年版，第 70 页。

“一流学科”后，高校就意味着能从政府处争取到更多、更好的资源，并获取较好的社会声誉。从本书的调查结果来看，学院领导对与国内同类高校学院间的合作并未表现出浓厚的兴趣。在学校内部，学院之间尚未形成一种有深度、有效的交流与沟通机制，即使是同一学院的不同学科在合作和交流上也是相对比较少的。在“学校内部学院间的交流多，合作程度高”的选项上，选择同意的教师仅占总人数的12%，另有四成以上的教师明确表示反对，占总人数的43.2%。这一方面是由不同学科的发展特点所决定的；另一方面与学院领导的治院理念，以及学校外部的评估机制也有很大的关系。由于受学科评估的影响，学院在很大程度上必须围绕学科评估的指标和标准来进行建设。不同学校在学科评估中不可避免地存在着某种程度的利益“争夺”，尤其是在学科实力相当的情况下，学院之间的竞争会变得更加激烈。部分学院领导由此不愿通过建立跨学科组织、校际合作等形式与国内同类高校建立合作关系，共同促进学科的发展与进步。有学院领导甚至认为，作为独立的学术组织，学院之间没有必要进行深度合作。在访谈中，当笔者问及一位学院的书记“贵院与国内其他高校的学院有合作吗”这一问题时，他谈道：

> 有一些合作，但是没有那么大的必要吧。在学生互访、交流互换、对口支援、支援西藏、带学生实习、毕业设计这些方面是有的。但是，这些合作对我们核心竞争力的发展和学科发展并不是必需的，没有必要进行那么多的合作。我们不是一定要加强合作，正常的交流就可以了。教师之间有科研合作，但是学院与学院之间没有必要进行那么紧密的合作。(WS1，2019/07/02)

另外一位院长在访谈中也谈到，由于学科之间的竞争比较激烈，学校间存在一定的利益冲突。目前，中国“双一流”建设高校的学院与学院之间并没有进行过实质性的合作。

> 没有太实质性的合作。联合开会有，学生互派主要是本科生层面的。联合申请课题，但都是表面上的，大家都是竞争对手。

> 说实话，现在学院之间的合作是很难的，它如果比你高很多（学科发展水平。——笔者），它可以跟你合作一下，因为你威胁不了它。与我们差不多的，就是竞争对手，这次我是A+，下次你就是A-了。这与地方政府之间一样，因为大家竞争的都是一个帽子嘛。（MD2，2019/06/21）

以学科评估为主导的学院发展取向，在一定程度上虽能促进学科的发展和进步。但正是学科评估限制了学院领导的视野，难以发挥出学院领导在理念上对学科发展的引领作用。因此，从此意义上而言，学院领导的合作理念既与自身因素有关，但同时在客观上也受到来自外界的其他一些不可避免的、难以逾越的客观条件的制约。

从学院与校外组织机构的合作情况来看，“一流学科”所在学院相较与学校内部不同学院间的合作而言，它们与高校外部的组织机构的合作与交流反倒更多，在调研中，有63.9%的教师认为其所在学院与学校外部组织机构的交流频繁，合作程度高，仅有5.5%的教师对此持反对意见。合作与交流的主要形式一般有不同学科专业之间开展各种国际学术研讨会，教师到世界名校访学，进行交换生项目等。但从内容上看，以学科发展为主建立长期的、深度的合作关系的其实并不多。即使是研究项目，也主要是以学术团队为主建立的一种科研合作关系，一旦项目完成，这种关系可能就随即终止了。同时，由于科层制校院管理体制的影响，学院缺乏充分的自主权，加之学校对学院发展的支持和制度保障不足，学院并没有太多的经费和权力与国外高校建立起基于学科发展的深度合作关系。

综上所述，由于学科专业化、学科评估、学院领导者的管理理念，以及学院之间的资源竞争等多重因素的影响，无论是高校内部学院之间，还是学院与高校外部组织机构之间，在合作程度上都是比较低的。

第六章

中国“双一流”建设高校学院治理文化建设的路径

学院治理文化建设是学院利益相关者在相互作用中共享、认同、践行学院治理核心价值观的过程。学院治理文化建设对实现大学治理能力现代化，提高大学核心竞争力，增强学院组织凝聚力和向心力都有着十分重要的意义。但是，学院治理文化建设是一项长期而复杂的系统工程，不仅需要得到学校层面的大力支持，同时还需得到学院领导、教师、学生等不同利益相关者的协助，是多元治理主体共同作用和努力的结果。结合中国高校内部管理体制的文化特点，根据中国“双一流”建设高校学院治理文化的现状、问题及原因，基于学校和学院两个层面，从校院关系、学院治理理念、学院治理制度和学院治理行为几个方面，探寻中国“双一流”建设高校学院治理文化建设的有效路径。

第一节　确定学校在学院治理中的元治理角色

为增进学校对学院的理解、支持和信任，学校需明确其职能定位，打破传统的行政固化思维和身份意识，在学院治理文化建设中发挥元治理作用。学校要与学院保持沟通和交流，并积极听取学院领导和教师等不同利益相关者的意见，进而构建起良好的校院信任关系，赋予学院充分的办学自主权。根据权、责、利相统一的原则，学校在赋予学院自主权的同时，可通过建立责任清单制度的形式，对校院的权责关系予以明确界定，确保校院权力运行的有序、规范、有效。只有在校院的协同努力下，中国“双一流”建设高校学院治理文化才能真正走向健康、和谐、可持续发展。

一 明确学校职能定位

在中国以行政为主导的高等教育管理体制背景下，明确高校在学院治理文化建设中的角色和职能定位显得尤为必要和关键。从调查结果来看，科层制仍然是当前中国“双一流”建设高校管理学院的主导模式，重要的人权、事权和财权基本都掌握在学校职能部门手中，学校的行政化管理思维依然比较突出。从一定意义上讲，自上而下的科层制管理体制有助于学校职能部门对学院资源的整体调配和统筹，提高学校管理效率。但与此同时，这种管理体制也有其局限性，在很大程度上不利于激发学院办学的活力和积极性，致使学院治理文化建设的内在动力严重不足。学院治理就其本身而言，彰显的是一种开放、包容、平等、多元、合作、互动的理念和文化取向，相应地这也对学校职能部门的角色提出了新的要求和挑战。为更好地适应学院治理的需要，学校领导首先需改变传统的行政化管理模式，实现从管理思维向治理思维的转换。这种转换是对校院科层组织结构的超越，它要求学校领导更新传统的治校理念、价值取向和思维模式。明确学校在学院治理文化建设中扮演的是服务者、支持者、协调者角色，而非管理者或控制者角色；明确学校“行政管理机构的作用是提供服务而不是领导，是‘影响而不是控制’，是‘建议而不是要求’，是‘沟通而不是指导’”①。因此，学校理应为学院发展提供更好的服务，在学院治理文化建设中扮演好元治理角色。

元治理角色要求学校在学院治理文化建设中发挥其应有的主导性作用，为学院发展提供方向性和政策性支持，尊重学院在大学治理结构中的主体地位，赋予学院充分的办学自主权，对学院实行间接而非直接性管理。这样既不会对学校的权威性构成任何威胁，或者削弱学校的权威性，也符合大学组织的基本属性。但需注意的是，赋权不等于放任，而是对学校领导管理智慧和信心的考量，管理的最高境界是

① 阎光才：《识读大学——组织文化的视角》，教育科学出版社2002年版，第227页。

没有管理的管理。学院作为大学的基层学术组织，是学校办学的真正实体，“在学校各项事务的运行中，学校以及职能部门要以学院为主体，围绕着学院的建设与发展服务”①。并且，由于不同学院学科发展特点的差异，学校还需以开放的视界、包容的心态，尊重学院治理文化的多样性和异质性特征，理解学院治理思维和鼓励学院文化管理模式的创新。通过与学院合作、对话、协作、信息交换，了解彼此的立场和利益诉求，从而达成共同的治理目标，实现学院善治。

二 增强校院沟通互信

“任何个人、团体或组织只有依靠沟通交流彼此的意图，才能得以存在。”② 学校与学院之间的有效沟通对增进相互间的理解和信任，实现高校管理与人才培养目标，提高学校决策的科学化水平，增强教职员工对学校的归属感和认同感，提高教师工作满意度都有很重要的价值。同时，校院之间的沟通和对话，还可增进学院对学校政策制定、规章制度的调整和修改等方面的支持，使学校对不同学院的学科发展特点有更全面和深入的理解。校院之间的沟通，其实质是一种双向关系的建构过程，彼此之间的信任感在此过程中得以生成。可以说，信任既是领导的基础，也是实现大学善治的重要保障。目前，国外的相关研究已证实了沟通在组织发展和管理中的重要性。③ 但由于受中国传统的以行政为主导的集权化管理思维惯习的影响，中国“双一流”建设高校中的校院沟通属典型的下行沟通，即主要强调的是学校层面向学院层面进行的沟通，具有等级性、单向性、指令性、强制性的特点。在此背景下，学校与学院之间的沟通其实并不充分，学校

① 杨如安：《学院制的内涵及其特性分析》，《教育研究》2011 年第 3 期，第 41—44 页。

② ［美］斯蒂芬·罗宾斯、蒂莫西·贾奇：《组织行为学》，孙健敏等译，中国人民大学出版社 2019 年版，第 266 页。

③ 国外有研究者的调查结果表明：组织的管理者花费 70%—80% 的时间用于组织沟通，组织沟通的规划和程序是组织成功的关键要素。在 2000—2004 年期间，具有有效沟通机制的组织获得了 91% 的投资回报。普林斯顿大学的研究也表明良好的人际沟通占到成功因素的 75%（参见梅红等《组织沟通有效性、激励方式对学院管理的影响》，《西安交通大学学报》（社会科学版）2008 年第 2 期，第 22—26 页）。

在沟通中更多地扮演的是指令者或控制者角色，学校对学院的管理能力在很大程度上是缺乏信任的。这可能也是即便学者积极呼吁将高校管理的权力重心下移到学院，而高校仍不愿将权力下放给学院的重要根源。那么，校院之间应如何进行沟通和对话？如何增进彼此间的信任感呢？本书认为，中国“双一流”建设高校首先要遵循世界一流大学的治理逻辑，根据校院发展特点，重视和支持优势学科建设；确定院长在学校决策中的主体地位；通过建立信息交互平台，构建开放的校院沟通渠道，增进彼此间的信任感。

（一）为优势学科的发展提供倾向性支持

学科是学院构成的基本细胞。但由于不同学科发展特点的差异，学院治理文化建设也需遵循不同学科的特点和治理逻辑。目前，中国“双一流”建设高校虽然赋予学院一定的办学自主权，激发了学院办学活力。但从总体上看，学校主要还是采取统一的管理模式对学院进行管理，忽视了不同学科的发展特点，并且对优势学科的理解和支持明显不足。可以说，这种管理模式主要是基于学校管理的需要，而非学科发展的需要；是基于学校职能部门管理的便利，而非基于学术组织发展的特点和趋势。同一所学校不同学科间本有的文化特点，在学校管理模式的单一化、标准化、统一化中“消失殆尽”，不同学科所在学院在发展和管理上的趋同化现象十分明显。这在很大程度上是有悖于世界一流大学以学科发展为中心的管理取向的。如上所述，导致这种现象的原因既与学校内部管理体制有关，同时也与学校决策者的治校理念密不可分。因为如果学校决策者对学科发展特点不理解，就可能做出对学科发展不利，甚至损害学科发展的一些决策，出现学校职能部门与学院之间在理解上的偏差，或沟通上的障碍。例如，一位经济与管理学院的副院长在访谈中对此就有论及：

> 经管学院跟其他学院相比有很多特殊性。从制度管理的角度，学校不希望看到特殊性，更多地希望看到统一性、标准化。但是我认为，学院的特殊性在很大程度上还是要考虑的，这主要是因为学校不太理解（学科的特殊性。——笔者）。比如说商科，

> 它除了人才培养、科学研究之外，还有一个很重要的特点就是传播文化，或者说得更彻底一点，商学院是与市场离得最近的。如果商学院都跟市场隔得很远，不与市场互动，你怎么可能把学生教好。因为很多学生肯定是要进入商界的嘛。经管院与商学院要与市场有更多的互动，但学校很不理解、很不熟悉。（MD4，2019/07/06）

可见，不同学院和学科之间虽有很大的差异性，但这种差异性在中国却为行政化的管理思维或单一的决策模式所泯灭。学院治理文化在发展中难以体现出鲜明的个性特征，因为每个学院在大学内部都是独特的，它们有着独特的学科威信。学院作为大学组织的子系统，学校理应尊重学院组织的学术性和学科发展特点。否则，学院就不能成为学院，中国“双一流”建设高校也难以发展成世界一流大学。正如有学者所言：“对学术世界越缺乏理解就越会导致行政方式和学术文化的割裂，从而危害到学校本身；在一所大学中，如果这两个群体之间丧失了信任，大学在不得不进行决策，特别是在必须做出基于信任的迅速的决策时就会受到严重的阻碍。”①

大学竞争的实质是学科竞争，只有拥有了国际公认的一流学科，才能称得上真正意义上的世界一流大学。其实，很多世界一流大学在崛起过程中，都离不开学校的重视和支持。以美国为例，斯坦福大学的计算机科学之所以被国际公认为“世界一流学科”，其发展与校方的支持是密不可分的，校方对计算机科学的成立和发展的支持，主要体现在三个方面：第一，斯坦福大学的高层领导人对计算机科学发展的重视和支持；第二，斯坦福大学在计算机系组建和发展过程中提供了管理政策和发展机会的支持，其中最重要的是在人事任免和教授名额方面给予特殊待遇；第三，斯坦福大学持续大力投资计算机中心的发展，为整个大学的教学和研究提供基础的计算机设施和服务保障。②

---

① ［英］迈克尔·夏托克：《成功大学的管理之道》，范怡红主译，北京大学出版社2006年版，第198页。

② 王莉华等：《世界一流大学学科竞争力》，浙江大学出版社2015年版，第278—279页。

学校作为元治理者，学校领导或决策者要走出长期囿于行政化的管理思维，明确学院在大学治理中的主体地位，以及学院在学科发展和建设中的重要性。在此基础上，学校要经常与学院保持沟通与对话，加强对不同学科发展特点的理解和尊重，并在人力、财力和物力等方面为优势学科的发展提供倾向性支持，激发学院构建适宜于学科发展特色的治理文化，提高学科核心竞争力。中国“双一流”建设高校在走向世界一流大学的过程中，一定要立足学校办学实际，坚持特色治校理念，积极扶持优势学科群，促使其发展成为具有国际影响力的有特色的重点学科。

（二）确立院长在大学决策中的主体地位

院长是学院治理文化建设的核心，是联结校院的主要纽带和桥梁。但因为受行政化管理思维的影响，院长在学校决策机构中的权力相当有限。在此背景下，学校领导与院长之间实质上并没有建立起一种双向互动的对话关系，院长在很大程度上只是学校政策的被动执行者，而非真正意义上的决策者，院长与校级领导的交流常处于被动状态。由于院长没有获得在学校决策中的主体地位，在学院治理中起到的主要是“上传下达”的作用，难以协调好学院教师等不同利益相关者与学校决策中心的关系。因为院长没有真正参与到学校中心机构的决策过程中去，他们的视野、想法和兴趣也可能将主要局限于保护自己学院的利益或与其他学院展开竞争，甚至将学院的利益置于大学的整体利益之上，这样的院长人选会极大地损害一所优秀大学的组织管理。

确定院长在大学决策中的主体地位，既有利于发挥院长在学校与学院利益相关者之间的协调作用，双向传递信息。同时，通过确定院长在学校决策中的主体地位，还能保障教师的发言权，使学术利益在学校决策中占有一席之地。因此，学校理应确定院长在学校决策机构中的主体地位，加强校院之间的有效沟通，赋予院长在学校决策中一定的话语权，充分发挥院长在校院之间的纽带作用。院长必须成为校领导核心的一部分，“因为缺少了他们，校领导核心会脱离大学的教学与科研事务，而完全受中心管理事务的支配，或者是受到没有深深扎根于大学学术利益的策略性观点的左右。这样的话，校领导核心很快就会与院系事务失去联系与交流。”① 另外，从院长个人的角度来看，他们也不能仅仅起到一个上传下达的作用，而需立足于校院的整体发展，积极与学校领导进行对话和沟通，增进相互间的信任感，共同致力于学院的发展与进步。

（三）加强校院之间的对话

首先，注重与学院领导的沟通。学校领导如校长、书记等应经常与学院领导保持沟通，积极倾听学院的院长、书记等对学院治理的意见和看法，了解学院治理文化建设中所存在的问题、遇到的困惑，以及不同利益相关者的利益诉求与需要，以此作为提高整个学校管理质量和效率，改善校院关系的有效手段，这在世界一流大学的管理模式中可窥见一斑。世界一流大学很注重校院间的对话，学校领导或负责人都十分重视与学院领导进行交流与沟通。例如，在耶鲁大学，校长作为每个学院委员会的当然成员，与院长保持着经常性的沟通。中国“双一流”建设高校的核心领导，可以在汲取世界一流大学治校经验的基础上，采取召开座谈会、参与学院决策等多种形式，加强与学院领导的对话与交流，共同致力于学院治理文化的发展。自上而下的硬性管理，并不代表成功的大学管理，成功的大学管理是学校核心领导和各学院持续不断对话的结果，其所实施的技能和追求成功的动力也起到了关键作用。

其次，重视与教师之间的交流。教师作为学院的利益相关者，既是学科的守门人，也是学院治理文化建设的主体。因此，为更加全面和深入地了解学院治理文化的现实境遇，沟通不能仅仅局限于学校领导与学院领导之间，学校领导同时还应与教师保持经常性的沟通。但在中国以行政为主导的高校内部管理体制背景下，所谓的校院沟通在很大程度上其实主要是学校领导与学院领导之间的交流，而忽视了学校领导与教师之间的沟通与互动。这也是导致学校对学院组织属性缺乏正确认知的重要根源。当前，中国“双一流”建设高校中的学校领导与教师间的交流与沟通，无论是在内容还是形式上，都显得比较

① ［英］迈克尔·夏托克：《成功大学的管理之道》，范怡红主译，北京大学出版社2006年版，第87—88页。

单一。学校领导代表的是行政权力，教师代表的是学术权力，两者在价值观上存在一定的冲突和矛盾。例如，学校领导主要强调的是组织管理的秩序、效率和显性的绩效评估；而教师追求的则是学术的真理、知识的生产，其效果具有长期性和滞后性的特点。由于价值观上的差异，可能出现学校领导与教师在沟通上的障碍。而要解决这种价值观上的分歧与冲突，学校领导就需依靠沟通和交流，与教师建立起良好的对话机制，进而消除彼此间的文化冲突。通过对话，一方面，学校领导能加深对不同学科的理解，全面了解学院在治理文化建设中所遇到的困难，以及教师的利益诉求和需要。例如，学院到底真正需要哪些自主权？学院在有了充分的自主权后是否能有效运行？在学院治理文化建设过程中，学院在哪些自主权上是必须拥有的？教师参与学院治理文化建设迫切需要的外部支持有哪些？诸如此类问题都能在与教师的交流中获得一定的信息。通过与教师的交流，听取教师的意见，学校能更有效、合理和科学地进行决策。所以，每个学校的管理者都应该明白，“教师的意见以及对大学办学目标的共同热情是办好大学的唯一有效的保证”①。另一方面，通过与学校领导的交流与沟通，教师也能更为深刻地理解学校领导在管理中所面临的困惑和难题，理解学校领导的不易。例如，有教师经常埋怨学校领导的无能，但通过交流后可能会发现，其实并不是因为领导的无能，而是由学校外部多重因素导致的结果。

学院治理文化在很大程度上是对学院组织本体属性的回归与尊重，彰显了教师在学院治理中的主体地位和价值。学校领导应放下架子，通过创设良好的沟通环境、营造和谐的与教师沟通的文化氛围。通过对不同学科发展特点的全面理解，学校领导能更为深刻地认识到为什么有些权利必须回归教师，从而确定教师在学院治理文化建设中的主体地位，确保教师在学校决策中有更多的话语权和参与机会。

最后，构建信息交互平台，建立开放的校院沟通渠道。“校院统

① ［英］怀特海：《教育的目的》，徐汝舟译，生活·读书·新知三联书店 2002 年版，第 148—149 页。

一的信息交互平台是实现校院共管、协同治理的重要基础设施，也是世界一流大学在互联网时代的重要标志。”① 在信息化时代，重视信息的收集以及在各组织部门间建立开放的沟通渠道，是组织管理取得成功的关键。“成功的管理人员重视沟通的重要意义，而低效的管理人员则反其道而行之。当面临各方的压力，而且问题又捉摸不定时，双方沟通的根基便发生了动摇，于是，他们就把自己完全幽闭于少数几位值得信赖的顾问圈子里，而学校的其他人则还在等待着他们下一个注定要滑向危机的行动。”② 开放、顺畅的沟通渠道对收集到学院有效的管理信息，提高学校管理效率和决策质量，构建起校院之间良好的信任关系等都有重要的保障作用。并且，随着高等教育规模的扩大和信息技术的不断发展，校院之间的交流形式和途径也发生了相应的变化。“大学的规模可能会决定院系与校级中心的联系不再以任何实在的形式存在，但是，好大学似乎都在尽量地延续、设法保持联系。因为它们已经建立起许多正式与非正式的交流渠道，只要主要员工没有什么意外变化，这种必要的联系就会维持下去。”③

为确保学校的管理质量和水平，校院之间的交流和沟通并不会因学校规模的扩大、信息技术的发展而“停滞”。与此相反的是，学校决策的科学化水平，在很大程度上有赖于校院之间开放、充分的交流和沟通，以及彼此间的互信。需要强调的是，这里所谓的开放主要包括以下两方面的含义：一是自上而下的学校对学院组织成员的开放。学校领导不仅要认真听取学院领导的意见，同时也要与学院中的其他利益相关者如教师、学生等群体多交流、沟通、互动，全面了解学院治理文化建设中所存在的问题、困惑，以及他们对学院治理的看法和价值取向。二是自下而上的学院对学校的开放。校院之间良好信任关系的构建，不允许学院对学校行政职能部门的人员心存戒备，而是要

① 蔡蕾、鲁世林：《“院为实体”校院两级管理体制改革的三个方向》，《高教探索》2017 年第 11 期，第 83—88 页。

② ［美］罗伯特·伯恩鲍姆：《大学运行模式：大学组织与领导的控制系统》，别敦荣主译，中国海洋大学出版社 2003 年版，第 211 页。

③ ［英］迈克尔·夏托克：《成功大学的管理之道》，范怡红主译，北京大学出版社 2006 年版，第 90 页。

积极听取和接纳学校职能部门相关人员所提的各种意见和建议。校院间一旦建立起信任的沟通机制，学校既能从学院收集到很多有用的资料，学院又比较乐于向学校反馈真实而有效的信息，并将学校视为学院治理文化建设的战略同盟。因此，学校应加强校院信息交互平台建设，实现校院信息管理的有效对接，保障校院决策信息的公开、公正和透明。

三 构建校院权责明晰的责任清单制度

构建明确的校院两级权责分配体系，是中国“双一流”建设高校学院治理文化建设的关键。通过明确的校院权责分配，一方面可使学院明确其拥有的权力和所需承担的责任；另一方面能使学校职能部门明确自己的权责边界。学院治理文化是根据不同学院的组织文化特点而构建起来的具有学科特色的文化体系，自主性和自治性是其得以构建的基础。从这个意义上说，学校在学院管理上要秉承的是分权而不是集权的治理思维。中国校院之间是一种典型的科层制组织结构，具有明显的等级性，学院缺乏充分的办学自主权。校院权责关系不明确、权责边界界定模糊等现象，在中国“双一流”建设高校中依然普遍存在。在此背景下，学校应向学院下放哪些权力，权力下放的程度如何，放权后如何对学院进行有效管理等问题，都需以责任清单制度的形式予以说明。

明确不同权力主体之间的权责边界是责任清单制度的核心，权责利统一是建立责任清单制度的基本原则。英国古典管理学派的代表人物厄威克在《管理的要素》一文中明确提出了“责权相符原则”。他认为，对管理者授予权力的同时，也必须把相应的责任加在他身上，而被授予权力的人，必须对下级所有工作承担个人责任。责和权在各级管理人员中，都必须相称和明确，有权无责或有责无权的人，都不能成为真正的管理主体。[①] 在中国推进“双一流”建设的过程中，在学校注重和强调对学院绩效进行考核和评估的体制背景下，学校不能

① 李兰芬、崔绪治：《管理文化——管理哲学的新视野》，苏州大学出版社1999年版，第203页。

仅仅将学院视为被评估或考核的对象。而应按责任清单制度的要求履行和承担相应责任，为学院治理文化建设提供制度、资金、人力等方面的支持和帮助，在校院的协同努力下，共同致力于学院治理文化的发展。美国学者罗素夫斯基曾言：“合理的等级制决不等于没有责任制。”“要使管理的等级制度运转良好，就需要有明确的协商机制和责任机制。”① 与此相应的是，学校在向学院授权的同时，也需将学院应承担的责任、义务、履职范围等，以制度化的形式予以明确规定。“授权的全部含义包括责任在内，必须连同责任一起授出，同时授出的权力应当包括决策权和财权。而且被授权者必须对授权机构负责。”②

通过责任清单制度的形式给学院授权，能让学院在拥有相应自主权的同时明确其自身所需承担的责任。必须在思想上认识并遵循权责对等的基本原则，树立现代法治观念。权力是尽责的基本保证，明其责就要授其权。有责无权往往使人欲干不能、欲罢不忍。只要求人对其管理行为负责，不给予其相应的权力和待遇，就违背了人性的常规，必然会影响到管理者的积极性。校院之间在组织结构上尽管有一定的等级关系，但这并非意味着学校可以拥有无限权力，而不履行或承担相应的责任。相反，在中国以行政为主导的高校管理体制背景下，学校在学院治理文化建设中在很大程度上需承担起更重要的主体责任，发挥宏观调控作用，扮演好元治理角色。

第二节 学院治理理念内化为学院成员的信念

何谓信念？由于研究视角的差异，不同学者对其有不同的理解和认识。美国学者伯顿·R. 克拉克认为，信念即“位于系统不同部门

① ［美］亨利·罗素夫斯基：《美国校园文化——学生·教授·管理》，谢宗仙等译，山东人民出版社 1996 年版，第 236—237 页。

② ［美］罗伯特·伯恩鲍姆：《大学运行模式：大学组织与领导的控制系统》，别敦荣主译，中国海洋大学出版社 2003 年版，第 120 页。

的很多行动者的主要规范和价值观”[①]。中国学者韩延明认为，信念是“一个人在深入理解自然界与社会现象、构成知识系统并通过实践加以证实的基础上产生的一种高级形式的需要，是人的行为的稳定的核心的动机，是激励人们按照自己认为正确的观点、原则和策略去行动以实现目标的一种强大的内在力量，表现为人们对自然界和人类社会的理性认识、发展规律、人生态度、处世原则等经过深思熟虑而确信不疑地去维护、求索、仰慕和追求”[②]。信念是凝聚学院组织成员，使他们对学院的未来充满信心并自觉和努力使学院治理目标实现的精神力量，是激发学院治理文化活力的源泉。作为学院领导者，不仅要善于提出理念，而且更为重要的是使之内化为学院成员的信念。纵观世界一流大学学院治理文化建设的经验可以发现，世界上很多知名学府都十分注重根据学科发展特点，提炼出与学院组织属性相契合的治理理念，并将其融入学院管理实践之中。目前，中国“双一流”建设高校中的很多学院，尽管因应“双一流”建设的需要而提出了一些新的治院理念，但并未将其融入学院管理实践中去，导致学院提出的治理理念在很大程度上被异化为一种口号。而学院治理理念要真正起作用，就不能仅仅停留在口号上。只有当我们将学院治理理念内化为学院全体成员的信念后，教师、学生等不同利益相关者才会从内心产生对学院治理文化的认同感和向心力，并将其自身的智慧、才智和激情发挥出来。“当组织成员的激情一旦升华到信念，行为就有了一种信仰的意义，短暂的激情就转换为持久的行动动力源头和强大的执行力。为了实现使命和组织的宗旨，人们把组织的相关规范作为自律准则，而不是在外部控制之下的不得不为之。”[③]

学院治理理念是学院治理文化最根本的体现，充分反映了学院治理的价值取向、管理哲学和组织个性，彰显了学院治理的方向、使命和宗旨，对学院治理文化的发展有重要的引领作用。但学院治理理念

① ［美］伯顿·R. 克拉克：《高等教育系统——学术组织的跨国研究》，王承绪等译，杭州大学出版社 1994 年版，第 6 页。

② 韩延明：《大学理念论纲》，人民教育出版社 2003 年版，第 75 页。

③ 徐莉：《组织中的领导者与领导过程》，中国社会科学出版社 2014 年版，第 36 页。

并不是一个抽象、悬置的概念，而是源于实践，且渗透于学院管理实践活动各个方面和环节中的思想。它既给人以理想、信念、鼓舞、憧憬，同时又给人以约束。学院领导，尤其是院长作为学院治理文化建设的核心主体，既是学院治理理念的提炼者、倡导者，又是学院治理理念的践行者和管理者。学院领导不能仅仅将学院治理理念停留在口头上，使之“成为墙上动人的标语”，而需结合学院发展的历史与现实，以及学科发展特点，凝练出与学院组织文化相契合的治理理念。设法通过宣传、制定制度、讨论等多种形式，将提炼出的理念与学院其他利益相关者共享，并使其融入学院的课程建设、管理体制、评价机制等中。通过在实践中的反复强化，不断改变学院成员的思想观念和行为模式，从而建立起学院成员共同认可的治理理念。唯有如此，学院治理理念才能更好地发挥引领作用，集体智慧才能更好地服务于学院治理目标的实现，学院各方面的资源才能形成合力并得到更好的应用。与此同时，学院领导还应成为学院治理理念的实践者，他们率先垂范、身体力行，用自己的模范言行、工作作风和精神面貌践行之，这对学院中其他成员的行为、语言、思想……都能起到积极的示范效应。

学院是一个利益共同体组织，学院治理理念代表的不仅仅是学院领导的思想和意识，而且是学院整个治理文化的构成部分，需得到全体学院成员，包括教师、学生等不同利益相关者的认同和接受。所以，学院治理理念综合考虑到了学校的实际情况，学院组织文化以及学科发展特色，具有全局性、战略性、前瞻性。教师和学生作为学院治理文化建设的主体，需充分意识到自己作为学院中的一员所应具备的责任，从学院的视角出发，将学院治理理念作为自身发展的方向和指引。同时，学院又是一个松散联合的学术组织，这种组织特性决定了学院领导不能以行政化或强制性的手段将学院治理理念强加给教师和学生，而需通过共同协商、交流和沟通、日常管理实践和行为的渗透等方式，将理念内化为学院成员的信念。“只有经过讨论、协调和整合的过程才能澄清形形色色的理念，才能达成价值共识，从而使价值被更多的人遵守和践行。当组织理念和个人理念明晰和高度重合时，员工的投入度才会最高。”①同样，只有当学院治理理念被内化为学院成员的信念时，学院成员对学院治理理念的认同度才会提高，他们才会更愿意投身到学院治理文化建设中去。

第三节　保障学院治理文化建设的制度供给

制度是文化得以延续、传递和发展的重要手段。学院治理文化不是一个悬置于制度之外的概念，它需要一套完善的制度做保障才能得以发展和传承。“文化观念只有通过制度化才能最大限度地在代际传递与延续。”② 在“双一流”建设的时代背景下，中国“双一流”建设高校理应制定与世界一流大学相契合的治校理念，尊重学院在大学治理中的主体地位，为学院治理文化建设提供良好的制度供给环境。结合中国“双一流”建设高校学院治理制度的现状，以下主要从教师科研评价制度、教师教育培训制度、学院民主监督与管理制度、学院发展战略规划四个方面，提出完善学院治理制度建设的具体策略。

一　建立多元的教师科研评价与绩效激励机制

一流的科研成果是中国“双一流”建设高校走向世界一流大学的关键，但一流的科研考核与评价制度是产生一流科研成果的重要保障。“如果没有建立起面向未来的、以创新和重大成果为导向的科研评价机制，建设一流大学可能难以实现。”③ 教育部、科技部在2020年印发的《关于规范高等学校SCI论文相关指标使用 树立正确评价导向的若干意见》中明确提出，要“减少对学科、学校的排名性评价，坚持分类和分领域评价。对创新能力的评价突出创新质量和实际贡献，审慎选用量化指标，不把SCI论文相关指标作为评价的直接依据，评价结果减少与资源配置直接挂钩。”《关于规范高等学校SCI论

① 鲍传友：《以校长价值领导启动集体智慧》，《中国教育报》2018年9月12日第8版。

② 任玥：《美国公立研究型大学组织文化变迁研究》，高等教育出版社2016年版，第77页。

③ 别敦荣：《“双一流”建设与大学管理改革》，《中国高教研究》2018年第9期，第1—6页。

文相关指标使用 树立正确评价导向的若干意见》充分体现了以学科发展特点为基础的分类评价导向和以创新为核心的科研激励机制，契合了世界一流大学科研评价的精神实质，为中国“双一流”建设高校教师科研绩效评价与激励提供了参照和依据。

首先，建立以学科为基础的科研分类评价制度，创设良好的学术文化。不同学科由于发展特点的差异，因此，学校不能采取统一的评价标准对教师的科研绩效进行评价，而需充分考虑到不同学科间的差异性，采取多元的评价方法，制定适宜于学科发展特点的分类评价制度。分类评价既能全面顾及不同学科的发展特点，对引领教师树立正确的科研价值取向，提高科研成果的创新水平有着重要的促进作用。但目前量化评价仍然是中国“双一流”建设高校科研考核与评价的主导价值取向。从一定意义上讲，量化的教师科研绩效考核与评价，有助于刺激教师的科研业绩产出，增加科研成果的数量。但创新是从事科研的根本目的，科研创新是保持学术生命力和活力的源泉，是教师科研考核与评价的主要参照和衡量标准。因此，在评价方法上，中国“双一流”建设高校要打破唯量化的评价取向，完善学术评价体系和评价标准，突出同行专家在科研评价中的地位，制定科学的科研考核评价制度。在制度制定过程中，中国“双一流”建设高校可在参照国际标准以及中国学科评估标准的基础上，基于学科发展特点，积极倾听不同学科领域专家、学者、教师的意见和建议，制定适宜于学科发展特色的科研分类评价制度。积极邀请不同学科的教师参与其中，并与教师进行充分的交流、沟通、讨论。这种多元主体参与制定的教师科研考核与评价制度，有利于增强教师对科研评价制度的理解、接受和认同。那种不顾学科发展特点，不善于倾听教师声音，试图采取统一化、标准化、数量化的科研绩效评估手段显然是不合理、不公正的，既是对学科发展特点的忽视，也是对教师主体价值的漠视，更是对学术文化的无知。所以，中国“双一流”建设高校在制定科研分类评价制度时，一定要让不同学科领域的专家、学者参与进来，充分发挥高校学术委员会在学术评价中的作用，积极倾听不同教师的意见、需要和诉求。教师是学科的真正代言人，他们对学科的发展特点最了解。因此，科研分类评价制度背后反映的一定是教师的价值共识，体现的是对教师作为价值主体的人的充分理解和尊重。

其次，构建多元的教师绩效考核与科研激励机制。任何组织的激励机制背后都蕴含着不同的价值观，这些价值观在不同程度上对组织成员的行为起到了重要的导向性作用。目前，中国“双一流”建设高校在教师绩效激励上主要强调的是科研和教学（其实更偏重于科研），对教师的公共服务行为的激励则明显不足。这种绩效考核激励机制会导致教师对教学和科研，尤其是对科研的过分关注，而对参与学校或学院内部的公共事务缺乏兴趣。毋庸置疑，教学和科研是教师的主要职能，但不是唯一的职能。大学作为一个利益相关者组织，教师是学校发展的利益共同体和命运共同体，教师和学校在很大程度上是“融为一体”的。学校是教师工作、生活、学习的重要场所，为教师的教学、科研提供了良好的外部支持条件。与此相应的是，教师作为学校的一员，理应有强烈的责任感和使命感参与到学校的公共事务中去，为学校发展提供智力支持。但是，“在追求效率和绩效的文化下，学校的晋升与终身制政策日益奖励个人在科研和教学中的表现。这导致大学教师只关注个人利益，而对学校整体利益和公共服务缺失兴趣”①。所以，教师公共服务精神的缺乏，在很大程度上与教师的绩效考核与激励的价值导向有关。教学和科研固然重要，但教师作为校院的重要利益相关者，教师的绩效考核与激励不能也不应仅仅将教学和科研作为唯一的衡量标准，教师在校院发展中的公共服务意识、责任和能力也需考虑其中。

为此，中国“双一流”建设高校应重视教师在校院公共事务中的地位和作用，并将教师参与校院公共服务作为教师绩效考核与激励的重要内容和方式，在价值导向上进行正确引导，提高教师公共服务意识。通过构建多元的教师绩效考核与激励机制，教师参与校院治理的积极性将会得到不断提高，教师的校院发展共同体意识会逐渐得以形成。例如，教师在校院决策中提出了一个重要的发展方案，对学校的整体发展起到了很好的促进作用。显然，这既是教师智慧的结晶，又

① 刘爱生：《如何推进大学有效共同治理——基于大学教师公共精神的考量》，《浙江师范大学学报》（社会科学版）2020 年第 1 期，第 116—124 页。

体现了教师对校院发展的高度关切，理应属于教师科研绩效激励的范畴和内容。从治理角度来看，学校可根据不同学科的发展特点，建立多元的教师科研绩效考核与激励机制，将教师参与校院公共服务纳入绩效激励机制之中。合理确定科研、教学、公共服务三方面在教师绩效考核与评价中的比例，提高教师参与校院公共服务的责任心。教师“有了强烈的责任心，才愿意在繁重的教学与科研任务之外，花时间用于学校的公共决策上。在责任心的基础之上，才有各方的合作与参与，也才能确保共同治理带来积极结果”①。

二　建立完善的教师教育培训制度

教师参与学院治理体现了共同治理的价值取向，也是世界一流大学校院管理与改革的共同趋势。共同治理是对之前以行政为主导的高校管理思维模式的突破，彰显了教师在学院治理中的主体地位和价值，体现的是一种新的学院管理理念。从理论上讲，教师参与学院治理对提高学院决策的科学性、民主性，提高学院治理文化建设的质量和水平都有很大的促进作用。但值得注意的是，共同治理不仅仅是参与主体的多元化，更重要的是参与主体是否真正具备参与学院共同治理的能力。共同治理不是参与主体数量的简单叠加，而是参与主体智力的交汇。当前，中国学者对共同治理的理念、方式、内容、影响因素等诸多方面进行了探讨，对中国以行政权力为主导的高校管理体制的局限性提出了批判，并积极呼吁扩大学院治理的主体范围，重视教师在学院治理中的价值、合理的利益诉求和需要。但是，如果教师缺乏基本的有关学院治理的知识、能力、经验，那么，教师参与学院治理在很大程度上可能仅仅是一种美好的“幻想”，教师难以真正参与到学院事务的管理实践之中。因此，如何提高教师参与学院治理的能力，是当前学院治理文化建设亟待解决和思考的重要论题。

事实上，提高教师参与学院治理能力的方式和途径是多种多样的，既有教师通过文献阅读的方式来提高其对学院治理的理解，也有

---

① 刘爱生：《如何推进大学有效共同治理——基于大学教师公共精神的考量》，《浙江师范大学学报》（社会科学版）2020 年第 1 期，第 116—124 页。

学校或学院通过专门的方式，组织或鼓励教师针对校内外的问题展开专题研究，进而提高教师参与学院治理的能力。但本书认为，构建完善的教师教育培训制度，是提高教师参与学院治理能力，实现教师与学院共同成长的重要路径。教师培训或发展项目对巩固和加强学院共享价值观的形成，理解学院治理文化的精神实质，促进学院共同治理目标的实现发挥着至关重要的作用。学院领导对此应予以足够重视，并为教师治理能力的提升创设良好的外部支持环境。

首先，转变教师认知观念，提高教师参与培训项目的兴趣和责任意识。兴趣是影响教师个体参与培训的重要因素。有研究发现，影响项目和活动开展的重要因素是：大学教师的兴趣和关注（平均值为3.71）；主任或项目负责人的优先事项（平均值为3.16）；高层管理者的优先事项（平均值为3.00）。只有当教师有强烈的主人翁意识和极高的参与度时，大学教师发展项目才是最有效的，才有助于保证项目对教师的需求做出回应。[①] 然而，目前中国“双一流”建设高校中的教师参与培训的积极性不高，处于相对比较被动的参与状态。校院对此可以通过在职学习、国际合作、社会实践等多种形式，让教师从观念上认识到他们既是学科发展的“守门人”，又是学院治理文化建设的重要组成成员和利益共同体。校院要大力提倡、鼓励、激发教师参与培训的热情，拓宽“教师参与培训途径，使教师掌握更多、更扎实的管理知识和技能，拥有更理性、更执着的参与热情和态度”[②]。这对提高教师参与培训的兴趣和积极性，更新教师的认知观念，增加教师的管理知识和提升教师的管理能力，重塑教师在学院治理中的身份，提高教师参与学院治理文化建设的责任意识至关重要。

其次，更新教师教育培训项目的理念和内容。从教师参与学院治理文化建设的角度，教师培训项目的内容不能仅仅局限于教师的专业发展，同时还需站在学院治理文化发展的视角来理解教师教育培训的重要性。增加教师参与学院治理的相关内容，让更多的教师对学院治

---

① ［美］索尔奇内利等：《大学教师发展：从历史迈向未来》，周军强译，北京师范大学出版社2016年版，第36—37页。

② 许谦、叶忠：《基于民主化治理理念下教师参与高校管理制度研究》，《黑龙江高教研究》2018年第7期，第122—125页。

理的核心价值观有更全面、深入的了解，让教师在思想上意识到自己在学院治理中的重要地位和作用，增强教师对学院治理文化的认同感和对学院的归属感。中国“双一流”建设高校关于教师方面的培训主要停留在岗前培训阶段，内容局限于让教师了解学校的基本教育教学规范、职业道德等方面，而较少涉及教师参与学院治理的相关内容。例如，教师参与学院治理的内容和权利有哪些？参与学院治理的途径和方式有哪些？学院的决策机制是怎样的？等等。随着校院治理理念的不断发展，教师参与学院治理将成为未来发展的必然趋势。因此，教师发展或培训项目，在理念上要因应高等教育发展的需要，既需关注教师个体的专业发展，也需将教师视为学院治理的重要成员，适当增加有关校院发展政策、学院制度设计、教师利益和权利表达的途径等方面的内容，将教师视为校院治理的利益共同体。

最后，加大学院在教师治理能力提升中的责任。学院作为典型的利益相关者组织，教师是学院治理的核心主体，教师的治理能力对学院治理文化建设的水平和质量有着直接的影响。因此，学院有责任通过不同的方式，尽量让教师体验到共同治理为学院发展和个人所带来的益处。这既有利于提高教师参与学院治理的动力，同时对提高教师共同治理的意识和能力也是有所裨益的。因为“治理制度只能通过规定实施程序对本主题起基础的保障性作用，却无法直接唤起组织成员参与治理的意愿与热情。只有通过参与治理仪式、亲身体验共同治理的过程，组织成员才能渐渐理解积极的治理理念为组织和个人带来的益处，进而强化和延续这一组织文化传统”①。但本书的调查结果显示，教师在学院治理上所具备的知识和能力明显不足，教师对学科发展的关注重于对学院发展的关注。并且，学校在此方面为教师提供的支持相当有限。这在很大程度上就要求作为大学基层学术组织的学院承担起提高教师参与学院治理能力的责任。学院可以通过不同方式和途径，如教师发展项目、讲座、研讨会等，促进教师对学院治理的理念、内涵、意义、功能等方面的理解，在制度上为提高教师参与学院

① 任玥：《美国公立研究型大学组织文化变迁研究》，高等教育出版社2016年版，第100页。

治理的能力创设良好的支持条件。这对确定教师在学院治理中的主体地位，提高教师参与学院治理的意愿都能起到积极的促进作用。

三　健全学院民主监督与管理制度

学院决策过程的公开透明，对增强学院成员对学院领导的信任，构建良好的人际关系具有重要意义。“人们是不是信任某个领导人，在很大程度上并不取决于他的决策对自己是有利还是不利，而是取决于他的决策是不是公正，是不是符合程序正义。”① 民主监督与管理制度既是确保学院决策过程公开透明的重要手段，也是一种治理理念，是推进学院治理文化建设的关键。中国“双一流”建设高校尽管制定了一些针对学院决策的相关制度，但由于民主监督和管理制度的缺乏，学院决策的规定与具体执行之间出现偏差的现象普遍存在。因此，需要将自上而下的学校监督与管理制度与自下而上的学院决策约束机制结合起来考虑，提高学院决策过程的公正性、透明性和民主性。

从学校层面即自上而下，需建立学校监督与管理制度，确保学院决策权力的有效运行。学校可通过成立专门的学院决策权力运行管理机构对学院决策的程序进行监督，保证学院决策过程的公开透明。例如，高校设置的纪检处、学校巡视组等机构均属此类，其主要职能就是对学院决策的运行进行有效监督，以保证学院决策的公正、民主。但由于学校层面的监督机构与学院之间是一种相互依附的关系，出现学校对学院权力运行的监督可能处于同质状态的现象，在执行上存在落实不力等弊端。“在当代，对良好的大学治理最严重的威胁并非来自雄心勃勃的管理机构本身，也不在于持反对意见的学术团体，而是来自于控制过度的或偶尔失效的执行部门。管理机构对其管理行为的监控通常很不充分。”② 因此，学校应以制度化的形式，对监督或管理机构的职责、内容、权力边界、执行效率等予以明确规定。学校的监督或管理机构要正确处理好与学院间的权责利关系，确保学院决策

① 张维迎：《大学的逻辑》，北京大学出版社 2012 年版，第 176 页。

② ［英］迈克尔·夏托克：《成功大学的管理之道》，范怡红主译，北京大学出版社 2006 年版，第 120 页。

权力的有效运行和落实。但是，监督仅仅是手段，而不是目的，监督的主要目的是让被监督者形成自我监督、自我约束、自我管理的自律意识。所以，从这个意义上说，加强学院领导决策权力的自我约束与管理，对学院民主监督与治理文化的形成，以及确保学院决策程序的公开性和透明性至关重要。

关于学院领导决策机制，相关文件都有明确规定。例如，中共中央、国务院在2016年颁布的《关于加强和改进新形势下高校思想政治工作的意见》中明确提出，要“认真执行民主集中制原则，通过院（系）党政联席会议讨论和决定本单位重要事项，健全院（系）集体领导、党政分工合作、协调运行的工作机制，提升班子整体功能和议事决策水平”。此后，国家又相继颁布了《关于深化高等教育领域简政放权放管结合优化服务改革的若干意见》和《关于高校党组织“对标争先”建设计划的实施意见》两个文件，分别对学院决策和民主管理进行了重申和细化。[①] 这在宏观上对中国“双一流”建设高校学院领导决策提出了基本要求。但对学院应如何进行民主管理，教师如何参与到学院决策中去，如何发挥教师在学院民主管理中的作用等问题，并没有予以详细而明确的说明。目前，中国“双一流”建设高校中的学院领导已开始意识到制度在学院决策权力运行中的价值，制度自律意识也在逐步形成。但要真正确保学院决策过程的公开、透明、民主、公正，提高学院决策的民主化和科学化水平，促使学院领导在决策权力运行中形成自我约束，就必须使权力的运行建立在规范的制度基础之上，并对学院的决策程序用制度化的形式予以呈现。所谓制度化，“就是要在组织中建立起一种能够使广大成员的自觉能动性得以充分发挥的制度机制，建立起一种广大成员能够自我管

---

① 2017年教育部等五部门在《关于深化高等教育领域简政放权放管结合优化服务改革的若干意见》中提出，要“进一步健全高校师生员工参与民主管理和监督的工作机制，发挥教职工代表大会和群众组织作用”。2018年中共教育部党组在《关于高校党组织“对标争先”建设计划的实施意见》中明确提出了“五个到位”的要求，其中包括“坚持民主集中制，健全完善院（系）党组织会议和党政联席会议制度，领导班子整体功能强，议事决策水平高，院（系）班子成员工作职责明晰，集体领导、党政分工负责、协调运行的工作机制顺畅，在干部队伍、教师队伍建设中发挥主导作用”。

理的制度机制，借此成员可以进行自我管理，上下之间进行沟通，组织各部门之间可以配合默契、协调生产，保证成员尊严和个人价值得以实现”①。学院决策程序的制度化，能提高学院领导以及学院其他利益相关者的制度意识，并在长期的发展过程中形成一种制度文化。而学院成员对制度文化的内化，又需通过制度来强化。这在世界一流大学中体现得非常明显，世界一流大学的办学主体在学院，但学院内部都建立起了比较完善的决策程序和制度，针对学院决策的主体、程序、内容等，制定了详细的制度规范和实施细则，具有很强的可操作性。学院已形成了一种自我监督、自我管理和民主决策的文化氛围和环境。在此环境中，学院领导以及其他利益相关者形成了学院决策程序应公开透明的自觉性和价值共识。学院成员之间在决策中相互理解、彼此信任，学院共同决策的文化已经根植于每位教师心中。例如，美国麻省理工学院每个院系的教师手册都规定了一套逻辑严密、流程规范的程序体系，教师晋升与终身教职聘任标准和流程的制定科学而详尽……教师手册对程序的透明性、公正性和操作性有一套完整的评价监督体系。在整个执行过程中，强调透明和公平的总体原则，教师的主体性受到最大限度地尊重和保护，体现出非常人性化的招聘理念和对多元文化的重视与强调。②

为创设学院共同决策的文化环境，增强学院决策过程的公正性和民主性，学院还需在遵守学校基本要求的基础上，扩大学院决策的主体范围。学院领导要吸纳更多的利益相关者，如教师、学生代表等参与到学院决策中去，主动与他们交流和沟通，积极听取他们的需要和诉求，将其作为学院决策的参照和依据。“如果员工在决策过程中有发言权的话，他们会认为程序更公平。”③ 教师、学生在决策中即使没有最终的决定权，但他们的建议和意见对提高学院决策的科学化、民主化仍有重要的促进作用。同时，“参与意味着所有的师生成员都

---

① 石伟：《组织文化》，复旦大学出版社 2010 年版，第 183 页。

② 肖红缨：《研究型大学院系治理模式——以清华大学为例》，清华大学出版社 2017 年版，第 106 页。

③ ［美］斯蒂芬·罗宾斯、蒂莫西·贾奇：《组织行为学》，孙健敏等译，中国人民大学出版社 2019 年版，第 180 页。

有权发出声音或者影响决策。师生真正参与的一个重要表现是持有不同意见和表达不同意见的权利”[①]。通过共同参与，学院师生对学院决策过程的公正性的认同度会更高，有利于学院共同决策文化和共享价值观的形成，进而增强学院组织文化的凝聚力。

四　制定学院发展战略共同愿景

愿景是一种方向性的战略，是可预见的未来，是对组织核心价值观的具体化和生动化描述。一个真正的愿景含有一个清楚的可完成的目标。共同愿景是“组织中人们所共同持有的意象或景象，它创造出众人是一体的感觉，并遍布到组织全面的活动中，而使各种不同的活动融汇起来”[②]。学院发展战略共同愿景是学院所有成员为达成学院发展目标所设定的理想图像，是一种融合了学院组织文化、价值观和使命的、对未来学院发展的聚焦性展望，对增强学院成员对学院治理目标的认同感具有很强的指导性意义。学院与其他组织相比，具有典型的松散联合特征，但松散联合的组织特性并非就意味着学院不需要共同的发展战略愿景。相反，缺乏清晰的发展战略目标、愿景和规划的学院，是缺乏凝聚力和向心力的，难以激发起教师的内在发展动力以及对学院治理目标的认同感。而“有效的治理一旦与大学的战略目标、发展计划及文化背景协调一致，就可以极大地促进该大学的发展”[③]。学院治理文化建设要取得成效，同样需与学院的发展战略规划目标与愿景紧密地结合起来考虑，在多元治理主体的共同努力下，致力于学院治理目标的实现。

“建设世界一流大学首先需要有强有力的领导、对大学使命和目标的大胆愿景，以及把愿景转化为具体目标和计划的明确的战略规划。”[④]

---

① 朱杰君等：《“双一流”建设背景下大学治理的信任路径》，《中国高校科技》2019年第Z1期，第12—15页。

② ［美］彼得·圣吉：《第五项修炼——学习型组织的艺术与实务》，郭进隆译，上海三联书店2007年版，第238页。

③ ［英］迈克尔·夏托克：《成功大学的管理之道》，范怡红主译，北京大学出版社2006年版，第107页。

④ ［摩洛哥］萨米：《世界一流大学：挑战与途径》，孙薇、王琪译，上海交通大学出版社2009年版，第7页。

学院领导要在形成共同愿景上下功夫，或者说学院领导的重要工作就是建立学院发展战略共同愿景。学院领导需对学院实行战略管理，对学院未来的发展战略规划目标有较为清晰的理解，明确地勾勒出有关学院治理文化发展的目标和使命的愿景，并据此制定出实现蓝图的一系列措施。“学院领导在建立愿景的过程中，要具有前瞻性和洞察力，透过人的无私、虚心、直觉及创造力来勾勒出未来发展的蓝图。愿景必须简洁清楚，是可以实现的、可信的及有感召力的未来。”① 但是，从利益相关者的角度来看，学院发展战略共同愿景的制定并不是院长或仅仅是学院领导者个人的责任，而是学院中所有成员都需认真考虑的重要议题。“愿景的形成直至其被大学大多数成员接受为‘共同愿景’是一个过程，是大学领导者与师生员工的心智互动过程。”② 所以在制定学院发展战略共同愿景时，学院领导要积极邀请学院中的所有成员，尤其是教师参与其中。教师是学院发展战略目标和愿景的执行者和践行者，是学院治理文化建设的核心群体。学院发展战略共同愿景要得以实现，离不开教师的支持，并且需得到教师的认同和接受。否则，再宏伟的目标，如果不能得到教师的充分认可，最后也是难以实现的。为此，学院领导要与教师以及其他利益相关者，就学院治理文化未来的发展目标和方向进行讨论，积极倾听教师的意见、需要和诉求。在汲取大家意见和建议的基础上，对最初提出的愿景进行不断修改、完善和优化，最终形成学院所有成员都认同的共同愿景。因此，共同愿景的形成是一个相互交流、讨论、对话，进而形成文化共识的过程。“当有更多人分享共同愿景时，愿景本身虽不会发生根本性的改变，但是愿景会变得更加生动、更加真实，因而人们能够真正在心中想象愿景逐渐实现的景象。”③ 当学院发展战略的共同愿景深植于学院所有成员的心中，内化为一种信念时，就能激发起学院成员为共同愿景奉献的激情。

---

① 吴维库等：《基于价值观的领导》，经济科学出版社 2002 年版，第 160 页。

② 徐莉：《大学组织文化建设中的问题、成因及策略》，《现代教育管理》2010 年第 3 期，第 42—45 页。

③ ［美］彼得·圣吉：《第五项修炼——学习型组织的艺术与实务》，郭进隆译，上海三联书店 2007 年版，第 245 页。

同时，学院发展战略愿景不是一个空泛的概念，必须将其内化到学院领导的思维与行动中，融入学院治理文化建设的整个过程中，时时处处体现在学院治理的各个环节里，让学院中的所有成员都能切实地感觉和体验到。“任何一名领导都必须投身于自己的机构，必须将机构的愿景和使命内化为自己的领导思维和行动，以自己的行动引领机构的成员共同实现机构的目标。”① 学院领导对战略愿景是否能实现具有决定性作用，他们扮演着规划者、引导者、示范者的角色。“对学校本身来说，要建设世界一流大学，最先也是最重要的是要有高水平的领导队伍，以及准世界一流大学应有的战略愿景；其次是为了实现这一目标而有步骤地制订计划和开展活动。”② 在共同愿景确定后，学院领导需通过网页、会议、宣传等多种形式，对学院发展战略目标和愿景进行宣传。通过信息共享、形成学院成员对学院未来发展关注的氛围，使所有教师为实现学院治理的目标愿景而努力，促使战略的有效贯彻与实施。“杰出的领导者处于新兴研究型大学成功的核心地位，他们运用自己的能力为学校的未来制定一个鼓舞人心的目标愿景，并且采取有效措施，全力支持学者和行政人员为这一目标而努力。”③

值得注意的是，学院领导不仅要关注学院发展的目标与愿景，也要充分考虑教师个体在科研和教学等方面所面临的压力和挑战，将学院发展战略共同愿景与教师个体发展目标有机结合起来。教师个体发展目标是学院发展目标的一部分，教师个体目标的实现有利于学院整体发展目标的实现。与此相应的是，学院发展战略共同愿景的实现，为教师个体发展目标的实现提供了有利条件。学院发展目标与教师个体发展目标之间是相互影响、相互作用的。因此，一方面，学院要为教师个体目标的实现创设良好的支持环境，促进教师个体发展目标的

① 王英杰：《美国大学中的院长：制度、文化和责任》，《比较教育研究》2015 年第 2 期，第 1—6 页。

② ［摩洛哥］萨米：《世界一流大学：挑战与途径》，孙薇、王琪译，上海交通大学出版社 2009 年版，第 45 页。

③ ［美］菲利普·阿特巴赫、贾米尔·萨尔米主编：《世界一流大学：发展中国家和转型国家的大学案例研究》，王庆辉等译，上海交通大学出版社 2011 年版，第 267 页。

实现。另一方面，教师也要增强对学院发展战略共同愿景的理解、支持，充分认识到自己是学院中的重要利益相关者，以及在学院治理文化建设中的使命，进而为学院治理目标的实现而努力。

第四节 发挥院长价值领导作用

学院是由知识分子组成的“社区”，要让他们从内心认同学院的核心价值理念，仅仅靠单一的说教或强制性的灌输显然是难以成功的。对此，院长需转换学院治理的视角，从价值观上对学院成员进行鼓励和引导，增强他们对学院治理文化的认同感。一般而言，院长不仅是学院的组织管理者，而且是一个价值领导者。领导在本质上是一种影响力，影响力是一种追随、一种自觉、一种认同，是非制度化的。领导要通过其影响力来影响追随者的行为，以达到学院治理目标。学院治理文化的核心是学院成员共享的价值观。作为院长，他们在学院治理文化建设中的一项重要任务，是要增强学院成员对学院核心价值观的认同，“赢得”更多的追随者。这就需要院长在学院中发挥价值领导作用，从而使其为更多的人所接受和认同，提高学院治理文化凝聚力，增强学院成员参与学院治理文化建设的责任感和使命感。

首先，院长要澄清自己个人的价值理念。明确自己追求的是什么？为了达到所追求的目标应采取什么方法？价值理念的澄清，既是院长个人深刻反思的结果，也是与学院其他利益相关者在相互交流和沟通的过程中逐渐明晰的过程。院长的思想意识、道德准则、思维方式、行为习惯、价值观和管理哲学，对学院治理文化的走向和实质性内容有着直接的影响。从某种程度上说，有什么样的院长，就有什么样的学院治理文化。所以，院长必须是一个有灵魂的领导，有自己的价值理念和信仰，否则是难以对成员实施有效领导的。

其次，学院是一个利益共同体组织，院长要在与教师的交流、研讨中凝练和确定出与学院组织文化和学科发展特点相适宜的核心价值观，并将之明确地表达出来，以增强学院成员对核心价值观的理解和认同，营造民主、和谐、团结的学院治理文化氛围。学院核心价值观要体现学院的宗旨、管理战略和发展方向，反映学院成员对学院治理文化发展目标的共同追求，体现学院成员应努力达到的境界。价值领导作为一种以价值观为主的领导方式，是院长个体价值观与组织整体发展状况的有机结合，是在尊重学院其他成员价值观基础上，以学院整体利益与学院成员的个体利益的结合为契合点，共同推进学院组织与个体目标实现的过程。在此过程中，院长要重视教师的内在价值诉求和需要，通过交流、讨论、对话等行为来分析、改变和重塑个体或群体的价值观念，从而化解矛盾、解决问题、凝聚共识、实现组织目标，以更好地将学院成员的个体价值实现与学院的整体发展目标相融合。以信任和合作构建具有多样化特征的（学术）共同体，促进和追求卓越[①]，在学院内部塑造和培育共享价值观。

再次，院长要身体力行，以身作则。为塑造和维护学院的共享价值观，领导者本身就应是这种价值观的化身。“价值观决不仅仅是几句象征性的、挂在领导者嘴边却不对别人产生影响的空泛的口号。”[②]因此，院长要将学院的共享价值观转换到学院的管理实践和行为之中，让学院成员从内心深处接纳和认同学院的核心价值观。学院治理的改进在很大程度上源于学院成员对核心价值观的认同。一旦学院成员理解和认同了学院的核心价值观，就能给学院治理的过程和结果注入一种目标感，从而促进学院的有效治理。“当一种组织文化的价值观被该组织成员认同后，培育出组织成员的认同感和归属感，建立起成员与组织之间的相互依存关系，组织成员认为大家都是持有共同价值观、追求同一个梦想的同道中人，形成组织成员志同道合的心理反应，从而能产生巨大的同心力和凝聚力，把组织成员聚合团结起来。”[③]

最后，院长要通过各种培训、会议、主题演讲等方式，对学院的核心价值观进行宣传，增强学院所有成员对学院核心价值观的深入理解、真正信奉和切实践行。“确认核心价值观和核心目的并不是一项

---

① J. P. Gould, *The Academic Deanship*, New York, NY: Teachers College Press, 1964, p. 10.

② 吴维库等：《基于价值观的领导》，经济科学出版社 2002 年版，第 153 页。

③ 徐莉：《组织中的领导者与领导过程》，中国社会科学出版社 2014 年版，第 180 页。

遣词造句的练习，而是发自内心的信奉，不打折扣地践行和执着地坚持。”① 最后还需加强制度建设，并将学院的核心价值理念渗透到制度建设之中，对学院治理制度进行不断优化和调整，使之与学院核心价值观趋于一致。

第五节　创设师生参与学院治理的文化环境

教师和学生是学院治理文化建设的利益相关者，有责任和义务关心学院的发展，并积极参与到学院治理文化建设中去。这对学院治理效能和决策质量的提升都有着极其重要的价值。但从总体上看，教师和学生参与学院治理的主动性并不强，如何激发师生参与学院治理的积极性，成为学院治理文化建设的重要议题。

一　加强学院领导与教师的沟通

学院领导与教师之间的有效沟通对缓解两者的价值冲突，增进相互间的信任感意义重大。但从本书的调查结果来看，在学院治理中，学院领导与教师之间的沟通在很大程度上是“缺失”的。学院领导尽管是学院治理共同体中的重要成员，但在价值观上以及与教师之间依然存在一定的差异性。例如，学术自由是教师一直秉承和坚守的价值理念，而学院领导作为行政权力的代表，是联结学校与学院的桥梁，既要对学校的管理负责，又需照顾到学院教师群体的利益。尤其是在中国“双一流”高校建设背景下，对学院办学绩效的强调是中国“双一流”建设高校治校的基本导向，学院领导在管理取向上也主要是以这一导向为参照和依据的。如何在学术自由与学院办学绩效之间保持适当的张力和平衡，是学院领导治院所面临的现实困境和挑战，而沟通是解决这一问题的有效途径。

通过强化沟通，在很大程度上能消解学院领导与教师之间的价值冲突，进而建立起一种彼此尊重、信任、包容的人际关系。这对促进教师对学院治理文化建设的实质性参与，达成对学院共同利益的共

---

① 徐莉：《组织中的领导者与领导过程》，中国社会科学出版社2014年版，第175页。

识，提高学院决策效率和质量都有着十分重要的意义。对此，学院领导要有与教师主动交流和沟通的意识，学会倾听教师的声音和想法，接纳、吸收教师的意见和建议。“克服只顾自己一个人谈，而不给其他人讲话机会的倾向……只有相互作用，方能产生影响；一个人如果要影响他人，就必须允许别人对他自己施加影响，允许他人谈话或争论。”① 在学院治理中，学院领导要真诚地关心教师在生活、学习、工作等方面的切身利益，增强教师对学院决策或政策的理解和支持，消除教师对学院领导行为的误解。通过制度建设、治理结构的优化，为学院领导与教师创设良好的沟通环境，使通过沟通和交流做出决策成为学院的文化和传统。

同时，沟通也是一门领导艺术。美国学者罗素夫斯基对此有比较精辟的论述：“远离同事，其结果是视听闭塞，信息寥寥，听不到建设性悄悄话。那段‘鸿沟’也会削弱行政官员的威信。这种威信应当建筑在资深历老的原则之上，而不是靠自己的职位和行政命令。”② 学院领导权威的建立，是需要在与教师的交流和沟通中实现的。一旦取得了教师的信任感，学院领导的权威性也就建立起来了。那种企图依靠自己的职位或行政命令来取得教师信任的领导方式在大学中是难以成功的。因此，学院要通过创设教师参与学院治理的文化氛围，提高教师参与学院治理的积极性，增进学院领导与教师彼此的理解和信任，让教师真切地感受到自己是学院治理中不可分离的一部分。正如有学者所言：“最富有智慧的领导是不露痕迹的领导，通过‘不领导’来领导的领导，沟通是实施‘不领导’的核心技能。”③

二　保障教师参与学院治理的权利

教师参与的实质是形成将一些决策权力有选择性地分配给教师的

① ［美］罗伯特·伯恩鲍姆：《大学运行模式：大学组织与领导的控制系统》，别敦荣主译，中国海洋大学出版社2003年版，第97页。

② ［美］亨利·罗素夫斯基：《美国校园文化——学生·教授·管理》，谢宗仙等译，山东人民出版社1996年版，第231页。

③ 王英杰：《美国大学中的院长：制度、文化和责任》，《比较教育研究》2015年第2期，第1—6页。

机制。教师作为学院的利益相关者，在学院治理文化建设中发挥着至关重要的作用。教师要充分认识到自己是学院中的一员，参与学院治理文化建设是教师的基本责任。由此，教师不能仅仅将眼光囿于自己所在的学科或职称晋升等个人利益上，而需有公共服务的精神，超越狭隘的个人主义思想，做到“个人利益与公共利益并在、自我利益与共享利益并存”[①]。在此过程中，教师也应具备一些基本的法律知识，对自己的权利有比较清晰的认识，并善于运用法律来维护和保护个人的正当权益。但要真正激发教师参与学院治理的积极性和主动性，还需以制度化的形式对教师参与学院治理的内容、权力边界、参与程度等予以明确规定，以正式制度的形式使教师的合法权益得到有效保障。德国学者尤塔·默沙伊恩的研究显示，是否制定了教师参与大学治理的制度，对教师参与大学治理的权利予以明确规定，对教师参与的意愿和行为有直接影响。他提出，当教师被委以正式权力，教师才更有可能加入决策过程。并且由于学术生产过程依赖于教师的绩效，因此，如果授予他们决策权力，使大学管理者尊重教师成员的偏好，那么这些大学的精英雇员们会对学术质量产生正效果。[②] 相反，“教师一旦不具有正式决策权，其介入决策过程的时间将减少。虽然教师可能会出于内在的动机而介入决策，但据估计，这种非正式参与方式将不会占据教师多少时间”[③]。

目前，世界一流大学为保障教师能有效参与到学院治理中去，一般都通过制定大学章程、学院制度等不同方式来保障教师参与学院治理的权力。例如，在德国，各个州的高等教育法通过学术评议会机构的形式授权教师参与权力。美国为提升教师在管理中尤其是学术管理中的权力，1915 年成立了“美国大学教授协会”（AAUP），此机构的成立为进一步维护教师的学术自由，提升教师在大学内部院系管理中的权力起到了重要的促进作用。在此背景下，教师参与学院治理的意

① 戚万学：《论公共精神的培育》，《教育研究》2017 年第 11 期，第 28—32 页。

② ［德］尤塔·默沙伊恩：《大学治理与教师参与决策》，魏进平等译，知识产权出版社 2014 年版，第 43 页。

③ 尤塔·默沙伊恩：《大学治理与教师参与决策》，魏进平等译，第 151 页。

识不断提升，逐渐形成了教师参与大学治理的评议会模式。[①] 1967 年美国正式明确了教师在大学治理中的角色定位。学院和大学通过民主选举的方式组成教师利益的表达和保障机构，如教师委员会、教师评议会和教授会。[②] 与世界其他国家的一流大学相比，中国“双一流”建设高校的学院在内部也成立了不同形式的学术组织机构，如教授委员会、学术委员会等，并就学院治理中的重大决策、政策等向教师公开征求意见，听取教师建议。但这种非正式的制度形式并未从根本上调动起教师参与学院治理的积极性，教师参与学院治理的身份和权力尚未以制度化的形式予以明确。教师在学院治理中主要扮演的是参与者、咨询者、投票者、审议者的角色，教师参与学院治理的随意性和形式化现象非常普遍。教师在学院管理事务的决策中处于边缘地位，学院的决策权主要集中在学校职能部门手中，教师在学院治理中缺乏应有的话语权。因为没有实质性的参与权或决策权，教师参与的积极性严重不足，教师在学院治理中在很大程度上处于被动参与状态。

要提高教师参与学院治理的积极性，需以制度规约的形式保障教师参与学院治理的权利，如成立专门的教师治理委员会、学术组织机构等。通过制定具有可操作性的工作章程或议事规则，明确委员会或学术组织机构的性质、内容和职能范围，以及教师在此机构中的实质性权力。为教师参与学院治理以及作用的发挥提供制度保障，使教师参与权在民主与法制的轨道上运行。与此同时，学校也会从教师拥有的信息优势及由此形成的决策质量的提高中受益。正如美国学者艾略特所言：“大学的真正进步必须依赖于教师。”[③]

三　培养学生参与学院治理的主体精神

首先，重视学生参与学院治理的价值。当前，中国“双一流”建

① 高永新、沈浩：《教师参与现代大学治理的困境与变革》，《现代教育管理》2018 年第 3 期，第 8—14 页。

② 陈星平：《现代大学共同治理中的教师参与》，《学术界》2011 年第 5 期，第 148—153 页。

③ 转引自王英杰、刘宝存《世界一流大学的形成与发展》，山西教育出版社 2008 年版，第 200 页。

设高校的学生参与学院治理的情况不容乐观。尽管学院领导在总体上对学生参与学院治理持比较支持和肯定的态度，但仍有部分领导认为，由于学生认知能力有限、理性分析不足等原因，不愿意让学生参与到学院治理活动中去。学生虽然在知识、经验、能力等方面有一定的局限性，但他们作为学院的利益相关者，是学院治理文化建设的主体，所提意见和建议对学院发展或决策仍有重要的参考价值。而且，随着现代信息技术的不断发展，学生的知识面不断拓展，他们富有想象力和创造性，在某些方面可能具有院校决策者所不具备的知识和视角。因此，学院领导首先要从观念上认识到学生参与学院治理，对促进学院发展、决策、管理等方面的意义和价值，转变传统中一元化的管理思维，树立多元共治的价值理念。学院领导要认真倾听学生的声音，积极回应学生的利益诉求和需要，让学生在内心深处真切地体验和感受到自己也是学院治理文化建设中不可分割的一部分。

其次，培养学生参与学院治理的责任意识和主体精神。从整体上看，中国“双一流”建设高校学院领导对学生的利益诉求和需要是比较关注和重视的。但从学生个体参与学院治理的角度来看，学生并没有表现出浓厚的兴趣和热情，参与学院治理的积极性总体偏低。这既与对学生参与学院治理的宣传不够有关，又与学生个体对参与学院治理的认知不足密不可分。学生虽然是流动的群体，但是，正是因为学生长期的不断建言，才为学院治理注入了新的活力。因此，一方面，学院可以通过会议、学生手册、讲座、网络等不同方式，对学院治理的理念、制度、未来发展的方向与目标进行宣传；创设学生参与学院治理的文化氛围，让学生从内心深处接受、理解和认同学院治理的理念、目标、愿景。另一方面，学院要通过教育、专题讲座、课题研讨等多种形式，让学生深刻认识到自己也是学院治理文化建设中的重要成员，从内心深处唤醒学生参与学院治理的责任意识，培育学生参与学院治理的主体精神。

最后，为学生参与学院治理提供制度保障。制度是保障学生参与学院治理的重要外部条件。但从调查结果来看，中国“双一流”建设高校的学生在参与学院治理中存在参与的途径、模式单一，范围和内容有限，权利边界不清等问题。学校并没有专门为学生参与学院治理制定相关的制度，对学生参与学院治理的内容、原则、边界、程度等予以明确规定和说明。因此，校院领导要充分认识到学生参与学院治理的意义，基于学生权利的视角，结合学生认知特点、参与学院治理的内容与范围等，为学生参与学院治理提供良好的制度保障环境，激发学生参与学院治理文化建设的内在动力，提高学生参与学院治理的积极性。

第六节　构建学院治理文化共同体

学院治理文化是一个开放的文化系统。因此，学院既要秉承开放、包容、多元的治理理念，又需要与校内外学院以及与世界一流大学之间保持长期的交流与合作，构建学院治理文化共同体。

首先，校内实行跨学科合作。中国“双一流”建设高校的学院在内部管理上尚处于相对封闭的状态，校内学院之间的交流与合作很不充分。这既与学科自身的发展特点有关，也受学院领导合作意识的影响。随着知识的不断增长和专业化进程的加速，学科专业的分化程度越来越细，不同学科在思想体系、研究范式、历史传统等方面都拥有自己的“世袭领地”，逐渐形成了各自特有的权力标准和文化特征。高度的学科专业化特征导致不同学院之间的专业壁垒越来越强，学院之间的相互对话、交流与合作随之也越来越少。由此，很多学院的领导认为，由于学科的专业性较强，学院之间没有进行合作的必要或可能。从跨学科的视角来看，不同学科在发展特点上虽有一定的差异性，但学科与学科之间在很大程度上是相互联系、相互影响的，并且很多高水平的科研成果都是在跨学科合作中实现的。学校内部不同学院之间的合作在世界一流大学中体现得非常明显，它们十分注重不同学科之间的交流与合作，进而在跨学科中找到问题的突破口。例如，东京大学物理学科自创办之日起，即因各种原因而不断进行学科整合。进入 21 世纪，东京大学物理学科在加快学科交叉发展方面显得更为积极主动。借助文部科学省推行的 COE 建设计划，东京大学先后两次对物理学科与相邻学科进行整合。首先在基础理科研究领域推动物理学科与天文学等学科的交叉融合，强化了东京大学在天体物理学研究领域的国际领先优势；随后积极推动物理学与应用工学等的学科整合，巩固东京大学在纳米、超导等新材料领域的研究基础及应用化优势。通过两次以 COE 模式展开的学科交叉整合，拓宽并深化了东京大学物理学研究的领域，推动了东京大学世界一流物理学科的发展。[①] 牛津大学的化学学科从一开始就与医学、药学、矿物学和冶金学之间关系密切，研究人员之间合作频繁。更重要的是，近年来，牛津大学化学研究按照主题式的方式开展，而非局限于系所的建制。每个主题都有来自牛津大学化学系之外的研究人员。[②]

从世界一流大学的跨学科合作中可以发现，尽管学科之间有一定的差异性，但不同学科在研究方法、人才培养、科学研究、教学方式等方面都是有一定联系的。我们“必须使大学成为以解决问题为目标的共同体，鼓励、支持和推进学科交叉融合，打破学科和学院的壁垒，使学校多学科深度交叉融合的潜在优势得到充分释放，共同建设‘双一流’”[③]。就学校内部而言，学院应从横向上加强相互之间的交流与合作，在学科发展上保持开放性。这一方面既需要学校层面的支持；另一方面，学院领导也需以积极主动的姿态与其他学院建立起良好的合作关系，进而为促进跨学科发展、交流与合作创造良好条件。

其次，加强校际合作，构建学科发展共同体。从校际合作的视角来看，中国“双一流”建设高校中已拥有“一流学科”的学院与国内同类高校在合作程度上还相对较低，尚未形成一个学科发展共同体。学院领导并不热衷与国内其他已拥有相同“一流学科”的学院进行交流，并与之建立起深度的合作关系，学院领导的合作意识总体上比较淡薄。其主要根源在于不同学校的学院之间存在一定的利益竞争，即担心在学科评估中，其他学院通过合作可能“超越”自己，导致在学科评估中“落榜”或学科发展资源受损。事实上，尽管“双一流”建设高校拥有相同的“一流学科”，但由于学院治理文化上的差异，试图完全模仿或“复制”其他学院学科发展的模式是不

① 王莉华等：《世界一流大学学科竞争力》，浙江大学出版社 2015 年版，第 402 页。

② 王莉华等：《世界一流大学学科竞争力》，第 129 页。

③ 朱杰君等：《“双一流”建设背景下大学治理的信任路径》，《中国高校科技》2019 年第 Z1 期，第 12—15 页。

可能的。并且，在一定程度上，不同学院在治理中还存在一些共通性的问题。如何更好地破解这些难题和困惑，共同推进学科的发展和学院的进步，是学院领导者面临的现实挑战。

因此，中国“双一流”建设高校要打破行政壁垒，学院之间可通过合作，如通过建立重大研究基地、课程建设等方式，实现学术资源的自由优化流通和共享。“构建起既充分竞争又有效协同，具备自我成长性，身份有效转化，富于创新活力与竞争动力的一流大学发展方阵，形成一流大学之间的动态优化调适机制，建立起基于学术发展规律的一流大学的培育成长体系。”① 其实，所谓“一流学科”，不能仅仅将视野局限于国内的学科排名上，真正的一流学科是必须走向世界，并得到国际认可和承认的。“一流学科”的竞争不能仅仅囿于国内，而需将视野拓展到整个世界。从一定意义上讲，中国“双一流”建设高校即使已经拥有了“一流学科”，但在学术队伍、科研成果等方面所拥有的资源是相当有限的。在此背景下，“双一流”建设高校的学院之间可展开充分交流与合作，构建学科发展共同体，共同致力于世界一流学科建设。

最后，加强与世界一流大学的合作，保持学院治理文化的开放性。“‘和而不同’的价值取向和文化自觉的主体意识要求大学尊重差异、包容多样的文化。”② 中国“双一流”建设高校在学院治理文化形成中应保持开放性、包容性和整合性的心态，既要考虑到中国学院治理的文化特点，同时也需具有国际合作的文化自觉意识，加强与世界一流大学的合作，增强与不同文化之间对话与交往的能力。积极汲取世界一流大学学院治理文化建设的成功经验，通过本土文化与国际文化的交融，实现对文化多样性的尊重、理解、接受、认同和包容。世界一流大学在学院治理文化上尽管有自己的民族特色和文化性格，但在学院治理的理念、制度设计，以及学院治理背后所蕴含的价值取向等方面也具有共通、共融与共生的性质。例如，在学院治理中

---

① 项仲平：《世界一流大学建设的中国范式与中国路径》，《中国高等教育》2017 年第 Z1 期，第 32—36 页。

② 吴立保：《大学组织的冲突与整合：文化的视角》，《中国高教研究》2011 年第 10 期，第 16—19 页。

对教师主体地位的尊重，对法治精神的恪守，对学术自由的追求，等等。中国在推进“双一流”高校建设过程中，如果仅仅拥有世界一流大学之“形”，而不能把握世界一流大学的精神内涵和实质的话，那么，“双一流”高校建设是注定难以成功的。

目前，中国“双一流”建设高校的很多学院尽管与世界一流大学有不同程度的合作，但从内容上看，则主要表现在学生交换、科研项目、教师互访等方面，而诸如课程建设、学科发展、科研成果评估、学院制度设计等与学科发展密切相关的内容却比较缺乏。在这种情况下，“原有的主导性文化模式往往具有一种超稳定结构，抑制了内在的批判性和怀疑性的新文化因素的生长，使得它最终必须依靠一种外来文化的冲击才能打破文化传统的坚冰，实现新的文化的生成”①。与世界一流大学的合作，在很大程度上对中国学院治理的理念、制度、结构等形成一定的文化冲击力，为中国“双一流”建设高校学院治理文化建设注入新的活力，提高学院治理的质量和水平，促进大学治理能力和体系现代化的实现。但建设“世界一流大学必须根植于本民族文化传统，通过立足本民族文化寻求多元共存”②。中国“双一流”建设高校在学习、借鉴和汲取世界一流大学学院治理文化建设经验的同时，要立足本土文化，在学院治理的目标、价值取向、制度建设上保持个性和特色，以防止被西方大学“殖民化”。

第七节 注重学院文化传统的濡化功能

任何国家的大学在发展中都带有一定的历史烙印，任何类型的大学都是遗传与环境的产物。③ 学院治理文化虽然彰显的是一种新的治院理念和文化取向，但在形成与发展过程中同样会受到学院文化传统的影响。这种影响既有消极的，也有积极的，都在不同程度上对学院

① 石伟：《组织文化》，复旦大学出版社 2010 年版，第 178—179 页。

② 陈超、程静：《世界一流大学的普世精神及其悖论》，《外国教育研究》2003 年第 8 期，第 54—59 页。

③ ［英］阿什比：《科技发达时代的大学教育》，滕大春、滕大生译，人民教育出版社 1983 年版，第 7 页。

治理文化的形成、发展、变迁起着或阻碍，或促进的作用。

一　文化传统是学院治理文化的文化基础

中国著名的文化学家陈序经先生十分强调文化的文化基础对文化的促进和发展的功能。他指出：“文化的文化基础，是文化的水平线。在同一的文化水平线上的文化，既不会离这个水平线太低，也不会离这个水平线太高。”① 同文化一样，学院治理文化也存在一条水平线，即学院文化传统。学院治理文化离学院文化传统既不会太远，也不会太近。从一定意义上讲，学院治理文化是对学院传统管理文化的突破。但这种突破并非一种暴风雨式的突破，而是一个循序渐进的过程。从时空发展的角度而言，学院治理文化显然会受学院文化传统的影响，这种影响既有积极的，也有消极的。“一定文化氛围中的管理模式对产生哺育它的文化具有一定适应力、选择力和改造力，这种适应力、选择力和改造力构成一定社会的管理文化力。”② 显然，学院传统中的管理文化力与当前倡导的学院治理文化，在价值观上会存在或多或少的矛盾和冲突。而正是这种矛盾、冲突在一定程度上或推动，或促进着学院治理文化的发展。

新文化的生长尽管会受制于文化传统发展环境，然而，文化是一个动态的、吐故纳新的持久发展过程。学院治理文化是一个动态的、持续发展的过程，并且随着时间的不断推移而逐渐走向完善。“文化之所以能有进步、发展和积累，都是由于文化的弹性的作用”“弹性愈强，则其累积愈多，而进步愈快。因为有了积累，有了进步，所以文化可以从一种水平线，而变化为较高的水平线”③。在学院治理文化发展过程中，学院的文化传统在很大程度上会对其产生或直接或间接，或积极或消极的影响。当然，这里所谓的传统是一个活的传统，“这个传统好的部分应该随着时间的延续越来越稳定，不合理的部分能够以较低的成本、较快的速度被淘汰掉，这才是一个好的传统、好

① 陈序经：《文化学概观》，岳麓书社 2010 年版，第 253 页。

② 李兰芬、崔绪治：《管理文化——管理哲学的新视野》，苏州大学出版社 1999 年版，第 33 页。

③ 陈序经：《文化学概观》，第 254 页。

的制度”①。从这个角度而言，作为学院领导就需对学院的文化传统进行辨别和筛选，进而识别出与学院治理相契合的优秀文化传统，使其成为学院治理文化的文化基础。

二 重视学院关键性人物和事件的濡化效应

学院治理文化的实质是人的文化，这种文化彰显的是对人的尊重和理解，突出的是人在学院治理中的主体性价值。在学院发展过程中，一些对学院产生过重要影响的人物或关键事件，对学院治理文化的形成和发展都会产生某种程度的“濡化”效应。“每一部组织史中，都有几个关键性的人物和一些影响深远的事件，这些人物及其事迹连同那些事件，为后来人或者以正式文本的形式，或者以口诵甚至传奇、传说的方式，为后人们一代一代传递下来，成为组织所拥有的一笔丰厚、不可剥夺、历久弥新的文化资源，甚至被视为组织特色的一种标识和象征。”② 关键性人物或事件虽已成为历史，但它对学院发展的影响却是深远的，是学院治理的重要文化资本和积淀，通常以某种精神和理念表现出来；并在学院的长期发展过程中，逐步形成并作为学院组织的核心价值而为学院成员所认同和接受，它为学院治理文化的整合奠定了坚实的信念和情感基础。“对于每一个学习于斯、生活于斯、成长于斯的人而言，都是一种时时刻刻可感受到的具体存在，在大学的日常工作和生活中，它们的影响无时不有、无处不在，以蕴含着某种特殊意义的文化属性和形式，氤氲而成氛围，潜在地影响和左右着每一个人的思想和行为，呼唤着他们对组织的忠诚和信念。”③

学院文化传统的传承，可以使学院中的所有成员共享学院治理的目标、行为准则等，并最终将文化传统中的精神内化为自己的价值观，进而增强学院组织的凝聚力。“当组织享有类似的组织传奇、同样的组织英雄时，他们对组织文化观念会产生更深的理解，并且这种

① 丁学良：《什么是世界一流大学?》，北京大学出版社 2004 年版，第 161 页。

② 阎光才：《识读大学：组织文化的视角》，教育科学出版社 2002 年版，第 143 页。

③ 阎光才：《识读大学：组织文化的视角》，第 142 页。

组织历史的分享与对文化价值的理解，同样也会将组织成员凝聚在一起，形成一个相对一致的组织身份认同。”① 在学院治理文化建设中，学院领导要重视学院中关键性人物，或其他有助于推进学院治理文化发展的重要人物的精神资源的挖掘和传承，将其视为一种能激励学院所有成员成长和发展的文化信念，内化为学院成员的精神追求。通过仪式、典礼、故事、符号等多种文化表征形式，将这些“意义符号”灵活地应用于学院治理文化的建设与管理中，服务于学院治理文化的发展。

① 任玥：《美国公立研究型大学组织文化变迁研究》，高等教育出版社2016年版，第77页。

第七章

结论与展望

大学是一个“底部沉重”的学术性和教育性组织，学院是大学的办学实体。而学院治理文化是影响中国“双一流”建设高校走向世界一流大学的关键。本书以“学院治理文化”这一核心概念为基础，从理论和实证两方面，对中国“双一流”建设高校学院治理文化的理想样态和发展现状进行了分析，最后提出了学院治理文化建设的有效路径。这既有利于丰富学院治理理论，为学院治理研究注入新的活力，同时也有利于全面了解中国“双一流”建设高校学院治理文化发展的境况，唤起大学决策者、学院领导以及学者对学院治理文化研究重要性和价值的高度关注。下面对本书的结论进行归纳和总结，在此基础上，对未来研究提出展望。

第一节　研究结论

本书从高校内部管理切入，以学院治理文化的三个核心构成要素为分析框架。基于校院两个层面，采用问卷调查和访谈两种研究方法，从教师认知的视角，对中国“双一流”建设高校中拥有相同“一流学科”的学院展开调研。结合上述对学院治理文化现状、问题及原因的分析，主要得出以下几方面的结论。

第一，学院自主权是学院治理文化构建的基本保障条件。

从本书的调查结果来看，尽管中国不同地域的“双一流”建设高校的学院在自主权上呈现出一定的差异性。但从整体上看，学院的自主权都是很不充分的，且学院在管理模式上有明显的趋同化现象。中国在现有的相关政策或文件中虽然都明确提出学校的管理重心要逐渐下移到学院，并给予学院充分的办学自主权，以激发学院办学活力。但笔者通过对部分院长、书记的访谈发现，由于学校受行政化管理思维惯习的影响，校院之间的沟通不畅，学校对学院的管理能力不信任等，因此学校不愿将一些核心权力下放给学院，学院治理文化建设的活力由此减弱。那么，在学院自主权不足的现实语境下，学院是否就意味着没有治理文化了呢？事实上，任何组织都有不同于其他组织的文化形态，学院组织亦然。在中国高校内部实施的行政化管理体制下，尽管学院的自主权不足，但这并非意味着学院就没有属于自身的治理文化。学院领导依然能根据学院的文化传统、学科特点、组织属性等，构建或发展学院治理文化。因此，我们首先需要打破的是学院缺乏自主权就没有学院治理文化的认知局限和误区。但与此同时，我们又不得不否认的是，如果学院没有充分的自主权，学院治理文化发展的空间也是相当有限的，学院甚至难以发展起一种基于学院组织属性和学科发展特点的治理文化。因此，从这个意义上而言，自主权既是中国“双一流”建设高校学院治理文化建设的基础保障条件，又是中国区别于其他世界一流大学的重要特征。要彰显学院治理文化的丰富性、差异性和个性，尊重不同学科和学院管理的特点，就需超越现有的科层制的校院治理结构，从学校内部的行政化管理模式逐步转向以学院发展为本的文化治理模式，充分发挥好学校及各行政职能部门对学院发展的服务性、支持性和协同性作用，使学院走向善治。

第二，院长在学院治理文化建设中发挥着重要作用。

学院是一个由知识分子组成的“社区”，是一个松散联合的有别于其他组织的教育性、学术性机构。这种属性决定了以强制性、命令性为主导的行政权力在学院这一基层学术组织中的式微。与此相应的是，院长在学院治理中的角色是领导而不是管理，院长与其他利益相关者，如教师、学生等群体之间是一种扁平化的平等关系。所以，学院既是一个学术共同体、利益共同体，更是一种典型的文化共同体的存在。尽管不同学科的发展特点不同，学院间在治理理念和制度设计上也存在一定的差异性，但院长在学院治理文化建设中发挥着核心领导作用。院长既是学院治理文化的创立者、继承者，也是学院治理文化的维护者和践行者。院长的管理理念、领导风格、领导行为在很大程度上都是学院治理文化的映射，而这种“映射”在潜移默化中以有形或无形的方式对学院成员产生着或直接，或间接的影响。院长在学院中不仅仅是一个行政管理者，而且是一个价值领导者或文化领导者。如何在学院治理中达成共同愿景与目标，凝聚学院所有成员的价值共识、发挥不同利益相关者在学院治理文化建设中的作用理应成为院长的责任和使命追求。

第三，学院对学校的严重依附是导致学院治理制度滞后的核心因素。

完善的学院治理制度是确保学院治理文化发展的重要条件。但从本书的调查结果来看，当前，中国“双一流”建设高校无论在教师科研考核与评价制度、教师培训与专业发展制度、学院民主监督与管理制度，还是在学院发展战略规划制度上，相对于世界一流大学而言比较滞后，而导致这种差距的根源在于学院对学校的严重依附。学院治理制度在很大程度上并不是由学院自主制定的，而是按照学校的相关制度或行政化要求制定的。学院没有相对独立的治院制度或学院章程，学院治理制度由此异化为学校管理制度的简单“模仿”或“复制”，难以彰显出学院治理文化的个性和特色。在中国以行政化为主导的高校内部管理体制背景下，高校重点强调的是学校或行政职能部门对学院管理的规范性、有序性和一致性，但在很大程度上忽视了学院在管理上的个性。事实上，学院治理制度的完善，既是对学科发展特点的理解和尊重，也是学院治理文化特色的彰显，有利于助推高校治理制度的整体优化和高校治理能力现代化的实现。因此，学校要尊重不同学院的发展特点和学科发展规律，鼓励、支持学院在学校政策的宏观管理体制背景下，积极探索，大胆创新与学院治理文化相契合的学院治理制度，促进不同学院治理文化的多元化发展。

第四，学院领导与教师的沟通是提高学院治理价值共识的关键。

学院领导与教师间的有效沟通，在很大程度上对化解两者在价值观上的矛盾与冲突，形成学院治理价值共同体有着至关重要的作用。本书通过对教师的调查和对部分学院院长、书记的访谈发现，尽管教师与学院领导在沟通渠道上比较畅通。但在实践中，两者在沟通上并不充分，学院领导主动与教师沟通的意识不足，且教师职称、是否担任行政职务或是不是学术委员会成员等均是影响沟通的重要因素。其中，担任行政职务和职称较高的教师，与学院领导间的交流和沟通相对更多。学院领导与教师之间在沟通上的不足可能导致两者在价值观上的冲突、教师对学院领导的认同度减弱，以及学院决策信息收集不准确等弊端，进而影响到学院治理文化的和谐发展。因此，学院领导要加强与教师之间的交流和沟通，关心教师的需求与利益，将教师视为学院治理文化建设的利益共同体和价值共同体，增强教师对学院治理文化的认同感。

第五，师生的主观意愿对其参与学院治理文化建设的积极性有显著性影响。

学院治理文化彰显的是多元主体协同治理的价值取向。教师和学生作为学院的利益相关者，是学院治理文化建设的主体，有责任和义务参与到学院治理文化建设中去。但从本书的调查结果来看，从总体上看，教师和学生参与学院治理的主观意愿都较低。从教师和学生的个体角度来看，为保障师生参与学院治理的权益，校院不仅要以制度化的形式对师生参与学院治理的内容、范围、权力边界等进行明确规定，尊重教师和学生在学院治理文化建设中的主体地位。同时，校院领导还要多与师生交流和沟通，了解他们对学院治理的看法和观点，关注师生的利益诉求。通过制度建设、教育培训、宣传等不同形式，从认知上改变师生对参与学院治理的看法，并让他们从内心深处意识到自己作为学院利益相关者参与学院治理的责任以及对自身发展的价值和意义，提高师生参与学院治理的积极性、主动性、创造性，增强师生参与校院公共服务的意识和能力。

第六，学院之间的合作有利于促进学院治理文化共同体的发展。

随着中国“双一流”建设的逐步推进，“双一流”建设高校之间的竞争也变得日趋激烈，而竞争背后的实质乃是利益的竞争。中国“双一流”建设的一个很重要的价值导向是鼓励高校间不同学科展开竞争。但需注意的是，这种竞争不是一种为争取资源或声誉而形成的恶性竞争，更不是一种封闭性竞争，而是通过高校之间的良性竞争，达到促进学科发展的目的。但从本书的调查结果来看，很多学院领导对所谓的“一流学科”的竞争还存在着一定的曲解，认为竞争的主要目的是进入国家“一流学科”行列或保持“一流学科”地位。由此，部分学院的书记或院长对已拥有与自己所在学院相同“一流学科”的国内高校在合作上并未表现出浓厚的兴趣，甚至有“抵制”情绪，合作意识比较淡薄。与国内高校相比，学院与世界一流大学或组织机构之间在合作与交流的内容上反倒更多，形式更为丰富。为促进学科和学院组织的整体发展，激发学院治理文化活力，学院领导的合作意识有待加强。从学校内部而言，学院之间要从横向上加强交流和沟通，促进跨学科合作；从校际合作来看，学院可与国内高校已经拥有相同“一流学科”的学院进行多方面的合作，积极汲取世界一流大学学院治理文化建设的经验。在相互沟通与合作中，构建学院治理文化共同体，共同致力于学院治理文化的发展和繁荣。

第二节　研究展望

本书以学院治理文化为核心研究主题，采用规范、严谨的研究方法，在对中国“双一流”建设高校学院治理文化现状调查的基础上，得出了一系列有价值的结论。这无论是对中国“双一流”建设高校，还是其他类型高校的学院治理文化发展都有一定的促进作用。但笔者以为，本书仍存在一些不足，这些不足也是未来研究需突破的重点。

第一，关于学院治理文化本体特征的研究。

学院治理文化作为文化的子系统，如文化一样，其本身就是一个难以界定清楚的概念。根据研究主题与目的，本书主要从“要素论”而非“层次论”的视角，将学院治理文化的核心构成要素分解为学院治理理念、学院治理制度和学院治理行为三个方面。这种分解方法尽管参照了其上位概念，即文化的构成要素，但是，学院治理文化毕竟是一个意义十分广泛的概念，并且不同领域的学者对其也有不同的理解和认识。所以从不同的学科和视角来看，学院治理文化的构成要素可能也是不一样的。学院治理文化到底应包括哪些核心内容？其本质内涵与特点是什么？与其他组织机构的治理文化有何本质区别？诸如此类的问题在本书中虽都有所论及，但不可否认的是，当前，由于学院治理文化在国内尚处于初步探索阶段，此方面的研究还很不系统。因此，未来研究还需从不同视角出发，对学院治理文化的内涵、本质、特征等展开更深入、细致、系统的探讨。

第二，关于不同利益相关者在学院治理文化建设上的价值取向研究。

本书基于教师认知的视角，采用问卷调查法，对中国“双一流”建设高校学院治理文化的现状进行了调研，并辅以访谈法，对部分“一流学科”所在学院的书记、院长、教师、学生等不同利益相关者进行了访谈，在很大程度上反映了不同“一流学科”所在学院的治理文化现状。但与其他组织机构相比，学院既是一个典型的利益相关者组织，又是一个学术共同体，不同的利益相关者在价值取向上是有一定差异性的。尽管教师是学院的重要利益相关者，他们的认识和看法对学院治理文化建设的成败无疑是至关重要的，但在中国以行政为主导的高等教育管理体制下，在高校权力重心不断向学院下移的趋势下，学校领导或决策者希望学院秉承什么样的治院理念？构建什么样的治理制度？学院治理文化建设的核心主体应包括哪些？校院之间的权责如何界定与划分？如何更合理地对学院的权力运行进行有效监督和制衡？这些问题还需通过调查、访谈、个案分析等多种方法展开研究，才能更深入和全面地理解学校对学院发展与管理的顶层设计思路，了解学校领导关于学院治理的价值取向。这种取向对高校学院治理文化的发展具有直接、重要的影响，甚至对学院治理文化发展具有决定性作用。

之外，学院的其他利益相关者，如学生、家长、社会等对学院治理文化的期待有哪些？不同的利益相关者对学院治理文化的共同价值取向是什么？主要区别又有哪些？这些在本书中都没有进行十分深入的分析，是后期研究中需进一步探讨的重要课题。

第三，关于学院治理文化影响因素模型构建的研究。

影响学院治理文化的因素是多方面、多层次的。但从整体上看，影响学院治理文化的因素可划分为宏观、中观和微观三个层面。在宏观层面，包括国家和政府的政策、法律等，对学院治理文化的影响主要通过学校层面对学院治理文化建设产生间接影响。在中观层面，学校的管理体制、制度等，对学院治理文化的影响最直接。在微观层面，主要是学院层面，涉及诸如学院治理的目标、战略、制度、理念等。从本质上而言，这三个层面分别代表了三种不同的文化形态，即国家或政府层面的宏观文化、学校层面的中观文化和学院组织层面的微观文化。本书主要从中观和微观两个层面，基于学院治理文化的三个核心构成要素，从校院关系、院长领导行为、教师和学生参与学院治理的主观意愿等方面，对影响学院治理文化的因素进行了剖析，尽管在很大程度上反映了中国“双一流”建设高校学院治理文化建设和发展的境况，但学院治理文化作为一个复杂的系统，尤其是在中国以行政为主导的高等教育管理体制下，还需从宏观的政策分析维度，采取大数据分析方法，以更系统、“精准”地把握学院治理文化的现状。在此基础上，提炼出影响中国“双一流”建设高校学院治理文化的因子，构建出中国“双一流”建设高校学院治理文化的影响因素模型。但遗憾的是，由于收集数据的难度大，加之时间和精力有限等多种因素的制约而给本研究带来了很大障碍，这也是未来需要进一步完善和探讨的重要论题。

第四，关于世界一流大学学院治理文化的比较研究。

学院治理文化是大学治理的关键，建设世界一流大学，需建设一流的学院治理文化。尽管在高等教育管理体制上中国与世界其他国家相比有很大的差异性，但建设世界一流大学需遵循世界一流大学的治理逻辑。世界一流大学学院治理文化的建设和发展，在很大程度上是有着一定的共性和规律可循的。如果完全背离发展的规律性，忽视学院治理文化建设的共性，而一味强调本土文化的自信和特色，显然是不足取的。因此，中国“双一流”建设高校在迈向世界一流大学的征程中，需在充分考虑中国高等教育管理体制文化特点的基础上，积极汲取世界一流大学学院治理文化建设的有益成果。通过比较与分析、归纳与总结，提炼出学院治理文化建设的国际经验，这对中国“双一流”建设高校学院治理文化建设无疑具有重要的理论意义和实践价值。

本书虽然对部分世界一流大学学院治理文化建设的做法进行了一

些探讨，但这种探讨在内容上仍显得比较零散，没有形成一个相对完整的理论体系和分析框架。不同国家的世界一流大学在学院治理文化上有哪些共性和主要区别？发达国家和发展中国家在学院治理文化上有哪些区别？与中国高等教育管理体制相似的世界一流大学在学院治理文化建设上有哪些经验？等等，这些都是中国在建设世界一流大学中亟待回应和认真思考的重要议题，是笔者未来努力的方向。

参考文献

著作类

陈家刚:《协商民主与政治发展》，中央文献出版社 2011 年版。

郭平:《大学组织与管理：理念・制度・文化》，中国言实出版社 2012 年版。

韩延明:《大学理念论纲》，人民教育出版社 2003 年版。

贺国庆等:《外国高等教育史》，人民教育出版社 2006 年版。

侯定凯:《中国大学的理性之路》，华东师范大学出版社 2009 年版。

黄福涛:《外国高等教育史》，上海教育出版社 2008 年版。

季诚钧:《大学属性与结构的组织学分析》，人民教育出版社 2006 年版。

金耀基:《大学之理念》，生活・读书・新知三联书店 2008 年版。

景枫等:《中国治理文化研究》，中国社会科学出版社 2012 年版。

李德顺:《价值论——一种主体性研究》，中国人民大学出版社 1987 年版。

刘亚敏:《大学精神探论》，中国海洋大学出版社 2006 年版。

潘懋元主编:《多学科观点的高等教育研究》，上海教育出版社 2001 年版。

施晓光:《美国大学思想论纲》，北京师范大学出版社 2001 年版。

田正平、商丽浩:《中国高等教育百年史论》，人民教育出版社 2006 年版。

王英杰、刘宝存:《世界一流大学的形成与发展》，山西教育出版社 2008 年版。

王英杰：《美国高等教育的发展与改革》，人民教育出版社 1993 年版。

许迈进：《美国研究型大学研究——办学功能与要素分析》，浙江大学出版社 2005 年版。

阎光才：《识读大学——组织文化的视角》，教育科学出版社 2002 年版。

衣俊卿：《文化哲学》，云南人民出版社 2001 年版。

俞可平主编：《治理与善治》，社会科学文献出版社 2000 年版。

张维迎：《大学的逻辑》，北京大学出版社 2004 年版。

张应强：《高等教育现代化的反思与建构》，黑龙江教育出版社 2000 年版。

张应强：《文化视野中的高等教育》，南京师范大学出版社 1999 年版。

赵泽虎、颜世颀：《从治理到善治：生态学视野中的大学治理研究》，苏州大学出版社 2012 年版。

郑晓奇、王锭蕊：《研究型大学基层学术组织改革与发展》，清华大学出版社 2009 年版。

周三多等：《管理学原理与方法 》，复旦大学出版社 1997 年版。

［德］恩斯特·卡西尔：《人论》，甘阳译，上海译文出版社 1985 年版。

［德］哈贝马斯：《在事实与规范之间》，高鸿钧译，清华大学出版社 2008 年版。

［德］卡尔·雅斯贝尔斯：《什么是教育》，邹进译，生活·读书·新知三联书店 1991 年版。

［法］孟德斯鸠：《论法的精神》（上），张雁深译，商务印书馆 1982 年版。

［荷］吉尔特·霍夫斯泰德等：《文化与组织——心理软件的力量》，李源等译，中国人民大学出版社 2010 年版。

［荷兰］弗兰斯·F. 范富格特：《国际高等教育政策比较研究》，王承绪译，浙江教育出版社 2003 年版。

［美］W. 理查德·斯科特等：《组织理论：理性、自然与开放系统的视角》，高俊山译，中国人民大学出版社 2011 年版。

［美］阿什比：《科技发达时代的大学教育》，滕大春译，人民教育出版社 1983 年版。

［美］安索尼·克龙曼：《教育的终结：大学何以放弃了对人生意义的追求》，诸惠芳译，北京大学出版社 2013 年版。

［美］奥利弗·威廉森：《治理机制》，王健、方世建译，中国社会科学出版社 2001 年版。

［美］彼得·德鲁克：《管理实践》，毛忠明等译，上海译文出版社 1999 年版。

［美］伯顿·克拉克主编：《高等教育新论——多学科的研究》，王承绪等译，浙江教育出版社 2001 年版。

［美］伯顿·克拉克：《高等教育系统——学术组织的跨国研究》，王承绪等译，杭州大学出版社 1994 年版。

［美］菲利普·G. 阿特巴赫、贾米尔·萨尔米：《世界一流大学：发展中国家和转型国家的大学案例研究》，王庆辉等译，上海交通大学出版社 2011 年版。

［美］弗里曼·爱德华等：《利益相关者理论现状与展望》，盛亚等译，知识产权出版社 2013 年版。

［美］哈罗德·茨：《管理学》，章晓君等编译，经济科学出版社 1998 年版。

［美］哈瑞·刘易斯：《失去灵魂的卓越》，侯定凯等译，华东师范大学出版社 2007 年版。

［美］华勒斯坦等：《学科·知识·权力》，刘健芝等编译，生活·读书·新知三联书店 1999 年版。

［美］克拉约翰·范德格拉夫等编：《学术权力——七国高等教育管理体制比较》，王承绪等译，浙江教育出版社 2006 年版。

［美］克利福德·格尔茨：《文化的解释》，韩莉译，译林出版社 1999 年版。

［美］克鲁克洪等：《文化与个人》，高佳等译，浙江人民出版社 1987 年版。

［美］罗伯特·G. 欧文斯:《教育组织行为学：适应型领导与学校改革》，窦卫霖等译，华东师范大学出版社 2001 年版。

［美］罗伯特·伯恩鲍姆:《高等教育的管理时尚》，毛亚庆等译，北京师范大学出版社 2009 年版。

［美］罗伯特·伯恩鲍姆:《大学运行模式：大学组织与领导的控制系统》，别敦荣译，中国海洋大学出版社 2003 年版。

［美］罗纳德·G. 埃伦伯格:《美国的大学治理》，沈文钦等译，北京大学出版社 2010 年版。

［美］马克·汉森:《教育管理与组织行为》，冯大鸣译，上海教育出版社 2005 年版。

［美］约翰·S. 布鲁贝克:《高等教育哲学》，郑继伟译，浙江教育出版社 1987 年版。

［美］詹姆斯·Z. 罗西瑙等:《没有政府的治理》，张胜军等译，江西人民出版社 2001 年版。

［美］詹姆斯·博曼等:《协商民主：论理性与政治》，陈家刚等译，中央编译出版社 2006 年版。

［美］詹姆斯·杜德斯:《21 世纪的大学》，刘彤译，北京大学出版社 2005 年版。

［西］奥尔加特·加塞特:《大学的使命》，徐小洲等译，浙江教育出版社 2001 年版。

［英］阿克顿:《自由与权力》，侯健等译，商务印书馆 2001 年版。

论文类

白强:《世界一流学科的生成逻辑与建设路径——基于中外两所大学两个一流学科生长史的考察》，《大学教育科学》2019 年第 4 期。

别敦荣:《大学组织文化的内涵与建设路径》，《现代教育管理》2020 年第 1 期。

别敦荣:《“双一流”建设与大学战略》，《江苏高教》2019 年第 7 期。

蔡蕾、鲁世林:《“院为实体”校院两级管理体制改革的三个方向》，《高教探索》2017 年第 11 期。

蔡蕾:《研究型大学多元化教师分类评价机制改革探析》,《浙江社会科学》2016 年第 10 期。

蔡世华:《论基于场域差异化的中国大学组织文化价值取向特征》,《中国高教研究》2014 年第 1 期。

蔡世华:《试论大学组织实行价值观管理的理论基础与当代意义》,《南京社会科学》2013 年第 2 期。

陈何芳:《大学学术文化与大学学术生产力》,《高等教育研究》2005 年第 12 期。

陈金圣、常姝、钟艳君:《力 · 理 · 诚:大学管理文化的三重境界》,《大学教育科学》2016 年第 2 期。

陈劲等:《研究型大学院系本科教学量化考核与绩效评价》,《高等工程教育研究》2013 年第 1 期。

陈良雨、汤志伟:《群落生态视角下一流学科组织模式研究》,《高校教育管理》2020 年第 1 期。

陈清升:《现代大学制度下的校、院二级管理体制研究》,《江苏高教》2016 年第 4 期。

陈廷柱:《我国高校院(系)数量膨胀现象探源》,《高等教育研究》2014 年第 9 期。

陈廷柱:《院系治理改革的路径选择及其系统化策略》,《中国高教研究》2017 年第 1 期。

陈锡坚:《现代大学发展的学术文化价值取向》,《教育研究》2013 年第 8 期。

褚照锋、陈廷柱:《多学科类型学院的运行困境与发展对策——基于 W 学院发展历程的考察》,《高校教育管理》2020 年第 1 期。

戴联荣:《满意度视角下的高校二级学院管理制度建构与设计》,《南京师大学报》2017 年第 5 期。

戴联荣、钟勇为:《社会网络视角下二级学院决策的策略选择》,《教育发展研究》2014 年第 1 期。

刁益虎、吴刚:《大学信任文化的隐匿及其根源——基于社会学视角的阐释》,《大学教育科学》2019 年第 4 期。

董向宇:《学科交融背景下我国研究型大学院系形态与结构的检视》,

《教育科学》2014 年第 3 期。
董晓林等：《国家试点学院教师考核评价机制研究》，《高等工程教育研究》2017 年第 4 期。
董兴：《大学二级学院文化建设的研究与实践》，《中国高教研究》2007 年第 5 期。
董泽芳、吴绍芬：《西南联大调适学术文化与行政文化冲突的经验与启示》，《高等教育研究》2016 年第 11 期。
都光珍：《高校校院两级管理体制改革的对策思考》，《国家教育行政学院学报》2011 年第 12 期。
杜利平、许迈进：《构建良好的软环境：中国建设一流大学的必由之路》，《教育发展研究》2005 年第 10 期。
段梦涵、柯佑祥、黄彧：《封闭嵌套与开放交叉：一流学科建设行动结构探究》，《现代大学教育》2019 年第 2 期。
范冬清：《论大学基层学术组织文化的生成》，《高教探索》2015 年第 11 期。
付梦芸：《组织学视角下我国高校院系数量扩张的原因探析》，《清华大学教育研究》2015 年第 2 期。
高磊、高存功：《美国著名研究型大学院系领导岗位设置研究》，《清华大学教育研究》2005 年第 4 期。
龚静：《组织文化：现代大学制度建构取向》，《教育研究》2005 年第 7 期。
顾建民、刘爱生：《超越大学治理结构》，《高等教育研究》2011 年第 9 期。
韩清波：《高校二级学院行政领导影响力核心因素研究》，《现代大学教育》2007 年第 4 期。
韩同友、孙雷：《地方高校二级学院院务公开路径探析》，《国家教育行政学院学报》2015 年第 7 期。
何玉海：《世界一流大学建设重在提升内在品质》，《教育研究》2018 年第 1 期。
胡建华：《大学中两种组织的矛盾与调适》，《教育研究》2012 年第 5 期。

胡建华:《“双一流”建设对大学学科调整的影响》,《南京师大学报》(社会科学版)2019 年第 1 期。

胡文龙:《论学科发展观及其演进》,《高等工程教育研究》2020 年第 1 期。

胡文龙:《重绘大学文化研究的全景地图——基于沙因的组织文化理论》,《江苏高教》2013 年第 6 期。

黄巨臣:《非均衡发展:一流学科建设的逻辑、局限及其应对》,《西南大学学报》(社会科学版)2019 年第 6 期。

黄晟、谭翱、成俊:《清华大学与麻省理工学院组织文化的定量对比分析》,《清华大学教育研究》2010 年第 6 期。

黄旭辉、乐为、周立军:《二级学院教学质量自评指标体系构建与实践研究》,《中国大学教学》2011 年第 10 期。

吉明明:《二级学院治理的时代特质及发展路径》,《南通大学学报》(社会科学版)2020 年第 1 期。

吉明明、马金平:《分布式领导理念下的二级学院治理路径探究》,《现代教育管理》2020 年第 1 期。

姜华:《高校二级学院院长的角色冲突》,《中国高教研究》2011 年第 10 期。

焦磊、赵庆年:《从“结构”到“准则”:研究型大学跨学科转向的组织行为学研究》,《高等工程教育研究》2019 年第 4 期。

金顶兵:《论大学组织中的文化失灵与文化重建》,《清华大学教育研究》2006 年第 2 期。

金家新:《论组织文化视域下的高校学术权力与行政权力协构》,《社会科学管理与评论》2012 年第 3 期。

李超:《二级学院的文化理性与权力架构》,《现代教育管理》2017 年第 2 期。

李陈锋、林新奇:《我国哲学社会科学青年教师队伍建设》,《社会科学家》2016 年第 6 期。

李成恩、常亮:《协商共治:我国大学院系有效治理的可行模式》,《中国高教研究》2017 年第 6 期。

李春林:《学院如何实现高成长——以清华大学经济管理学院为例的

探索》，《北京社会科学》2020 年第 1 期。
李福华：《研究型大学院系设置的比较分析与理论思考》，《高等教育研究》2005 年第 12 期。
李久生：《大学管理：制度建设抑或文化营造》，《湖北社会科学》2017 年第 7 期。
李立国：《什么是好的大学治理：治理的“实然”与“应然”分析》，《华东师范大学学报》（教育科学版）2019 年第 5 期。
李立国：《“双一流”建设高校的内涵式发展道路》，《国家教育行政学院学报》2018 年第 9 期。
李立国、张翼：《美国研究型大学学院治理模式探析》，《清华大学教育研究》2016 年第 6 期。
李曼丽：《“文化分层”理论在大学文化研究中的应用》，《江苏高教》2006 年第 5 期。
李卫东：《大学组织行为发生机制的理论分析框架》，《清华大学教育研究》2015 年第 2 期。
李阳杰：《一流学科建设中的知识溢出：效应分析与政策建议》，《高等工程教育研究》2020 年第 1 期。
李志峰、梁言：《文化浸入与要素耦合：世界一流学科组织化建设策略——以中美两所大学材料学科为比较案例》，《江苏高教》2019 年第 3 期。
利普·G. 阿特巴赫等：《世界级大学的代价和好处》，《高等教育研究》2004 年第 5 期。
林健：《大学校院两级管理模式中的权责划分》，《国家行政学院学报》2009 年第 11 期。
林杰：《美国院校组织理论中的文化模型》，《清华大学教育研究》2008 年第 2 期。
刘爱生：《世界一流大学人才培养、教师发展与院长职责》，《高校教育管理》2016 年第 4 期。
刘国权、彭学文：《治理视角下我国大学教师“双重忠诚”研究》，《大学教育科学》2015 年第 1 期。
刘少雪、程莹、刘念才：《创新学科布局规范院系设置》，《清华大学教育研究》2003 年第 5 期。
刘献君：《学科交叉是建设世界一流学科的重要途径》，《高校教育管理》2020 年第 1 期。
刘香菊：《谁在我国一流大学任院长?》，《高等工程教育研究》2014 年第 4 期。
刘亚敏：《大学治理文化：阐释与建构》，《高教探索》2015 年第 10 期。
刘亚荣等：《我国高校实行校院两级管理体制改革的调研报告》，《国家行政学院学报》2008 年第 3 期。
刘艳春：《学科分类体系下一流学科建设的路径选择》，《江苏高教》2019 年第 8 期。
龙斧、刘经南：《以人为本与现代大学管理、组织、文化机制的机理关系》，《高等教育研究》2014 年第 7 期。
吕立志：《崇尚学术：中国大学文化建设内在之魂》，《高等教育研究》2011 年第 1 期。
罗家德、孙瑜等：《自组织运作过程中的能人现象》，《中国社会科学》2013 年第 10 期。
罗婷、万春林：《文化建设：大学内部治理的必然选择》，《江西师范大学学报》（哲学社会科学版）2017 年第 6 期。
马陆亭、刘承波、鞠光宇：《扎根中国大地建设“双一流”》，《现代大学教育》2019 年第 3 期。
马陆亭：《新时期“双一流”建设的推进战略》，《中国高教研究》2019 年第 12 期。
马文·彼得森：《大学和学院组织模型：历史演化的视角》，《北京大学教育评论》2007 年第 1 期。
毛智辉、李芳莹：《“一流大学内部治理结构创新研究”高层论坛会议综述》，《探索与争鸣》2018 年第 7 期。
梅仪新、杨思帆：《大学组织信任文化的意蕴与意义》，《高教发展与评估》2010 年第 2 期。
苗素莲、谢安邦：《中国大学组织特性历史演变研究》，《高等教育研究》2010 年第 1 期。

慕彦瑾、段晓芳:《大学组织的文化性及其基本功能》,《国家教育行政学院学报》2015 年第 4 期。

倪文珺:《大学组织管理模式变迁中的文化冲突》,《教育发展研究》2008 年第 21 期。

牛欣欣、张晨宇、王菁、刘瑶:《中国特色视角下“双一流”建设研究(笔谈)》,《中国高教研究》2018 年第 1 期。

欧小军、卢晓中:《大学文化场域下学术与行政之关系——一种关系思维方法论的视角》,《教育发展研究》2010 年第 23 期。

潘懋元:《一流大学不能跟着“排行榜”转》,《清华大学教育研究》2003 年第 3 期。

祁占勇:《高等学校学术权力本位治理结构的现实困境与逻辑路向》,《高等教育研究》2011 年第 2 期。

钱颖一:《学院治理现代化:以清华大学经济管理学院为例》,《清华大学教育研究》2015 年第 2 期。

钱志刚、崔艳丽:《论大学组织变革的制约因素——内部的视角》,《高校教育管理》2014 年第 5 期。

任玥:《遗失的故园:21 世纪初美国公立大学的组织文化观——以印第安纳大学为例》,《高等教育研究》2015 年第 9 期。

荣振华、汪丽聪:《多样化人才培养视阈下二级学院治理结构的反思与展望》,《现代教育管理》2018 年第 6 期。

申超、杨梦丽:《一流学科建设蓝图是如何描绘的——基于 41 所“双一流”建设高校建设方案的文本分析》,《高等教育研究》2018 年第 10 期。

沈红、王建慧:《一流大学教师队伍建设的院系责任》,《教育研究》2017 年第 11 期。

沈蕾娜:《世界一流大学之间的协同创新——以哈佛大学和麻省理工学院的跨校合作为例》,《中国高教研究》2019 年第 2 期。

沈勇:《院系治理的中观分析:章程建构、实践张力与路径优化》,《国家教育行政学院学报》2016 年第 7 期。

宋亚峰、王世斌、潘海生:《一流大学建设高校的学科生态与治理逻辑》,《高等教育研究》2019 年第 12 期。

眭依凡：《大学庸俗化批判》，《北京大学教育评论》2003 年第 3 期。

眭依凡等：《大学文化学理性问题的再思考》，《清华大学教育研究》2015 年第 6 期。

眭依凡：《内部治理体系创新之于“双一流”大学建设何以重要》，《探索与争鸣》2018 年第 6 期。

眭依凡、俞婷婕、李鹏虎：《大学文化思想研究——基于改革开放 30 多年大学文化发展的线路》，《北京大学教育评论》2016 年第 1 期。

谭婷：《治理理论视角下高校二级学院决策机制研究》，《高教探索》2015 年第 7 期。

汤智、李小年：《大学基层学术组织运行机制：国外模式及其借鉴》，《教育研究》2015 年第 6 期。

田玲：《文化理论的分析与批判及其在大学文化研究中的应用》，《清华大学教育研究》2004 年第 4 期。

童蕊：《大学跨学科学术组织的学科文化冲突分析——基于组织分析的新制度主义视角》，《教育发展研究》2011 年第 Z1 期。

汪明义：《地方高校内部治理中必须处理好的十大关系》，《中国高等教育》2013 年第 9 期。

王海龙、杨秋波、曾周末：《高校二级学院综合改革的实施路径》，《中国高等教育》2014 年第 15 期。

王洪才：《对露丝·海霍“中国大学模式”命题的猜想与反驳》，《高等教育研究》2010 年第 5 期。

王建华：《高等教育质量管理：文化的视角》，《教育研究》2010 年第 2 期。

王建华：《人才竞争、资源配置与理念重审：关于“双一流”建设的若干思考》，《中国高教研究》2019 年第 1 期。

王建华：《试论大学组织、制度与管理的相关性》，《南京师大学报》（社会科学版）2007 年第 2 期。

王建华：《“双一流”建设的要义》，《高校教育管理》2020 年第 2 期。

王菁华、杨向荣：《论组织文化视角下的大学文化构建》，《贵州社会科学》2008 年第 9 期。

王敬红:《大学二级学院院长研究:回顾与展望》,《高校教育管理》2016 年第 6 期。

王列盈:《民国时期教育行政体制改革失败原因再探》,《高等教育研究》2013 年第 4 期。

王庆林:《论"去行政化"背景下大学学院的学术权力》,《江苏高教》2015 年第 4 期。

王轶玮:《美国大学如何进行战略规划与管理——基于组织与文化因素的分析》,《现代教育管理》2018 年第 1 期。

王英杰:《共同治理:世界一流大学治理的制度支撑》,《探索与争鸣》2016 年第 7 期。

王英杰:《美国大学中的院长:制度、文化和责任》,《比较教育研究》2015 年第 2 期。

王瑜、沈广斌:《"双一流"建设中的大学发展目标的分类选择》,《江苏高教》2016 年第 2 期。

王占军:《大学排行对院校的组织决策、行为与文化的影响》,《中国高教研究》2012 年第 2 期。

王战军、刘静:《构建中国特色评价体系推进世界一流大学建设》,《清华大学教育研究》2018 年第 6 期。

王战军、肖红缨:《一流大学院系治理的应然状态》,《教育发展研究》2016 年第 16 期。

王战军、杨旭婷:《世界一流学科建设评价的理念变革与要素创新》,《中国高教研究》2019 年第 3 期。

王宗水、刘海燕、汪寿阳:《"物以类聚,校以群分"? 双一流建设中的高校科研合作——基于文献分析视角》,《管理评论》2019 年第 10 期。

王祖林:《我国大学院系国际化实施困境与推进策略》,《高校教育管理》2017 年第 4 期。

魏一鸣、冯向前:《基于 DEA 模型的高等学校二级学院绩效评价实证研究》,《高校教育管理》2014 年第 11 期。

吴剑平、李功强、张德:《试论大学管理模式与世界一流大学建设》,《清华大学教育研究》2004 年第 2 期。

吴立保：《大学组织的冲突与整合：文化的视角》，《中国高教研究》2011 年第 10 期。

吴映强：《国内高校二级学院院长遴选机制优化研究》，《首都师范大学学报》（社会科学版）2018 年第 5 期。

武建鑫：《学科生态系统：从理论到方法的可能——兼论世界一流学科的成长机理》，《中国高教研究》2020 年第 2 期。

肖乃涛、陈廷柱：《一流大学“双重自治”探析——基于印度理工学院治理结构的考察》，《江汉学术》2020 年第 1 期。

谢峰、宋彩萍：《高校院系治理改革的理念、困境与突破》，《复旦教育论坛》2017 年第 4 期。

谢凌凌：《世界一流大学的学院治理与高等教育创新》，《高等教育研究》2017 年第 5 期。

谢笑珍：《大学学术治理行政化的制度性困境》，《高教探索》2012 年第 5 期。

徐金发、刘翌：《论我国公司治理文化及其建设》，《中国软科学》2001 年第 12 期。

徐体高、胡效亚：《二级学院教学工作目标管理及考核的研究与实践》，《中国大学教学》2007 年第 6 期。

徐之顺、曹达全：《治理文化现代化的路径选择探究》，《南京社会科学》2015 年第 1 期。

宣勇：《从大学的立场看学科评价与排名中的缺陷》，《高等工程教育研究》2019 年第 3 期。

宣勇：《论大学的校院关系与二级学院治理》，《现代教育管理》2016 年第 7 期。

薛珊、刘志民：《“后发型”世界一流大学建设的路径及启示——以新加坡两所大学为例》，《高校教育管理》2019 年第 4 期。

闫建璋、郑文龙：《“双一流”“热”背后的“冷”思考》，《江苏高教》2019 年第 7 期。

严玉萍：《大学共同治理的新局面：基于组织文化和制度领导的视角——以北欧五所大学为例》，《大学教育科学》2018 年第 4 期。

阎凤桥、闵维方：《从国家精英大学到世界一流大学：制度视角》，

《北京大学教育评论》2017 年第 1 期。
阎凤桥：《思想引领：世界一流大学治理的核心特征》，《探索与争鸣》2018 年第 6 期。
阎光才：《大学组织整合的文化视角扫描》，《教育研究》2000 年第 11 期。
阎光才：《回归一流大学建设与治理的常识》，《探索与争鸣》2018 年第 6 期。
阎光才：《识读大学：组织文化的视角》，《高等教育研究》2001 年第 6 期。
杨颉：《协同治理协议授权》，《中国高教研究》2017 年第 3 期。
杨朔镔、杨颖秀：《“双一流”背景下大学院系治理现代化探论：自组织理论的视角》，《教育发展研究》2018 年第 5 期。
杨雄、苑莉莉：《“双一流”背景下高校科研管理机制改革的政策思考》，《复旦教育论坛》2019 年第 3 期。
仰丙灿：《学院自治：大学内部治理结构优化的路径选择》，《复旦教育论坛》2015 年第 5 期。
姚成郡：《基于大学组织特性构建我国大学内部治理结构的探讨》，《中国人民大学教育学刊》2012 年第 4 期。
叶桂方、徐贤春：《高校二级学院办学绩效三维评价方法研究》，《高等工程教育研究》2018 年第 2 期。
殷姿、李志宏：《美国研究型大学教师考核制度研究》，《高教探索》2005 年第 1 期。
应望江：《四位一体：优化高校院系治理结构的构想》，《国家行政学院学报》2008 年第 7 期。
余利川、段鑫星：《行政与学术：“双肩挑”院长角色冲突的扎根研究》，《复旦教育论坛》2018 年第 1 期。
袁广林：《我国高校世界一流学科发展性评估探析》，《中国高教研究》2019 年第 6 期。
袁曦临、戴琦、宋歌：《双一流大学建设规划的内在逻辑及其风险分析》，《科研管理》2019 年第 11 期。

张宝歌:《我国高校“双一流”建设成效的评价策略》,《国家教育行政学院学报》2019 年第 5 期。

张宝玲、李伟、丁锦希:《转型期行业特色大学二级学院绩效评价指标体系研究》,《国家教育行政学院学报》2014 年第 4 期。

张德祥、李洋帆:《二级学院治理:大学治理的重要课题》,《中国高教研究》2017 年第 3 期。

张端鸿:《“双一流”:新时期我国院校重点建设政策的延续与调适》,《教育发展研究》2016 年第 23 期。

张继龙:《院系学术治理中的权力圈层结构》,《高等教育研究》2017 年第 4 期。

张继平:《“双一流”建设语境中的学科评估中国化:成效、问题与进路》,《高校教育管理》2019 年第 5 期。

张杰:《用国际一流标准开展院系中长期评估》,《中国高等教育》2007 年第 20 期。

张雷生:《高校院系内部治理结构现状调查研究》,《高校教育管理》2017 年第 3 期。

张琴:《现代大学文化治理:对象、形式与组织的三维向度论析》,《江苏高教》2019 年第 3 期。

张万朋、涂萍萍:《拉弗曲线理论视角下“双一流”建设高校教师绩效管理的滞胀现象解析》,《现代大学教育》2019 年第 6 期。

张务农、娄枝、李永鑫:《国内高校世界一流学科建设引入监测评估的行事逻辑》,《中国高教研究》2019 年第 4 期。

张应强:《全球化背景下的我国现代大学制度改革》,《高等教育研究》2013 年第 9 期。

张应强:《“双一流”建设需要什么样的学科评估——基于学科评估元评估的思考》,《清华大学教育研究》2019 年第 5 期。

赵聪环、周作宇、杜瑞军:《论大学治理的领导力基础》,《中国高教研究》2017 年第 12 期。

赵敏:《大学管理文化的反思与创新》,《教育研究》2004 年第 7 期。

赵渊:《世界一流学科建设的“中国范式”:价值建构及实践路径》,

《浙江社会科学》2019 年第 4 期。

赵渊:《我国世界一流学科建设的路径依赖及其破解》,《中国高教研究》2019 年第 6 期。

郑石明:《世界一流大学跨学科人才培养模式比较及其启示》,《教育研究》2019 年第 5 期。

钟勇为:《社会网络视角下二级学院决策的策略选择》,《教育发展研究》2014 年第 1 期。

周光礼、蔡三发、徐贤春、王顶明:《世界一流大学的建设与评价:国际经验与中国探索》,《中国高教研究》2019 年第 9 期。

周光礼:《从管理到治理:大学章程再定位》,《湖南师范大学教育科学学报》2014 年第 3 期。

周光礼:《建设世界一流工程学科:"双一流"建设高校的愿景与挑战》,《现代大学教育》2019 年第 3 期。

周光礼:《"双一流"建设的三重突破:体制、管理与技术》,《大学教育科学》2016 年第 4 期。

周光礼:《中国高等教育治理现代化:现状、问题与对策》,《中国高教研究》2014 年第 9 期。

周立军、宋明顺、熊明华:《ISO 9001 质量管理体系在二级学院教学管理中的实践》,《中国大学教学》2018 年第 8 期。

周青等:《大学校、院二级管理中责权利配置的实证研究》,《国家教育行政学院学报》2017 年第 12 期。

朱为鸿、张应强:《大学文化创新与组织发展——华中科技大学个案研究》,《高等教育研究》2009 年第 8 期。

庄群华:《全面深化高等教育综合改革的路径选择——基于组织理论的视角》,《高等教育研究》2015 年第 11 期。

英文类

Astin, A. W., Scherrei. A. *Maximizing Leadership Effectiveness*. San Francisco: Jossey-Bass, 1980.

Austin, I., Jones. G. A. *Governance of Higher Education*: *Global Perspec-*

tives, Theories and Practices. London and New York: Routledge, 2016.

Baldridge, J. V. *Power & Conflict in the University: Research in the Sociology of Complex Organization*. New York: John Wiley & Sons, 1971.

Bess, J. L., Dee, J. R. *Understanding College and University Organization: Theories for Effective Policy and Practice*. Two Volume Set, Sterling, VA: Stylus Publishing, 2008.

Bolton, C. K., Boyer, R. K. "Organizational Development for Academic Departments." *Journal of Higher Education*, 1973 (5).

Bowker, L. H. "The Academic Dean: A Deseriptive Study." Teaching Sociology, 1982 (3).

Bryman, A. *The Leadership in Universities and Colleges*. London: Leadership Foundation Press, 2007.

Cyphert, F. R., Ingersoll, R. W. "Leadership Strategy in Academic Administration." *Journal of Teacher Education*, 1974 (25).

Diamond, R. M. *Field Guide to Academic Leadership*. San Francisco: Jossey-Bass, 2002.

Earl J. McGrath. "The Dean." *The Journal of Higher Education*, 1999 (5).

F. T. Mattison. "The Higher Education System by Burton R. Clark." *Higher Education*, 1984 (6).

Gabriel E. Kaplan. "Do Governance Structures Matter." *New Direction Higher Education*, Wiley Periodical Inc.: Fall 2004 (127).

Glasman, N. S., and Heck, R. H. *Role-based Evaluation of Principals: Developing an Appraisal System*. Boston: Kluwer Academic Publishers, 1996.

Gmeleh, Walter, et al. "The Academic Dean: An Imperiled Species Searching for Balance." *Research in Higher Education*, 1999 (6).

Gould, J. W. *The Academic Deanship*. New York: Teaehers College Press, 1964.

Griffith, D., McCarty, D. *The Dilemma of the Deanship*. Danville: The Interstate Printers and Publishers, 1980.

Haken, H. *Information and Self-organization: A Microscopic Approach to Complex Systems*. Berlin & New York: Springer-Verlag, 1988.

Hans A. Andrews. *New Directions for Community Colleges*. San Francisco: Jossey-Bass Publishers, 2000.

Heck, R. H., et al. "Administrative Effectiveness in Higher Education: Improving Assessment Procedures." *Research in Higher Education*, 2000 (6).

Heinke Roebken. "Similarity Attracts: An Analysis of Recruitment Decisions in Academia." *Educational Management Administration & Leadership*, 2010 (4).

Jaeobson, R. L. "Wanted: Business Deans." *Chronicle of Higher Education*, 1994 (37).

John Barnshaw. "Higher Education at a Crossroads: The Annual Report on the Economic Status of the Profession, 2015 – 2016." *Academe*, 2016 (2).

Johnson, D. J. "Relationship between Administrators' Personality and How They and the Faculty Perceived the Administrators' Role and Degree of Success." *Administrator Role*, 1976 (8).

Joni, M. M., et al. "The Roles and Ehallenges of Deans." *Review of Higher Education*, 2003 (2).

Kahn, J., Wilson, K. Report of the Task Force on Faculty Culture (2006 – 05 – 12) [2019 – 12 – 20]. http://www1umnedu/systemwide/str-ategic_positioning/tf_final_reports_060512/acad_faculty_culture_final.pdf.

Ken Blanchard, Michael O. Connor. "Sevensteps to Becoming a Fortunate 500 Company." *Leaderto Leader*, 1997.

Kouzes, J. M., Posner, B. Z. *The Leadership Challenge: How to Get Extraordinary Things Done in Organizations*. San Francisco: Jossey-Bass Publishers, 1987.

Lamborn, M. L. "Motivation and Job Satisfaction of Deans of Schools of Nursing." *Journal of Professional Nursing*, 1991 (1).

Maassen, P. “The Changing Roles of Stakeholders in Dutch University Governance.” *European Journal of Education*, 2000 (4).

Mary F. Fox, Mohapatra Sushanta. “Social-Organizational Characteristics of Work and Publication Productivity among Academic Scientists in Doctoral-Granting Departments.” *The Journal of Higher Education*, 2007 (5).

Miriam McNown Johnson. “Applying a Modified Situational Leadership Model to Residential Group Caresettings.” *Child & Youth Care Forum*, 1998 (6).

Morris, V. C. *Deaning: Middle Management in Academic*. Chicago: University of Illinois Press, 1981.

Philip G. Altbach. “The Costs and Benefits of World-Class Universities.” *International Higher Education*, 2004 (1).

Prigogine, I., Nicolis, G., Babloyantz, A. “Thermodynamics of Evolution.” *Physics Today*, 2008 (11).

Robert Birnbaum. “The End of Shared Governance: Looking ahead or Looking back.” New Direction for Higher Education, Fall, 2004 (127).

Rosser V. J., Johnsrud, L. K., Heck, R. H. “Academic Deans and Directors: Assessing Their Effectiveness from Individual and Institutional Perspectives.” *The Journal of Higher Education*, 2003 (1).

Sammons, P., Thomas, S. M., Mortimore, P. *Forging Links: Effective Schools and Effective Departments*. London: Sage Publications Ltd., 1997.

Shattock, M. *International Trends in University Governance: Autonomy, Self-Government and the Distribution of Authority*. London and New York: Routledge, 2014.

Tucker, A., Bryan, R. A. “The Academic Dean: Dove, Dragon, and Diplomat.” *Journal of Higher Education*, 1988 (5).

Wolverton, M. L., Gmelch, W. H. “The Impact of Role Conflict and Ambiguity on Academic Deans.” *Journal of Higher Education*, 1999 (1).

Wolverton, M., et al. “Stress in Academic Leadership: U. S and Australian Department Chairs/ Heads.” *The Review of Higher Education*, 1999 (2).

Wolverton, M., et al. "The Impact of Roles on Conflict and Ambiguity on Academic Deans." *The Journal of Higher Education*, 1999 (1).

Wolverton, M., et al. *The Enhanging Nature of the Academic Deans Hip*. San Francisco, CA: Jossey Bass, 2001.

Wverton, M., et al. "The Roles and Challenges of Deans." *The Association for the Study of Higher Education*. Sacramento, CA: 2000.

附录一　我国“双一流”建设高校学院治理文化现状调查问卷（教师卷）

尊敬的老师：

您好！

我是××大学教育科学研究院的一位博士研究生，目前正在从事我国“双一流”建设高校学院治理文化的相关研究。调查问卷是我博士论文的组成部分，您的意见对全面、客观地了解我国“双一流”建设高校学院治理文化建设的现状、提高学院治理效能具有重要意义。问卷中的选项无对错之分，请根据贵院实际情况填写即可。问卷实行匿名填写，您的个人信息将严格保密，研究结果仅为研究之用。

最后，非常感谢您的支持与帮助！

一、基本信息

1. 您的性别：

A. 男　　B. 女

2. 您的年龄：

A. 30 岁及以下　B. 31—40 岁　C. 41—50 岁

D. 51—60 岁　E. 61 岁以上

3. 您的职称：

A. 教授/研究员　B. 副教授/副研究员　C. 讲师

D. 高级工程师　E. 工程师　F. 助理工程师

G. 其他________

4. 您的最高学历：

A. 博士研究生　B. 硕士研究生　C. 本科

5. 您在学院任教的时间：

A. 2 年以下　B. 3—5 年　C. 6—10 年

D. 11—15 年　E. 16 年以上

6. 贵院的“一流学科”是：

A. 化学　B. 生物学　C. 马克思主义理论　D. 理论经济学

E. 计算机科学与技术　F. 信息与通信工程　G. 法学

H. 教育学

7. 所在学校：

A. 东部（a. 浙江大学　b. 上海交通大学

c. 中国人民大学　d. 北京师范大学　e. 华东师范大学）

B. 中部（a. 武汉大学　b. 华中科技大学）

C. 西部（a. 四川大学　b. 电子科技大学）

8. 您是不是院学术委员会（或教授委员会）成员：A. 是　B. 否

9. 您是否担任学院（或学校）行政职务：A. 是　B. 否

二、问卷内容

填写说明：问卷题型均为选择题，请在符合贵院实际情况的一个选项上打“√”。如果您对答案不清楚，请尽可能填出最接近真实的答案。

5—完全同意；4—基本同意；3—一般；2—基本不同意；1—完全不同意

维度	二级指标	题　项	评价程度				
			完全同意	基本同意	一般	基本不同意	完全不同意
学院治理理念	理性认识	学院治理主要是学院领导对学院重大决策事务与活动的管理	5	4	3	2	1
		开展前沿性、高水平的科学研究是学院治理的目标追求	5	4	3	2	1
		在国内外权威期刊上发表高质量的学术论文，应是学院治理的目标追求	5	4	3	2	1
		促进教师专业发展是学院治理的宗旨	5	4	3	2	1
		培养优秀学生是学院治理的宗旨	5	4	3	2	1
		发展一流学科是学院治理的宗旨	5	4	3	2	1
		学院治理的核心主体是院长	5	4	3	2	1
		学院治理的核心主体是教师	5	4	3	2	1
		学院治理的核心主体是学生	5	4	3	2	1
	理想追求	学院形成了全院教职工认可和统一的治院理念	5	4	3	2	1
		学院应制定清晰的发展战略规划	5	4	3	2	1
		学院制定了正式的制度，以保障全体教师参与学院治理的权益	5	4	3	2	1
		对学科发展的关注，应重于对学院发展的关注	5	4	3	2	1
		对学院发展的关注，应重于对学科发展的关注	5	4	3	2	1
		学院治理应以完善的治理制度做保障	5	4	3	2	1
		学院决策程序和过程应公开、透明	5	4	3	2	1
		我认同院长发展学院的理念	5	4	3	2	1
		学院领导尊重教师在学科发展中的主体作用	5	4	3	2	1
		学院治理体现了以院长为主导的价值取向	5	4	3	2	1
		学院治理体现了以学生为本的价值取向	5	4	3	2	1
		学院治理体现了以教师为主导的价值取向	5	4	3	2	1
		学院治理体现了以效益为主导的价值取向	5	4	3	2	1
		学院治理体现了以学科发展为本的价值取向	5	4	3	2	1

续表

维度	二级指标	题项	评价程度				
			完全同意	基本同意	一般	基本不同意	完全不同意
学院治理制度	正式制度	我对学院制定的短期与长期（5年以上）战略规划目标有清晰的了解	5	4	3	2	1
		学院教师科研考核与评价制度合理、公正	5	4	3	2	1
		学院注重同行专家对教师学术成果的评价	5	4	3	2	1
		学院制定了完善的科研奖励与评价制度	5	4	3	2	1
		学院经常通过提供外出学习和培训等方式，为所有教师的专业成长和发展提供条件	5	4	3	2	1
		学院制定了教师对院长和院党委书记的权力进行监督的相关制度	5	4	3	2	1
	非正式制度	学院创造了积极参与决策的氛围，鼓励全体教师参与学院治理	5	4	3	2	1
		学院领导注重保护和弘扬优秀的学院文化传统	5	4	3	2	1
学院治理行为	价值取向	我在学院治理中扮演的是参与者与咨询者角色，而非决策者角色	5	4	3	2	1
		教师参与对提高学院决策的民主性和科学性有实质性影响	5	4	3	2	1
		教师与院领导间的沟通与对话，是提高学院治理效能的关键	5	4	3	2	1
		我参与学院治理是为了满足个体的利益需要和诉求	5	4	3	2	1
		院长的领导能力对促进学科发展有直接影响	5	4	3	2	1

续表

维度	二级指标	题项	评价程度				
			完全同意	基本同意	一般	基本不同意	完全不同意
学院治理行为	行为方式	我积极、主动地参与学院的治理活动	5	4	3	2	1
		我参与的主要是学院中的重大决策活动	5	4	3	2	1
		我参与的主要是与学院发展有关的社会服务活动	5	4	3	2	1
		我参与的主要是与教育教学有关的活动	5	4	3	2	1
		我参与的主要是与学院人才培养方案制定、修改等有关的活动	5	4	3	2	1
		我参与的主要是与学院教师招聘相关的活动	5	4	3	2	1
		我参与的主要是与学院科研项目申报有关的活动	5	4	3	2	1
		院长充分尊重教师参与学院重大决策活动的权利	5	4	3	2	1
		我与院长经常保持沟通和交流，关系融洽	5	4	3	2	1
		学院定期举办教师座谈等活动，给予人文关怀	5	4	3	2	1
		学院领导注重与教师进行对话与沟通	5	4	3	2	1
		院长乐于听取并接纳教师在学院治理中的意见和建议	5	4	3	2	1
		院长管理学院事务有条理、有组织性，要求和标准非常严格	5	4	3	2	1
		院长注重“双一流”学科排名对学院声誉的影响	5	4	3	2	1
	行为环境	学院对参与决策制定的教师，在职称、学历等资质上有明确要求	5	4	3	2	1
		学院与学校外部组织机构的交流频繁，合作程度高	5	4	3	2	1
		学校内部学院间的交流多，合作程度高	5	4	3	2	1

附录二　我国“双一流”建设高校学院治理文化访谈提纲（院长/副院长）

一、基本信息

1. 您的性别：

A. 男　　B. 女

2. 您的年龄：

A. 30 岁及以下　B. 31—40 岁　C. 41—50 岁

D. 51—60 岁　E. 61 岁以上

3. 您的职称：

A. 教授/研究员　B. 副教授/副研究员　C. 讲师

D. 高级工程师　E. 工程师　F. 助理工程师

G. 其他________

4. 您的最高学历：

A. 博士研究生　B. 硕士研究生　C. 本科

5. 您的职务：

A. 书记　B. 副书记　C. 院长　D. 副院长

6. 到目前为止，您担任院长（副院长/书记）的时间是______年

7. 您的专业是____________

8. 在任职之前您是否为全职教授：

A. 是　　B. 否

二、访谈内容

1. 请谈谈您对学院治理文化的理解（内涵、特点、内容、目标、主体等）。您认为一流学科与非一流学科的学院治理文化的主要区别有哪些？

2. 请您谈谈贵院的治理理念与战略愿景。

3. 您认为一流学科建设需要什么样的学院治理文化？（请从不同方面论述）

4. 您认为院长需具备哪几方面的核心素养或领导力？

5. 为保证学院决策过程和程序的公正民主，贵院采取了哪些具体措施？效果如何？

6. 贵院为形成教师和学生积极参与学院共同决策的文化氛围创造了哪些条件？（请举例说明）

7. 贵院在哪些方面已拥有真正的自主权？在哪些方面还比较欠缺？原因是什么？

8. 贵院最需要学校提供哪些支持？您认为应如何理顺校院权责关系？

9. 贵院在制度建设上还有哪些方面亟待完善和优化？

10. 请谈谈贵院与其他国家或学校的交流方式与合作途径？

11. 贵院有哪些独特的文化传统（如院长接待日、教师退休仪式等）？对学院治理是否有影响？

12. 您认为制约贵院治理的主要因素有哪些？需从哪些方面进行突破？

附录三　我国“双一流”建设高校学院治理文化访谈提纲（前任院长/副院长）

一、基本信息

1．您的性别：

A．男　　B．女

2．您的年龄：

A. 30 岁及以下　B. 31—40 岁　C. 41—50 岁

D. 51—60 岁　E. 61 岁以上

3．您的职称：

A．教授/研究员　B．副教授/副研究员　C．讲师

D．高级工程师　E．工程师　F．助理工程师

G．其他________

4．您的最高学历：

A．博士研究生　B．硕士研究生　C．本科

5．您的行政职务：

A．书记　B．副书记　C．院长　D．副院长

6．您担任院长（副院长/书记）的时间是________年

7．您的专业是________

8．在任职之前您是否为全职教授：

A．是　　B．否

二、访谈内容

1. 请谈谈您对学院治理文化的理解（内涵、特点、内容、目标、主体等）。您认为一流学科学院治理文化的最突出特点主要表现在哪些方面?

2. 您认为一流学科学院的院长，需具备哪几方面的核心素养或领导力?

3. 您认为一流学科学院应树立什么样的治院理念和目标?

4. 您是否支持教师和学生参与学院重大管理和决策活动?请谈谈您对学院治理主体多元化的理解。

5. 您认为学院在哪些方面需要真正的自主权?请谈谈您对学校集权与分权的看法。

6. 为促进一流学科的可持续发展，您认为需从哪些方面构建学院治理文化?

7. 您认为应建立怎样的教师绩效考核与评估机制，才能更好地促进学科和学院的发展?

8. 您认为学院在哪些制度建设上亟待完善和优化?

9. 您认为如何才能保证学院重大决策的公正民主?为什么?

10. 您认为哪些非制度因素（例如，人际关系、沟通与对话等）对学院治理有重要影响?

11. 从学院内外两方面来看，您认为如何构建学院治理合作共同体?

12. 您认为应如何对学院治理文化的路径进行优化?

附录四　我国“双一流”建设高校学院治理文化访谈提纲（教师访谈）

一、基本信息

1. 您的性别：

A. 男　　B. 女

2. 您的年龄：

A. 30 岁及以下　B. 31—40 岁　C. 41—50 岁

D. 51—60 岁　E. 61 岁以上

3. 您的职称：

A. 教授/研究员　B. 副教授/副研究员　C. 讲师

D. 高级工程师　E. 工程师　F. 助理工程师

G. 其他________

4. 您的最高学历：

A. 博士研究生　B. 硕士研究生　C. 本科

5. 您在学院任教的时间有______年

6. 您担任的职务是________

7. 您的专业是________

8. 您毕业的学校是________

二、访谈内容

1. 请谈谈您对学院治理（如内涵、目标、使命、内容、主体等）的理解。

2. 您是否了解贵院的治理理念、发展战略、目标与愿景及其形成过程？

3. 您愿意参与学院治理活动吗？（导致您不想参与学院治理的原因有哪些？）您主要参与的是学院中的哪些管理或决策活动？

4. 贵院在教师的晋升、教学评价、科研考核上制定了哪些明确的制度？最突出的特点有哪些？

5. 贵院为教师参与学院治理做了哪些具体工作，效果如何？

6. 贵院是否制定了教师参与学院民主管理和监督的相关制度？需如何完善？

7. 贵院让您十分满意的有哪些方面（如领导风格、学术氛围、学术团队、文化认同、物质回报等）？

8. 您认为一流学科学院的院长，应承担的职能和使命是什么？请用简短的语言描述一下您心目中的好院长。

9. 在“双一流”建设背景下，贵院在教师管理上有哪些新做法？（请举例说明）

10. 您期待学院在哪些方面进行变革？

11. 您认为影响教师参与贵院治理的主要因素有哪些？应如何改进？

附录五　我国“双一流”建设高校学院治理文化访谈提纲（学生访谈）

一、基本信息

1. 你的性别：

A. 男　　B. 女

2. 学生层次：

A. 本科　B. 硕士生　C. 博士生

3. 所属年级：__________

4. 所学专业：__________

5. 学校名称：__________

二、访谈内容

1. 你是否了解贵院的使命、发展战略、目标与愿景？是否参与过与这些内容相关的讨论？

2. 你参与过学院哪些重要活动（如教学管理、课程设置、人才培养方案的制定、专业建设等）？是通过什么方式参与的（如担任学生干部、参加学生组织等）？

3. 学院有没有制定相关制度来保障学生参与学院治理活动？

4. 你认为影响学生参与学院治理的因素主要有哪些？

5. 你对学院的主要利益诉求有哪些？学院对你的利益诉求的回应和关注程度如何？

6. 你是否有比较强烈的意愿参与学院的管理事务和决策活动？

如果是，那么你期望参与学院的哪些管理或决策活动？为什么？

7. 在学生参与学院治理方面，你认为学院有哪些值得推广的经验？还存在哪些问题？

8. 就当前学院治理的现状而言，你有哪些改进的对策和建议？

附录六　九所“双一流”建设高校相同一流学科所在学院的分布情况（N＝19）

学科群	学科名称	高校名称	学院名称
纯硬科学	化学	上海交通大学	化学化工学院
		武汉大学	化学与分子科学学院
		四川大学	化学学院
	生物学	浙江大学	生命科学学院
		上海交通大学	生命科学技术学院
		武汉大学	生命科学学院
纯软科学	马克思主义理论	中国人民大学	马克思主义学院
		武汉大学	马克思主义学院
	理论经济学	中国人民大学	经济学院
		武汉大学	经济与管理学院
应用硬科学	计算机科学与技术	浙江大学	计算机科学与技术学院
		上海交通大学	电子信息与电子工程学院
		华中科技大学	计算机科学与技术学院
	信息与通信工程	上海交通大学	电子信息与电子工程学院
		电子科技大学	信息与通信工程学院
应用软科学	法学	中国人民大学	法学院
		武汉大学	法学院
	教育学	北京师范大学	教育学部
		华东师范大学	教育学部

后　记

本书是在我的博士学位论文基础上修改而成的。

三年的博士生活，犹如人生中一场美好的旅程，途中有太多的风景值得留念，太多的记忆值得珍藏，更有太多的人值得感谢。

2017 年 5 月的一天，我欣喜地接到了武汉大学教育科学研究院面试的通知。当时的心情难以言表，高兴、惆怅、担忧、焦虑等各种情绪交织在一起。最后经过激烈的面试竞争，幸运之神眷顾了我。2017 年 9 月，我有幸成为刘亚敏教授的博士研究生，多年的愿望终于实现了。

入校后，我选择了老师为博士生开设的“院校研究专题”，为给自己“补课”，还特意旁听了导师为硕士生开设的《中外高等教育史》。通过两门课程的学习，收获的不仅是知识，而且让我感受到了老师广博的学识、深厚的学术涵养以及对教育事业的执着精神。论文的选题与研修导师的课程是分不开的。当时，我对“院校研究专题”特别感兴趣，导师也建议可以从不同视角研究院校中的某一个问题。最后在与导师的反复讨论、交流和对话中，在她的指导下我选择了“文化与学院治理”作为博士学位论文的选题。说实在的，我在这方面根本没有任何基础，对是否能“驾驭”这个选题，心中是没有底的。但正如汤因比的“挑战—应战”说所言，没有挑战，便没有应战，也不会有人的发展和成长。人就是在不断的“挑战—应战”中成长和发展的。尽管这个选题有一定的难度，甚至有些“高深莫测”之感。但我仍不改初衷，坚定地选择了它。当然，论文的资料收集和写作过程，对我来说是非常艰辛的。尽管我为之付出了艰辛的劳动，但由于自己才疏学浅，论文中仍存在诸多问题和不足，需要在以后的研究中对其进行完善。

跟随恩师三载，收获了弥足珍贵的人生启示。她经常教导我：做学问一定要耐得住性子，守得住寂寞，切忌浮躁；要走出仅仅囿于教育学的知识领地，学会从多学科的视角看问题；要多看书、会看书、看好书，充分利用学校所有学习资源，拓展学术视野；要养成勤于思考的习惯……这些谆谆教诲时常在我耳旁回荡，成为我不断前行的动力源泉。“学术回归生活”是导师倡导的治学理念。老师既是我学术上的引路人，更是我的人生导师，是老师将我引入了高等教育学的“殿堂”，在学业上为学生传道、授业、解惑。同时，老师对每位学生倾注了母性般的关爱，时时处处为学生着想，关心学生的成长与发展。老师高尚的人格魅力、严谨的治学精神一直感染着我，鞭策着我，激励着我。今生能成为“刘门”弟子，实乃我人生之幸！

本论文的写作，倾注了导师大量的心血。从问卷的编制、访谈提纲的设计、论文框架的构建、论文内容的逻辑结构等方面，老师都给予了悉心指导。每当我思考导师在论文中的圈点和评语，回想起老师的教诲时，一种无形的、催人奋进的力量便会油然而生。但由于学生愚笨，最后提交的“答卷”离老师的要求还相距甚远，难以回报老师的恩情。在这里谨向老师表示最诚挚的谢意！

武汉大学教育科学研究院充满了人文关怀，是一个其乐融融的大家庭，这里有时刻关心我们学习和成长的可敬的领导和老师，有专门为博士生学习设立的自习室，有为学生研讨问题提供的会议室。在此向全院所有老师表示深深的感谢！本论文的写作，还得到了学院彭宇文教授、邱均平教授、程斯辉教授、李保强教授、蒲蕊教授、黄明东教授、冯惠敏教授、杜学元教授的指点。在答辩过程中，湖南大学的龙献忠教授，华中科技大学的陈廷柱教授，南京师范大学的王建华教授对论文也提出了很多宝贵的修改意见。老师们在开题和答辩中所提出的建议、帮助和指导，对论文的进一步修改和完善起到了重要的促进作用，在此一并向这些老师们表示感谢！尤其值得一提的是，在正苦于调研资料难以收集之时，武汉大学教育科学研究院的院长彭宇文教授和廖旭梅老师向我伸出了温暖之手，在百忙之中帮我联系访谈对象，为调研资料的收集提供了便利条件。华中科技大学教育科学研究院的陈廷柱院长帮我联系和推荐了部分被访者。正是有了他们的鼎力支持，论文调研数据的收集才得以顺利完成。对老师们提供的支持和帮助，我将永远铭记于心！

论文的写作，离不开同窗好友以及师弟师妹们的支持。同门师弟杨友朝博士、张孝禄博士对本论文的写作提出了很好的修改意见，使我受益匪浅。师妹刘子筠、夏施思、郭秀敏、高欣，师弟张胜文，为问卷的发放和整理提供了帮助。与我并肩作战的还有贺静霞、朱秋月、白文昊、关荆晶、高慧君、林靖云、黄晶晶、宋博。在学习期间，我们一起上课、一起听学术报告、一起泡图书馆、一起讨论与争辩、一起爬珞珈山和赏樱……这些都给我留下了美好的记忆，珍藏在我的心底。

论文的完成，离不开家人的默默支持。尤其要感谢我的父母、我的妻子黄廷美女士和我的爱女王乐！正是在他们的理解、包容、帮助和鼓励下，我才能潜心读书、写作。否则，论文是难以完成的。我曾对父母说：等我毕业的时候，带你们到武大看樱花。但是由于“疫情”的影响，这个小小的愿望最后也未能实现，为此深感内疚和遗憾！

武汉大学是一所文化底蕴深厚，充满人文气息的现代大学。这里山美、水美、人美，“居中乐乐，快不可言”。我为生活在这样美丽的大学而感到幸福、骄傲和自豪。路漫漫其修远兮，吾将上下而求索！我将承载着武大“自强、弘毅、求是、拓新”的精神，加强自我修养，提高自身能力，面向世界，开拓未来，为国家和社会发展尽一份微薄之力。

王声平

2020 年 5 月于武大教育科学研究院

2022 年 7 月于台州学院 8 号楼